Let's Keep in Touch

Follow Us

Visit US at

www.learnpersianonline.com

Call

1-469-230-3605

Online

 www.facebook.com/PersiaClubCo

 www.twitter.com/PersiaClub

 www.instagram.com/LearnPersianOnline

Online Persian Lessons Via Skype

It's easy! Here's how it works.

1- Request a FREE introductory session.

2- Meet a Persian tutor online via Skype.

3- Start speaking Real Persian in Minutes.

Send Email to: info@LearnPersianOnline.com

Or Call: +1-469-230-3605

www.learnpersianonline.com

... So Much More Online!

- **FREE Farsi lessons**

- **More Farsi learning books!**

- **Online Farsi – English Dictionary**

- **Online Farsi Tutors**

Learn Farsi in 100 Days

The Ultimate Crash Course to Learning Farsi Fast

By

Reza Nazari & Somayeh Nazari

Copyright © 2016

Reza Nazari & Somayeh Nazari

All inquiries should be addressed to:

info@learnpersianonline.com

www.learnpersianonline.com

ISBN-13: 978-1543224214

ISBN-10: 1543224210

Published by: Learn Persian Online Website

www.learnpersianonline.com

About *Learn Persian Online Website*

The *"Learn Persian Online Website"* was founded on the belief that everyone interested in Persian language should have the opportunity to learn it!

Established in 2012, the *"Learn Persian Online Website"* creates international opportunities for all people interested in Persian language and culture and builds trust between them. We believe in this cultural relations!

If you want to learn more about Persian, this beautiful language and culture, *"Learn Persian Online Website"* is your best starting point. Our highly qualified Persian experts can help you connect to Persian culture and gain confidence you need to communicate effectively in Persian.

Over the past few years, our professional instructors, unique online resources and publications have helped thousands of Persian learners and students improve their language skills. As a result, these students have gained their goals faster. We love celebrating those victories with our students.

Please view our website at:

www.learnpersianonline.com

About the Author

Reza Nazari is a Persian author. He has published more than 50 Persian learning books including:

- Learn To Speak Persian Fast series,

- Farsi Grammar in Use series,

- Persia Club Dictionary Farsi – English,

- Essential Farsi Idioms,

- Farsi Verbs Dictionary

- Read and Write Persian Language in 7 Days

- Laugh and Learn Farsi: Mulla Nasreddin Tales For Intermediate to Advanced Persian Learners

- Top 50 Persian Poems of All Time

- Farsi Reading: Improve your reading skill and discover the art, culture and history of Iran

- and many more ...

Reza is also a professional Farsi teacher. Over the past eight years, his online Persian lessons have helped thousands of Persian learners and students around the world improve their language skills effectively.

To participate in online Persian classes or ask questions about learning Persian, you can contact Reza via email at: reza@learnpersianonline.com or his Skype ID: rezanazari1

Find Reza's professional profile at:
www.learnpersianonline.com/farsi-tutor-reza

Contents

Description

The goal of this book is simple. It will help you incorporate the best method and the right strategies to learn Farsi FAST and EFFECTIVELY.

Learn Farsi in 100 days helps you learn speak Farsi faster than you ever thought possible. You only need to spend about 90-120 minutes daily in your 100-day period in order to learn Farsi language at advanced level. Whether you are just starting to get in touch the Farsi language, or even if you have already learned the basics of the language, this book can help you accelerate the learning process and put you on the right track.

Learn Farsi in 100 days is for Farsi learners from the beginning to the advanced level. It is a breakthrough in Farsi language learning — offering a winning formula and the most powerful methods for learning to speak Farsi fluently and confidently. Each contains 4 pages covering a comprehensive range of topics. Each day includes vocabulary, grammar, reading and writing lessons. It gives learners easy access to the Farsi vocabulary and grammar as it is actually used in a comprehensive range of everyday life situations and it teaches students to use Farsi for situations related to work, social life, and leisure. Topics such as greetings, family, weather, sports, food, customs, etc. are presented in interesting unique ways using real-life information.

Effortlessly and confidently follow the step-by-step instructions in this book to achieve the highest level of fluency to make you speak Farsi like a native speaker.

Learn Farsi in 100 days is the only book you'll ever need to master Farsi language! It can be used as a self-study course - you do not need to work with a teacher. (It can also be used with a teacher).

Pronunciation

The regular letters used for written Persian stand for some different sounds. It is usually difficult to tell how a word is pronounced just by looking at how it is spelled. Therefore, it is useful to show the pronunciation of each word separately, using a system of symbols in which each symbol stands for one sound only. The pronunciations of letters and words are given within two slashes.

This book uses a simple spelling system to show how letters and words are pronounced, using the symbols listed below.

Symbol	Example	Symbol	Example
a	hat /hat	m	move /muv
â	cut / cât	n	need /nid
ay	time /tâym	o	gorgeous /gorjes
ch	church /church	ô	coat/ côt
d	dog /dâg	u	mood /mud
e	men /men	p	park /park
ey	name /neym	r	rise /rais
f	free /fri	s	seven /seven
g	get /get	n	nation /neishen
h	his /hiz	t	train /treyn
i	feet /fit	v	vary /vari
iyu	cute /kiyut	y	yet /yet
j	jeans /jinz	z	zipper /zipper
k	key /ki	zh	measure /mezher/
kh	loch /lakh	'	تعظیم ta'zim /
l	loss /lâs	gh	sound "r" in French word "Paris"

Persian Vowels

Persian has six simple vowels, three short vowels and three long vowels. Persian words cannot be pronounced without these vowels. Remember that these are not letters. These sounds are used to make the letters pronounceable.

☐**Short vowels:**

1- Short vowel	ﹷ	a	, as in English "a" in "that"
2- Short vowel	ﹻ	e	, as in English "e" in "men"
3- Short vowel	ﹹ	o,	as in English "o" in "code"

Short vowels are written with other letters, above or below them to make them pronounceable.

مَردُم (People)

/mardom/

Short vowels sometimes are written at elementary stages of learning to help learners understand how the words sound.

☐**Long vowels:**

1- Long vowel	آ	â,	as in English "a" in "car"
2- Long vowel	ای	i	, as in English "ea" in "seat"
3- Long vowel	او	u,	as in English "oo" in "mood"

Three letters of او - ای - آ are used for writing three long vowels:

آن /ân/   That

این /in/   This

اوست /ust/   She/He is

روز ِ ۱: اَلفبای ِ فارسی

Day 1: Farsi Alphabet

The Farsi alphabet (Farsi: /alefbâye fârsi/ الفبای فارسی) consists 32 letters, most of which have two forms, short and full. In Farsi, words are written from right to left while numbers are written from left to right. Farsi is a writing style based on the Arabic script. It is entirely written cursively. That is, the majority of letters in a word connect to each other. Therefore, the appearance of a letter changes depending on its position, beginning (joined on the left), middle (joined on both sides), end (joined on the right) of a word and some letters are written isolated.

This writing style is also implemented on computers. Whenever the Farsi script is typed, the computer connects the letters to each other.

In the first three days, you learn how to write and read Farsi language. We first begin with the most common Farsi letters.

آ – ا ↓

"آ - ا", called "alef", is the first letter of the Farsi alphabet. Letter "alef" is vowel and has two forms.

"آ" always pronouns /â/ like "a" in "father". It is an initial letter which never joins the following and preceding letters.

Final "alef" is written as "ا". It has four sounds, /â/ like "a" in "father", /a/ like "a" in "cat", /e/ like "e" in "men", and /o/ like "o" in "gorgeous". Final "alef" only joins to the preceding letters.

بـ – ب

"ب – بـ" /be/ is the second letter of the Persian alphabet. It sounds /be/ like "b" in "black". "بـ – ب" has two forms. "بـ" is the short form. In general, letters in short forms take the initial or medial positions in a Persian word. "ب" is the full form. Letters in full form come only at the end of the words.

بابا /bâbâ/: dad	آب /âb/: water

17

نـ – ن

"ن – نـ" called "nun", is the twenty-ninth letter of the Persian alphabet. It has short and full forms. "ن" sounds /ne/ like "n" in "noon".

bread :/nân/ نان

د

"د" /dâl/ is the tenth letter of the Persian alphabet. It only has one format. "د" only joins the preceding letters in Persian words. It sounds /de/ like "d" in "dog".

bad :/bad/ بَد	wind :/bâd/ باد

ر

"ر" /re/ is the twelfth letter of the Persian alphabet and has one format. "ر" only joins to the preceding letters in Persian words. It sounds /re/ like "r" in "red".

rain :/bârân/ باران	pomegranate :/anâr/ اَنار

مـ – م

"م – مـ" called "mim", is the twenty eighth letter of the Persian alphabet. It has short and full formats. "م" sounds /me/ like "m" in "must".

mother :/mâdar/ مادَر	man :/mard/ مَرد

سـ - س

“س - سـ” called “sin”, is the fifteenth letter of the Persian alphabet. It has two forms, short and full. “س” sounds /se/ like “s” in “seven”.

head :/sar/ سَر	basket :/sabad/ سَبَد

ت - تـ

“تـ - ت” /te/ is the fourth letter of the Persian alphabet. It sounds /te/ like “T” in “Train”. It has two forms. “تـ” is the short form and “ت” is the full form.

:/matn/ مَتن	straight :/râst/ راست

کـ - ک

“ک - کـ” called “kâf”, is the twenty fifth letter of the Persian alphabet. It has short and full forms. “ک” sounds /ke/ like “k” in “kettle”.

work :/kār/ کار	book :/ketāb/ کتاب

ز

“ز” /ze/ is the thirteenth letter of the Persian alphabet. It only has one form. “ز” only joins to the preceding letters in Persian words. It sounds /ze/ like “ze” in “zipper”.

language :/zabân/ زَبان	market :/bâzâr/ بازار

ی - یـ

"ی - یـ" /ye/ is the thirty second letter of the Persian alphabet. It has three sounds, /ye/ like "y" in "yes", /e/ like "e" in "men", and /i/ like "ee" in "meet". "ی" has three forms. "یـ" is the short form and "ی" is the full format. "ی" sometimes is written as "ای" and sounds /i/ like "i" in "trip".

sick :/bimâr/ بیمار	vegetable :/sabzi/ سَبزی

و

"و" called "vâv", is the thirtieth letter of the Persian alphabet. It only has one form. "و" has three sounds. It sounds /v/ like "v" in "Very", sounds /o/ like "O" in "Orange", sounds /u/ like "oo" in "Good". "و" only joins to the preceding letters in Persian words.

friend :/dust/ دوست	distant :/dur/ دور

پـ - پ

"پ - پـ" /pe/ is the third letter of the Persian alphabet. It sounds /pe/ like "p" in "pen". "پ" has two forms. "پـ" is the short form; therefore, it takes the initial or medial positions in a Persian word. "پ" is the full form. Therefore, it comes only at the end of the words.

skin :/pust/ پوست	leg :/pâ/ پا

روزِ ۲: اَلفبایِ فارسی

Day 2: Let's learn more common Farsi letters!

هـ - ـه - ه

"ه – ـه – هـ" called "he", is the thirty first letter of the Persian alphabet. It sounds /he/ like "h" in "hat". It also sounds /e/ like "e" in "men". "ه" is written in four forms:

Initial letter:	ها	/hâ/	plural suffix
Medial Letter:	پَهن	/pahn/	wide
Final Joined Letter:	تَپه	/tapeh/	hill
Final Disjoined Letter:	گُناه	/gonâh/	sin

خـ - خ

"خ – خـ" /khe/ is the ninth letter of the Persian alphabet. It has short and full forms. "خ" sounds /khe/ like "ch" in "loch", a Scottish word

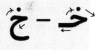

house :/khâne/ خانه	bed :/takht/ تَخت

شـ – ش

"ش – شـ" called "shin", is the sixteenth letter of the Persian alphabet. It has short and full formats. "ش" sounds /she/ like "sh" in "short".

night :/shab/ شَب	doctor:/pezeshk/ پزشک

فـ – ف

"ف – فـ" /fe/ is the twenty-third letter of the Persian alphabet. It has two forms, short and full. "ف" sounds /fe/ like "f" in "film".

carpet :/farsh/ فَرش	tomorrow :/fardâ/ فَردا

گـ – گ

"گ – گـ" called "gâf", is the twenty-sixth letter of the Persian alphabet. It has short and full forms. "گ" sounds /ge/ like "g" in "get".

cow :/gâv/ گاو	dog :/sag/ سَگ

قـ - ق

"ق - قـ" called "ghâf", is the twenty forth letter of the Persian alphabet. It has short and full forms. "ق" sounds /ghe/ like "r" in French word "Paris", but it sounds stronger.

beautiful :/ghashang/ قَشَنگ	:/boshghâb/ بُشقاب

ج - جـ

"ج - جـ" /jim/ is the sixth letter of the Persian alphabet. It sounds /je/ like "j" in "just". "ج" has short and full forms.

:/jurab/ جوراب	crown :/tâj/ تاج

لـ - ل

"ل - لـ" called "lâm", is the twenty seventh letter of the Persian alphabet. It has short and full forms. "ل" sounds /le/ like "l" in "leg".

dress :/lebâs/ لِباس	pot :/goldân/ گُلدان

چ - چـ

"چـ - چ" /che/ is the seventh letter of the Persian alphabet. It sounds /che/ like "ch" in "chair". Similar to "ج", it has short and full forms.

eye :/chashm/ چَشم	bike :/docharkhe/ دوچَرخه

ذ

"ذ" called /zâl/, is the eleventh letter of the Persian alphabet. It only has one format. "ذ" only joins to the preceding letters in Persian words. It sounds /ze/ like "ze" in "zipper".

nature :/zât/ ذات	cute :/jazâb/ جَذاب

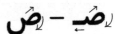

صـ - ص

"صـ - ص" called "sâd", is seventeenth letter of the Persian alphabet. It has short and full forms. "ص" sounds /se/ like "s" in "sound".

soap :/sâbun/ صابون	patience :/sabr/ صَبر

روزِ ۳: اَلفبایِ فارسی

Day 3: Let's read in Farsi

حـ - ح

"ح - حـ" /he/ is the eighth letter of the Persian alphabet. It sounds /he/ like "h" in "his". "ح" has two forms, short and full.

:/sobh/ صُبح	need :/hâjat/ حاجَت

ط

"ط" called "tâ" is the nineteenth letter of the Persian alphabet. It only has one form and joins to the preceding and following letters in Persian words. "ط" sounds /te/ like "t" in "tablet".

rope :/tanâb/ طناب	yard :/hayât/ حَیاط

عـ - ع

"ع - عـ" called "eyn", is the twenty-first letter of the Persian alphabet. It has short and full forms. "ع" sounds a slight pause between two letters. For example in "تَعظیم" sounds "ta'zim".

:/arab/ عَرَب	hour :/sâ'at/ ساعَت

ظ

"ظ" called "zâ" is the twentieth letter of the Persian alphabet. It only has one form and joins to the preceding and following letters in Persian words. "ظ" sounds /ze/ like "z" in "zipper".

appearance :/zâher/ ظاهِر	noon :/zohr/ ظُهر

ثـ - ث

"ث - ثـ" /se/ is the fifth letter of the Persian alphabet. It has short and full forms. "ث" sounds /se/ like "s" in "Second".

furnishings :/asâs/ اَثاث	example :/mesâl/ مثال

ضـ - ض

"ض-ضـ" called "zâd", is the eighteenth letter of the Persian alphabet. It has short and full forms. "ض" sounds /ze/ like "z" in "zipper".

harm :/zarar/ ضَرَر	sick :/mariz/ مَریض

غـ - غ

"غـ - غ" called "gheyn" is the twenty-second letter of the Persian alphabet. It has short and full forms. "غ" sounds /ghe/ like "r" in French word "Paris", but "غ" is stronger.

"غ" is written in four ways:

Initial letter:	غریب	/gharib/	Strange
Medial Letter:	مشغول	/mashghul/	Busy
Final Joined Letter:	جیغ	/jigh/	Scream
Final Disjoined Letter:	باغ	/bâgh/	Garden

ژ

"ژ" /zhe/ is the fourteenth letter of the Persian alphabet and has one form. "ژ" only joins to the preceding letters in Persian words. It sounds /zhe/ like "su" in "measure".

jacket :/zhâkat/ ژاکَت	castle :/dezh/ دژ

Arabic signs in Persian

Three Arabic signs are used in Persian.

1- " ّ " is called "tashdid" (in Arabic is called "Shadda") and it indicates a doubling of the preceding consonant. In many Persian text books, tashdid is not written and pronounced.

☐ Sample Words:

- مُحَمَّد:/mohammad/ common name
- بَچّه/bache/ :child
- بَرّه/bare/ :lamb

2- "اً" is called "tanvin" (in Arabic "Tanwiin") and is a grammatical suffix (an "attachment" to the end of the word). Tanvin sounds "an" and it always come at the end of Arabic words that are used in Persian.

Sample Words:

- کاملاً/kâmelan/ :completely
- مَثَلاً/masalan/ :for example
- دَقیقاً/daghighan/ :exactly

3- "أ" is called "Hamze" (in Arabic "Hamza") and sounds the glottal stop. Its sound is similar to letter "ع". Hamze is written in four forms:

"ء" "ئـ", "أ" and "ؤ".

☐ Sample Words:

- پائیز/pâiz/ :autumn
- شَیء/she'y/ :object
- تَأثیر/ta'sir/ :effect, impact
- اِمضاء/emza'/ :signature

روزِ ۴: اَحوال‌پُرسی

Day 4: Greeting

Grammar Lessons — دَستورِ زَبان

Personal Pronuns

مَن	I	ما	We
تو	You (singular)	شُما	You
او	He/She	آن‌ها – ایشان	They

Conversation — گُفت‌وگو

پدرام:	سَلام.	Pedram:	Hi.
سینا:	سَلام، چِطور هَستی؟	Sina:	Hi, how are you?
پدرام:	خوب هَستم، تو چِطور هَستی؟	Pedram:	I am fine, and you?
سینا:	عالی هَستَم، مَمنون.	Sina:	I am great, thanks.

Spech vs Writing — صُحبَت کَردَن - نِوِشتَن

صُحبَت کَردَن - نِوِشتَن

چِطوری؟ - چِطور هَستی؟	خوشحالَم! – خوشحال هَستَم!
خوبَم! - خوب هَستم!	ناراحَتَم! – ناراحَت هَستَم!
عالیَم! - عالی هَستَم!	غَمگینَم! – غَمگین هَستَم!

Grammar Lessons — دَستورِ زَبان

Simple present of "to be"

هَست + م ، ی ، - ، یم ، ید ، ند

مَن هَستم.	I am	ما هَستیم.	We are
تو هَستی.	You are (singular)	شُما هَستید.	You are
او هَست.	He/She is	آن‌ها هَستَند.	They are

Word of the day — کَلَمه‌یِ روز

دانِشجو

مَعنی: student

مِثال: مَن دانِشجو هَستَم. تو دانِشجو هَستی. دانِشجو دَر کِلاس اَست.

Number

اَعداد

Numbers are written from left to write in Persian.

دَه	نُه	هَشت	هَفت	شِش	پَنج	چهار	سه	دو	یِک
۱۰	۹	۸	۷	۶	۵	۴	۳	۲	۱
10	9	8	7	6	5	4	3	2	1

Common Phrases

جُمله‌های رایِج

چِطوری؟	How are you?
چه خَبَر؟	What's up?
خوبی؟	Are you fine?
صُبح بِخِیر!	Good morning!
عَصر بِخِیر!	Good evening!
خواهِش می-کُنَم.	You're welcome.
خِیلی مَمنون.	Thank you very much.
مِرسی.	Thank you!

Idiom of the day

اِصطِلاحِ روز

دَررَفتَن.

مَعنی: فَرار کَردَن، گُریختَن. مِثال: او اَز کِلاس دَررَفت.

Take it on the lamb.

خواندَن — Reading

مَن دانشجو هَستَم.

تو مُهَندِس هَستی.

ما اُستاد هَستیم.

آن‌ها پِزِشک هَستَند.

او دانِشجو اَست.

شُما خوشحال هَستید.

او شاد اَست.

ما عالی هَستیم.

مَن خوب هَستَم.

آن‌ها دانِشجو هَستَند.

کَلَمات جَدید — Vocabulary

مَمنون: thankful

شاد: happy

خوشحال: happy

دیدَن: to see

را: object marker

به: to

با: with

خواندَن: to read

نِوِشتَن: to write

شَب: night

دُختَر: girl

چِطوری؟ how're you?

فَردا: tomorrow

اَز: from

وَ: and

آن: that

سَلام: hello, hi

آب: water

خوب: good

بَله: yes

خِیلی: very

نَه: no

زَن: woman

مُهَندِس: engineer

اُستاد: professor

پِزِشک: doctor

عالی: excellent

بَد: bad

خوب: good

فَرار کَردن: to escape

صُبح: morning

عَصر: evening

ظُهر: noon

پِسَر: boy

خانه: home

دیروز: yesterday

اِمروز: today

روزِ ۵: آیا شما فارسی حرف می‌زنید؟

Day 5: Do you speak Farsi?

Grammar Lessons

دَستورِ زَبان

Negative form of "to be"

نیستَم	I am not	نیستیم	We are not
نیستی	You are (singular) not	نیستید	You are not
نیست	He/She is not	نیستَند	They are not

مثال: او دَر کِلاس نیست. مادَر خانه نیست.

Conversation

گُفت‌وگو

آبتین: آیا تو فارسی حَرف می‌زَنی؟	Abtin: Do you speak Farsi?
آتوسا: کَمی.	Atusa: A little.
آبتین: چه مُدَت اَست که ایران هَستی؟	Abtin: How long have you been in Iran?
آتوسا: دو سال.	Atusa: 2 years.
آبتین: چه کار می‌کُنی؟	Abtin: What do you do?
آتوسا: مَن دانِشجو هَستَم.	Atusa: I'm a student.

Speech vs Writing — صُحبَت کَردَن - نوِشتَن

صُحبَت کَردَن - نوِشتَن

دیدَمِت - تو را دیدَم. | حَرف می‌زَنین – حَرف می‌زَنید.

مَنَم – مَن هَم. | هَستین – هَستید.

می‌بینَمِت - تو را می‌بینَم. | چه مُدَته؟ – چه مُدَت است؟

Grammar Lessons — دَستورِ زَبان

Simple present of "to have"

دار + (م، ی، د، یم، ید، ند)

دارَم	I have	داریم	We have
داری	You (singular)have	دارید	You (plural) have
دارَد	She/he has	دارَند	They have

مِثال: مَن مِداد دارَم. تو کِتاب داری. آن‌ها کیف دارَند.

Word of the day — کَلَمه‌یِ روز

ماشین

مَعنی: car

مِثال: مَن ماشین دارَم. آن‌ها سه ماشین دارَند. آن‌جا یِک ماشین اَست.

Number | اَعداد

Numbers are written from left to write in Persian.

بیست	نُوزدَه	هِجدَه	هِفدَه	شانزدَه	پانزدَه	چَهاردَه	سیزدَه	دَوازدَه	یازدَه
۲۰	۱۹	۱۸	۱۷	۱۶	۱۵	۱۴	۱۳	۱۲	۱۱
20	19	18	17	16	15	14	13	12	11

Common Phrases | جُمِله‌هایِ رایِج

Goodbye	خُداحافِظ	Take care!	مُواظِبِ خودِت باش!
Good night.	شَب بِخِیر!	See you tomorrow.	فَردا می‌بینَمِت.
Entrance.	ورود	It's OK.	اِشکالی نَدارَد.
Exit.	خُروج	After you.	اَوّل شُما

Idiom of the day | اِصطِلاحِ روز

وَقتِ گُلِ نِی!

مَعنی: هیچ‌وَقت، هَرگِز. مثال: الف: کِی؟ ب: وَقتِ گُلِ نی!

When the hell's frozen over!

خواندَن
Reading

اِسمِ مَن عَلی اَست.

مَن وَ پَریا دَر کِلاس حاضِر هَستیم.

نازَنین دَر کِلاس نیست. او غایِب اَست.

دَر کلاس صَندَلی وَ میز اَست.

کَلَمات جَدید
Vocabulary

اِسم: name	هَرگِز: never	شُدَن: to become
کِلاس: class	بودَن: to be	روز: day
حاضِر: present	مَعنی: meaning	شَب: night
دَر: at, in, door	مِثال: example	بَد: bad
غایِب: absent	هَمه: all	خَبَر: news
صَندَلی: chair	گُفتَن: to say	حال: now
میز: table	آن‌جا: there	گُذَشته: past
وَ: and	آمَدَن: to come	کِتاب: book
اَست: is	کوچک: small	مِداد: pencil
هیچ‌وَقت: never	بالا: above	کیف: bag
مُواظِب بودَن: to look after	بُزُرگ: great	خودکار: pen
خُداحافِظ: bye	بیرون: out, outside	کِی؟: when?

روزِ ۶: اِسمِ شُما چیست؟

Day 6: What is your name?

Grammar Lessons | **دَستورِ زَبان**

Negative format of "to have"

نَدارَم	I don't have.	نداریم	We don't have.
نداری	You (singular) don't have.	ندارید	You (plural) have not.
ندارَد	She/he doesn't have.	ندارَند	They don't have.

مِثال: مَن خواهَر نَدارَم. تو بَرادَر نَداری. آن‌ها خانه نَدارَند.

Conversation | **گُفت‌وگو**

Azin:	What is your name?	آذین:	اِسمِ تو چیست؟
Behnam:	My name is Behnam. And you?	بهنام:	اِسمِ مَن بهنام است. تو چی؟
Azin:	I am Azin.	آذین:	مَن آذین هَستم.
Behnam:	Nice to meet you!	بهنام:	اَز دیدَنِ شما خُوشبَختَ هَستم.
Azin:	You speak Farsi very well.	آذین:	شُما فارسی را خیلی خوب صُحبَت می‌کنید.
Behnam:	Thanks.	بهنام:	مِرسی!

Speech vs Writing

صُحبَت کَردَن - نِوِشتَن

صُحبَت کَردَن - نِوِشتَن

اسمِت چیه؟ - اِسمِ شُما چیست؟	صُحبَت می‌کُنین. - صُحبَت می‌کُنید.
دیدَنِتون. - دیدَن شُما.	تو اُستادی. - تو اُستاد هَستی.
خوشبَختَم. - خوشبَخت هَستَم.	مَن مُهَندِسَم. - مَن مُهَندِس هَستَم.

Grammar Lessons

دَستورِ زَبان

Present Verbal Endings

مَن	م	ما	یم
تو	ی	شُما	ید
او	...	آن‌ها - ایشان	ند

Word of the day

کَلَمه‌یِ روز

فامیلی

مَعنی: last name

مِثال: فامیلیِ شُما چیست؟ فامیلیِ مَن اَمیری اَست.

اَعداد
Number

Numbers are written from left to write in Persian.

دَه	بیست	سی	چهِل	پَنجاه	شَصت	هَفتاد	هَشتاد	نَوَد	صَد
۱۰	۲۰	۳۰	۴۰	۵۰	۶۰	۷۰	۸۰	۹۰	۱۰۰
10	20	30	40	50	60	70	80	90	100

جُمله‌هایِ رایِج
Common Phrases

روزِ خوبی داشته باشی!	Have a nice day!	مُتوَجّه نمی‌شَوَم!	I don't understand.
خوشحال شُدَم دیدَمِت!	Glad to see you!	چِقَدر طول می‌کِشَد؟	How long does it take?
بِبین!	Look!	فِشار دَهید.	Push.
اَز کی بایَد بِپُرسَم؟	Whom should I ask?	بِکِشید.	Pull.

اِصطِلاحِ روز
Idiom of the day

دَستپاچه شُدَن

مَعنی: گیج شُدَن، عَجَله کَردَن، با عَجَله کار کَردَن.

I got cold feet.

خواندَن — Reading

اِسمِ مَن سارا اَست. نامِ خانِوادِگیِ مَن کیانی اَست.

مَن یِک خواهَر وَ یِک بَرادَر دارَم.

خواهَرِ مَن ایران زِندِگی می‌کُنَد. بَرادَرِ مَن آمریکا زِندِگی می‌کُنَد.

کَلَمات جَدید — Vocabulary

چیست؟: what is it?	**کَلَمه**: word	**سَفَر**: trip
خوشبَخت: lucky	**بَعضی**: some	**شایَد**: maybe
نامخانوادگی: last name	**دُنیا**: world	**بایَد**: must
داشتَن: to have	**زِشت**: ugly	**قَشَنگ**: beautiful
گیج شُدَن: to be confused	**پُشت**: back	**نَزدیک**: near
دَستپاچه: confused	**هَفته**: week	**شُماره**: number
خواهَر: sister	**حالا**: now	**راه**: path
بَرادَر: brother	**سَر**: head, top	**مَردُم**: people
زِندِگی کَردَن: to live	**قیمَت**: price, fee	**اَوّل**: first
رَفتَن: to go	**جُمعه**: friday	**دور**: far
ماندَن: to stay	**وَقت**: time	**پُلیس**: police
	دوست: friend	**سَخت**: hard

روزِ ۷: خانِواده

Day 7: Family

Grammar Lessons | دَستورِ زَبان

Genitive: حَرفِ اضافه

Genitive sounds "e" as "e" in "men". It shows the possessive. Genitive is also used to connect two words.

مَدادِ شُما: your pencil **کیفِ آن‌ها:** their bags **کَفشِ تو:** your shoes

کِتابِ مَن: my book **لِباسِ ما:** our clothes **ماشینِ او:** her car

Conversation | گُفت‌وگو

Donya:	Do you have children?	تو بَچّه داری؟	دُنیا:
Ramin:	Yes.	بَله.	رامین:
Donya:	How many children do you have?	چَند تا بَچه داری؟	دُنیا:
Ramin:	I have two kids. A boy and a girl.	دو تا بَچه دارَم. یِک پِسَر وَ یِک دُختَر.	رامین:
Donya:	What are their names?	اِسمِ آن‌ها چیست؟	دُنیا:
Ramin:	Behdad and Bahar.	بِهداد وَ بَهار.	رامین:

Speech vs Writing

صُحبَت کَردَن - نِوِشتَن

صُحبَت کَردَن - نِوِشتَن

یه. – یِک.

می‌دونَم. – می‌دانَم.

اونا. – آن‌ها.

مُتِوَجّه نمی‌شَم. – مُتِوَجّه نِمی‌شَوَم.

زِندِگی می‌کُنَن. - زِندِگی می‌کُنَند.

اِشکالی نَداره. – اِشکالی نَدارَد.

Grammar Lessons

دَستورِ زَبان

Genitive after vowels: "ی" is used as a genitive after vowels:

دانِشجویِ زَبانِ فارسی: Farsi student

خانه‌یِ تو: your house

بَچّه‌یِ مَن: my child

نامه‌یِ آن‌ها: their letter

مِثال: خانه‌یِ ما بُزُرگ اَست.

اِسمِ بَچّه‌یِ مَن آرتین اَست.

Word of the day

کَلَمه‌یِ روز

دوست

مَعنی: friend

مِثال: مَن با مَهسا دوست هَستَم.

شَهین دوستِ مَن اَست.

Family		اَعضای خانِواده	
پِدَربُزُرگ	پِدَر	مادَر	مادَربُزُرگ
grandfather	father	mother	grandmother
بَرادَر	پِسَر	دُختَر	خواهَر
brother	son	daughter	sister
خاله	دایی	عَمه	عَمو
aunt (mother's sister)	uncle (mother's brother)	aunt (father's sister)	uncle (father's brother)

Common expressions / عبارَت‌های رایج

How far?	چِقَدر راه اَست؟	Yes.	آره – بَله.
How much?	چِقَدر؟	No.	خِیر – نَه.
Why?	چِرا؟	I see.	می‌دانَم.
Who?	کی؟	How many?	چَندتا؟
		No smoking.	اِستِعمال دُخانیات مَمنوع اَست.

Idiom of the day / اِصطِلاح روز

کَلّه پوک.

مَعنی: اَحمَق، نادان.   مِثال: او کَلّه پوک اَست.

Thick skull.

خواندَن

Reading

اِسمِ مَن نِدا اَست. مَن یِک خواهَر وَ یِک بَرادَر دارَم.

اِسمِ خواهَرِ مَن مَهنوش اَست. اِسمِ بَرادَرِ مَن مَهیار اَست.

مَن وَ سَحَر دوست هَستیم. سَحَر هَم‌کِلاسیِ مَن اَست.

کَلَمات جَدید

Vocabulary

چَند؟: how much?

زَبان: language

بَچّه: child

دانستَن: to know

کَلّه: head

اَحمَق: stupid

هَم‌کِلاسی: classmate

پایین: below

روز: day

شوهَر: husband

آخَر: end

جَهان: world

فَهمیدَن: to understand

نادان: stupid

داماد: son-in-law

بَرادَرزاده: nephew/niece (brother's child)

دانِشگاه: university

نان: bread

عَدَد: number

ماه: moon

آدَم: human

یَخ: ice

یاد گِرِفتَن: to learn

نَوه: grandchild

خواهَرزاده: nephew/niece (sister's child)

آرِزو: wish

هیچ‌کَس: nobody

هَوا: weather

پُرسیدَن: to ask

اِزدِواج: marriage

مَراسِم: ceremony

مُردَن: to die

بیوه: widow

مَرد: man

روزِ ۸: چَند سال داری؟

Day 8: How old are you?

Grammar Lessons | دَستورِ زَبان

What is it?

"چیست" is a question word that means "what is it?"

"چیست" is the brief form of "چه اَست" and "چی اَست"

What is it?	این چیست؟
What is your name?	اِسمِ شُما چیست؟

Conversation | گُفت‌وگو

Parham: Who is this?	پَرهام: این کیست؟
Arman: He is my brother.	آرمان: بَرادَرَم اَست.
Parham: How old is he?	پَرهام: چَند سال دارَد؟
Arman: 15 years old.	آرمان: پانزدَه سال دارَد.
Parham: What is his name?	پَرهام: اِسمِ او چیست؟
Arman: His name is Arash.	آرمان: اِسمِ او آرَش اَست.
Parham: Is he married?	پَرهام: آیا او مُتاَهِل اَست؟
Arman: No, he is single.	آرمان: نَه، او مُجَرَد اَست.

Speech vs Writing

صُحبَت کَردَن - نوِشتَن

کیه؟ - کی اَست؟

مُتاَهله. – مُتاَهل اَست.

بَرادَرَمه. - بَرادَرِ مَن اَست.

مُجَرَده. – مُجَرَد است.

چَند سالِشه؟ - چَند سال دارَد؟

اسمِ او. – اسمِش.

Grammar Lessons

دَستور زَبان

Questions with آیا

The interrogative "آیا" is used in the written style to make questions.

آیا این دَفتَرِ شُما اَست؟ — Is this a your notebook?

آیا او اُستادِ شُما اَست؟ — Is he/she your teacher?

آیا اِسمِ شُما نِدا اَست؟ — Is your name Neda?

Word of the day

کَلَمه‌یِ روز

سال

مَعنی: year

مِثال: او یِک سال دارَد. سالِ جَدید. سالِ گُذَشته.

Family | اَعضایِ خانواده

دُختَرخاله	خواهَرزاده	بَرادَرزاده	نَوه
cousin	nephew, niece (sister's child)	nephew, niece (brother's child)	grandson
مادَرشوهَر	داماد	مادَرزَن	پِسَرخاله
mother-in-law (husband's mother)	son-in-law	mother-in-law (wife's mother)	cousin

Common Phrases | جُمله‌هایِ رایج

I am alone.	مَن تَنها هَستَم.	I am married.	مَن ِازدِواج کَردَم.
I am with my fiancée.	مَن با نامزَدَم هَستَم.	I am single.	مَن مُجَرَد هَستَم.
I am divorced.	مَن طَلاق گِرِفتَم.	Who is with you?	کی هَمراهِ شُما اَست؟
I am on business.	مَن بَرایِ کار آمَدَم.	I am with my family.	مَن با خانواده‌اَم هَستَم.

Idiom of the day | اِصطِلاحِ روز

با کَلّه آمَد!

مِثال: او بَرایِ ناهار با کَلّه آمَد.   مَعنی: سَریع آمَد.

He came running!

خواندَن
Reading

اِسمِ خواهَرِ مَن مَهناز اَست. اِسمِ بَرادَرِ مَن فَرهاد اَست.

بَرادَرِ مَن بیست و پَنج سال دارَد. خواهَرِ مَن دَوازدَه سال دارَد.

مَهناز مُجَرَد اَست. فَرهاد مُتاَهِل اَست.

کَلَمات جَدید
Vocabulary

چی اَست؟: what is it?

خوش‌تیپ: handsome

حَرف زَدَن: to talk

مُجَرَد: single

مُتَاَهِل: married

سَریع: fast

آمدَن: to come

فوری: fast

کُجا؟: where?

بَرایِ: for

نِگاه کَردَن: to see

پیر: old

بازی کَردَن: to play

جَوان: young

مُتوَلِّد شُدَن: to born

کودَک: child

نوزاد: baby

بُزُرگ شُدَن: to grow up

سِن: age

تَوانِستَن: to be able to

رویِ: on the

شُستَن: to wash

مَکان: place

داستان: story

تَمیز کَردَن: to clean

طَلاق: divorce

تُرش: sour

چِشیدَن: to taste

جَواب دادَن: to answer

دَستمال: napkin

کُمُد: dresser

لِباس: dress

آیینه: mirror

ظَرف: dish

عَروسَک: doll

شیرین: sweet

روزِ ۹: اَهلِ کُجا هَستی؟
Day 9: Where are you from?

دَستورِ زَبان
Grammar Lessons

آن کُجاست؟   Where is it?

"کُجاست" is the brief form of "کُجا اَست". That means "where is it?".
Sometimes "کجاست" changes to "کو" in speech.

خودکار کُجاست؟ (خودکار کو)   Where is the pen?

کِتاب کُجاست؟ (کِتاب کو)   Where is the book?

گُفت‌وگو
Conversation

رادین: تو چَند سال داری؟   Radin: How old are you?

زیبا: مَن بیست سال دارَم، تو چی؟   Ziba: I'm twenty. And you?

رادین: من هجدَه سال دارَم.   Radin: I'm 18.

زیبا: اَهلِ کُجا هَستی؟   Ziba: Where are you from?

رادین: اَهلِ ایران هَستَم.   Radin: I am from Iran.

زیبا: چه کار می‌کُنی؟   Ziba: What do you do?

رادین: دانشجو هَستَم.   Radin: I am student.

Speech vs Writing — صُحبَت کَردَن - نوِشتَن

بیست سالَمه. - بیست سال دارَم.

اَهلِ کُجایی؟ - اَهلِ کُجا هَستی؟

دَستَم. - دَستِ مَن.

زِندِگی می‌کُنه. - زِندِگی می‌کُنَد.

اَهلِ ایرانَم. - اَهلِ ایران هَستَم.

چَند سالِته؟ - چَند سال داری؟

اومَدَم. - آمَدَم.

کُجان؟ - کُجا هَستَند؟

Grammar Lessons — دَستورِ زَبان

Present Stem سِتاکِ حال

This stem called "سِتاکِ حال" /setâke hâl/ is used in shaping different forms of verb including Present Continuous and Imperative verbs. The present steam in Farsi is irregular.

Present Steam	Meaning	Infinitive
رو	to go	رَفتَن
آی	to come	آمَدَن

Word of the day — کَلَمه‌یِ روز

شَهر

مَعنی: city

مِثال: تِهران یِک شَهرِ بُزُرگ اَست. شَهرِ مَن کوچَک اَست.

کِشوَرها

Countries

اَفغانِستان	ایران	تاجیکِستان	هِند	تُرکیه
Afghanistan	Iran	Tajikistan	India	Turkey
آمریکا	انگِلیس	آلمان	روسیِه	فَرانسه
United States	England	Germany	Russia	France

جُمله‌هایِ رایِج

Common Phrases

فَردا شُما را می‌بینَم.
See you tomorrow.

مُواظِبِ خودِتان باشید.
Take care of yourself.

این کارتِ ویزیتِ مَن اَست.
This is my business card.

این شُماره‌یِ تِلفُنِ مَن اَست.
This is my telephone number.

اِصطِلاحِ روز

Idiom of the day

دَستَم بَند اَست.

مَعنی: مَشغول هَستَم. مِثال: بِبَخشید مَن دَستَم بَند اَست.

I'm tied up.

خواندَن

Reading

سُروش اَهلِ شیراز اَست. او بیست سال دارَد.
سروش مُجَرَد است و دَر تِهران زِندِگی می‌کُنَد.
پِدَر وَ مادَرِ سُرُوش دَر شیراز زِندِگی می‌کُنَند.
سروش دَر تِهران دَرس می‌خوانَد.

کَلَمات جَدید

Vocabulary

دَست: hand
اَهل: citizen
تَعطیلات: holidays
کار: work
اقامَت: stay
شَهروَند: citizen
مَشغول: busy
بَند: clause
بیمارستان: hospital
هَم‌وطَن: compatriot
روستا: village
رَئیسِ‌جُمهور: President

پَرچَم: flag
سُرود: song
آهَنگ: music
وَزیر: minister
اُستان: state
خاطِره: memory
گَردشگَر: tourist
حَرکَت کَردَن: to move
دَویدَن: to run
اُتوبوس: bus
مترو: subway
پَرده: curtain

مُسافِر: passenger
گُذَرنامه: passport
دیوار: wall
شِناسنامه: birth certificate
سفارَتخانه: embassy
نِشَستَن: to sit
بِلیط: ticket
خیابان: street
کوچه: alley
آدرس: address
مَغازه: shop
خَریدَن: to buy

روزِ ۱۰: شُغل‌ها

Day 10: Jobs

Grammar Lessons

دَستورِ زبان

Simple present: حالِ سادِه

I am a teacher.	مَن اُستاد هَستَم.
My name is Sara.	اِسمِ مَن سارا اَست.
You are a student.	تو دانشجو هَستی.

Conversation

گُفت‌وگو

Arsalan:	Where are you from?	اَرسَلان:	تو اَهلِ کُجا هَستی؟
Behzad:	I'm from Shiraz.	بِهزاد:	مَن اَهلِ شیراز هَستَم.
Arsalan:	What is your job?	اَرسَلان:	شُغلِ تو چیست؟
Behzad:	I am a computer engineer.	بِهزاد:	مَن مُهَندِسِ کامپیوتِر هستم.
Arsalan:	How many hours do you work in a day?	اَرسَلان:	چَند ساعَت دَر روز کار می‌کُنی؟
Behzad:	Eight hours.	بِهزاد:	هَشت ساعَت.

Speech vs Writing

صُحبَت کَردَن - نِوِشتَن

صُحبَت کَردَن - نِوِشتَن

چیه؟ – چیست؟ مُدیرَم. – مُدیر هَستَم. مُهَندِسه. – مُهَندِس اَست.

پِزِشکَن – پِزِشک هَستَند. حِسابداریم. – حِسابدار هَستیم.

مُهَندِسِ کامپیوتِرَم. - مُهَندِسِ کامپیوتِر هَستَم.

Grammar Lessons

دَستورِ زَبان

Tanvin :اً تنوین

اً (sounds /an/) is an Arabic adverbs in Farsi.

لُطفاً: please	**اِحتِمالاً:** likely	**اَصلاً:** never
مَعمولاً: usually	**فوراً:** instantly	**غالِباً:** often
مَثَلاً: for example	**کامِلاً:** totally	**واقِعاً:** really

Word of the day

کَلَمه‌یِ روز

هَم‌کار

مَعنی: colleague

مِثال: اِسمِ هَم‌کارِ مَن نِگار اَست. مَن وَ نِگار هَم‌کار هَستیم.

شُغل‌ها — Jobs

مُعَلِّم	حِسابدار	مُهَندِس	پِزِشک	خَلَبان
teacher	accountants	engineer	doctor	pilot
آشپَز	کارگَر	پَرَستار	هُنَرپیشه	نِویسَنده
chef	laborer	nurse	actor	writer
دَستیار	نانوا	قَصاب	نَجّار	کارمَند
assistant	baker	butcher	carpenter	clerk

جُمله‌هایِ رایِج — Common Phrases

مَن هَفته‌یِ بَعد می‌رَوَم.

I will go next week.

مَن بَرایِ یِک هَفته این‌جا می‌مانَم.

I will stay here for a week.

اِصطِلاحِ روز — Idiom of the day

غَزَلِ خُداحافِظی را خواندَن!

مَعنی: مُردَن. مِثال: او غَزَلِ خُداحافِظی را خواند.

Kick the bucket!

خواندَن
Reading

سُروش یِک مُهَندِسِ کامپیوترِ اَست. او دَر یِک شِرکَتِ الکترونیکی کار می‌کُنَد.

سُروش می‌گویَد دَر روز هَفت ساعَت کار می‌کُنَد.

سُروش وَ عَلی هَم‌کار هَستَند. آن‌ها هَمیشِه با هَم ناهار می‌خورَند.

کَلَمات جَدید
Vocabulary

کامپیوتر: computer
کار کَردَن: to work
حِرفه: profession
ساعَت: watch, hour
حُقوق: law
چِقَدر: how many
گِرفتَن: to take
دادَن: to give
پَرداخت کَردَن: to pay
سالُن: hall
کارخانه: factory
اِداره: office

سازمان: organization
بَرق: power
مُدیر: manager
مُنشی: secretary
هَزینه: cost
اِخراج کَردَن: to fire
اِستخدام کَردَن: to hire
کارمَند: employee
کُلاه: hat
خوردَن: to eat
تَعیین کَردَن: to determine
مُلاقات کَردَن: to meet

رَئیس: head, boss
تأخیر: delay
دَستور دادَن: to order
خَسته: tired
نوشیدَنی: beverage
اِنتِظار: expectation
داد زَدَن: to shout
وَقت: time
نِگَه داشتَن: to keep
عَصَبانی: angry
خَطَرناک: dangerous
اِحتیاط کَردَن: to precaution

روزِ ۱۱: کُجا کار می‌کُنی؟

Day 11: Where do you work?

Grammar Lessons | **دَستورِ زَبان**

Present Continuous: حالِ اِخباری

می + ستاکِ حال + شناسه‌های حال:

می‌رَوَم، می‌رَوی، می‌رَوَد، می‌رَویم، می‌رَوید، می‌رَوَند

ما به دانِشگاه می‌رَویم. **آن‌ها با اُستاد صُحبَت می‌کُنَند.**

تو دَرس می‌خوانی. **مَن نامه می‌نِویسَم.**

Conversation | **گُفت‌وگو**

Mehrave: Where do you work?	**مِهرآوه : کُجا کار می‌کُنی؟**
Pardis: I work for a manufacturing company. And you?	**پَردیس: بَرایِ یِک شِرکَتِ تولیدی کار می‌کُنَم. تو چی؟**
Mehrave: I'm a civil servant. How many days a week do you work?	**مِهرآوه: مَن کارمَندِ دولت هَستَم. دَر هَفته چَند روز کار می‌کَنی؟**
Pardis: I work every other day.	**پَردیس: مَن یِک روز دَر میان کار می-کُنَم.**
Mehrave: That's good. I work full time.	**مِهرآوه: خوب اَست. مَن تَمام وَقت کار می‌کُنَم.**

Speech vs Writing

صُحبَت کَردَن - نِوِشتَن

صُحبَت کَردَن - نِوِشتَن

جالبه! - جالِب اَست!　　جایِ خوبیه! - جایِ خوبی اَست!　　میره. - می‌رَوَد.

عالیه! - عالی اَست!　　کار می‌کُنه. - کار می‌کُنَد.　　می‌شه. - می‌شَوَد.

می‌رَم. - می‌رَوَم.　　نِمی‌رَم. - نمی‌رَوَم.　　هَمکارِش. - هَمکار او

Grammar Lessons

دَستورِ زَبان

Negative of Present Continuous: مَنفیِ حالِ اِخباری

نِـمی + سِتاکِ حال + شناسه‌های حال:

نِمی‌رَوَم، نِمی‌رَوی، نِمی‌رَوَد، نِمی‌رَویم، نِمی‌رَوید، نِمی‌رَوَند

مَن به مَدرِسه نِمی‌رَوَم.　　ما غَذا نِمی‌خوریم.

تو با او صُحبَت نِمی‌کُنی.　　شُما دَرس نِمی‌خوانید.

Word of the day

کَلَمه‌ی روز

شِرکَت

مَعنی: company

مِثال: مَن دَر یِک شِرکَت کار می‌کُنَم. او دَر شِرکَتِ ما کار می‌کُنَد.

شُغل‌ها — Jobs

بانکدار	آرایِشگر	سرآشپز	رَقّاص
banker	barber	chef	dancer
دَندانپِزشک	وَکیل	موسیقی‌دان	مُتَرجِم
dentist	lawyer	musician	translator

جُمله‌های رایج — Common Phrases

مُهِم نیست.	I don't mind.	واقعاً لُطف دارید.	That's very kind of you.
عالیه!	It's great!	مَنظوری نَداشتَم.	I didn't mean that.
جالِبه!	It's interesting!	مَعذِرَت خواهی.	Apologies.
مُتَاَسِفَم!	Sorry!	تَقصیرِ مَن اَست.	That's my fault.

اصطِلاحِ روز — Idiom of the day

گوش به زَنگ بودَن.

مَعنی: آماده بودَن، منتظر بودن.

Keep one's ear to the ground.

خواندَن — Reading

سامان مُهَندِسِ مُخابِرات اَست. او دَر یِک شِرکَتِ الکترونیکی کار می کُنَد. او صُبحِ زود بَرایِ رَفتَن به شِرکَت آماده می‌شَوَد.

سامان با هَمکارَش شب‌ها به پیاده‌رَوی می‌رَوَند. آن‌ها با هَم شام می‌خورَند.

کَلَمات جَدید — Vocabulary

الکترونیک: electronic

مُهَندِس: engineer

مُخابِرات: telecommunications

آماده بودَن: to be ready

گوش: ear

زَنگ: bell

عالی: excellent

جالِب: interesting

ماشین حِساب: calculator

کِشو: drawer

پاکَت نامه: envelope

کاغَذ: paper

گُزارِش: report

قیچی: scissor

تلفُن: telephone

مَنطَقه: area

جَلَسه: meeting

بَرنامه‌ریزی: planning

پَذیرِش: reception

نَفت: oil

بانک: bank

مَغازه: shop

اداره‌ی پُست: post office

مَدرِسه: school

دانِش‌آموز: student

دادگاه: court

فُرودگاه: airport

دَرمانگاه: clinic

بازنشَسته: retired

اَرتِش: army

موبایل: mobile

ایمیل: email

بَرگشتَن: to return

امضاء کَردَن: to sign

نَقشه: map

قَبول کَردَن: to accept

لُطف: favor

روزِ ۱۲: دَر رِستوران

Day 12: At the restaurant

Grammar Lessons

دَستورِ زَبان

Present Continuous: حالِ اِستِمراری

In Farsi sometimes the following structure is used for present continuous.

دارَم، داری، دارَد، داریم، دارید، دارَند + حالِ اِخباری:

دارَم می‌رَوَم، داری می‌رَوی، دارَد می‌رَوَد، داریم می‌رَویم، می‌رَوید، دارَند می‌رَوَند

دارَم می‌رَوَم کِتاب بِخرم. **آن‌ها دارَند حَرف می‌زَنَند.**

Conversation

گُفت‌وگو

Sepand: Hi Shahla, how are you?
Shahla: I'm fine. And you?
Sepand: Not bad. What do you want to do?
Shahla: I'm hungry. I'd like to eat something.
Sepand: Where do you want to go?
Shahla: I'd like to go to an Iranian restaurant.

سِپَند: سَلام شَهلا، چِطوری؟
شَهلا: خوبَم. تو چِطوری؟
سِپَند: بَد نیستَم. چه کار می‌خواهی بِکُنی؟
شَهلا: خِیلی گُرُسنه هَستَم. می‌خواهَم چیزی بِخورَم.
سِپَند: کُجا می‌خواهی بِرَوی؟
شَهلا: می‌خواهَم بِرَوَم به یِک رِستورانِ ایرانی.

Seech vs Writing

صُحبَت کَردَن - نوِشتَن

صُحبَت کَردَن - نوِشتَن

بِری. — بِرَوی.

دارَم می‌رَم. — دارَم می‌رَوَم.

می‌خوام. - می‌خواهَم.

گُرُسنَمه — گُرُسنه هَستَم.

داره می‌ره. — دارَد می‌رَوَد.

می‌خوره. — می‌خورَد.

Grammar Lessons

دَستورِ زَبان

Present Subjunctive: حالِ التِزامی

بـ + ستاکِ حال + (م، ی،د،یم، ید، ند):

بِگویَم، بِگویی، بِگویَد، بِگویم، بِگویید، بِگویَند

شایَد به مَدرِسه بِرَوَم.

او بایَد دَرس بِخوانَد.

Word of the day

کَلَمه‌یِ روز

غَذا

مَعنی: food

مِثال: ما دَر رِستوران غَذا می‌خوریم. کَباب یِک غَذایِ ایرانی اَست.

Foods

غَذاها

چیزبِرگِر	هَمبِرگِر	کَباب	قورمه
cheeseburger	hamburger	kebab	pot roast
پیتزا	بِرِنج	سالاد	سوپ
pizza	rice	salad	soup

Common Phrases

جُمله‌های رایِج

Would you like to go out for a meal?	دوست دارید بَرایِ غَذا بِرَویم بیرون؟
I enjoyed myself today, thank you.	اِمروز بِه مَن خوش گُذَشت، مِرسی.
Would you like to go for a drink?	دوست دارید بِرَویم نوشیدَنی بُخوریم؟
I will treat you to a drink.	مَن شُما را به یِک نوشیدَنی دَعوَت می‌کُنَم.

Idiom of the day

اِصطِلاحِ روز

دَر جَریان گُذاشتَن.

مَعنی: اِطِلاع دادَن، خَبَر دادَن، آگاه کَردَن.

Keep someone posted.

خواندَن
Reading

خانُمِ اَحمَدی حِسابدار اَست. او بایَد صُبح زود بیدار شَوَد. بایَد به بَچه‌ها غَذا بِدَهَد. خانُمِ اَحمَدی پَنجشَنبه بَچه‌ها را به رِستوران می‌بَرَد. بچه‌ها کَباب خِیلی دوست دارَند. هَمیشه دَر رِستوران کَباب می‌خورَند.

کَلَمات جَدید
Vocabulary

انتخاب کَردَن: to select
حِسابدار: accountants
بیدار شُدَن: to wake up
بایَد: must
غَذا دادَن: to feed
پَنجشَنبه: Thursday
هَمیشه: always
اطلاع دادَن: to inform
گُذاشتَن: to put
جَریان: current
جَدید: new
دِسِر: dessert

قَدیم: old
آگاه کَردَن: to inform
دوغ: dough
دانش: knowledge
خَبَر دادَن: to inform
حِساب کَردَن: to calculate
رزرو کَردَن: to reserve
سِفارِش دادَن: to order
تَلخ: bitter
کیک: cake
پُختَن: to cook

تازه: fresh
میوه: fruit
مُربّا: jam
ماکارانی: macaroni
آب پَز شُده: poached
چیپس: potato chips
خام: raw
شور: salty
تُند: spicy/hot
نَرم: tender
نان تُست: toast
چاشنیِ غَذا: topping

روزِ ۱۳: غَذاها

Day 13: Foods

Grammar Lessons

دَستورِ زَبان

Negative Present Subjunctive: مَنفیِ حالِ اِخباری

In present subjunctive sentences, there are usually two verbs. To make the sentence negative, the letter "نـ" is added to the first verb.

نمی‌خواهَم بِرَوَم.   مَن نَبایَد بِخوابَم.   شُما نِمی‌تَوانید کُمَک کُنید.

Conversation

گُفت‌وگو

Armin: I am starving. It's time for dinner.	آرمین: مَن خِیلی گُرَسنه هَستَم، وَقتِ شام اَست.
Daniyal: How about going to a hamburger place for dinner?	دانیال: نَظَرت چیست بَرایِ شام به یِک هَمبِرگِر فُروشی بِرَویم؟
Armin: Ok, but it's my treat.	آرمین: باشه، وَلی مِهمانِ مَن.
Daniyal: No you treated me to lunch last week, too!	دانیال: نَه تو هَفته یِ قَبل هَم ناهار را حِساب کَردی.
Armin: How about going Dutch?	آرمین: می‌خواهی هَر کَسی پولِ خودَش را حِساب کُنَد؟
Daniyal: Ok.	دانیال: بسیار خوب.

Speech vs Writing

صُحبَت کَردَن - نِوِشتَن

صُحبَت کَردَن - نِوِشتَن

به نَظَرت. - به نَظَرِ تو.

چِطوره؟- چِطور اَست؟

نِمی‌تونَم. - نِمی‌تَوانَم.

با مُحَبّتید. – با مُحَبّت هَستید.

مُزاحِمِتان. – مُزاحِمِ شُما.

بِشَم. – بِشَوَم.

Grammar Lessons

دَستورِ زَبان

Possessive Pronoun

There are two forms of possessive pronoun in Farsi:

- Separate Possessive Pronouns:

کِتابِ مَن   میزِ تو

- Joined Possessive Pronoun:

There are sixe joined possessive pronouns:

ــَـم   ــَـت   ــَـش   مان   تان   شان

کِتابَم   کِتابَت   کِتابَش   کِتابِمان   کِتابِتان   کِتابِشان

Word of the day

کَلَمه‌یِ روز

دَریا

مَعنی: sea

مِثال: ماهی دَر دَریا زِندِگی می‌کُنَد. مَن غَذایِ دَریایی دوست دارَم.

Foods — غَذاها

بیف اِستِراگانُف	گوشتِ سینِه	چیزبِرگِر	سینه‌یِ مُرغ
beef stroganoff	brisket	cheeseburger	chicken breast
بالِ جوجه	گوشت با اُستُخوان	بِرِشتوک	قُلوه
chicken wings	chop	cornflakes	kidneys
رِشته فَرَنگی	پَنکِیک	جوجه کَباب	سینه‌یِ بوقَلَمون
noodles	pancake	roast chicken	turkey breast

Common Phrases — جُمله‌هایِ رایِج

بِبَخشید که دیر آمَدَم.
Sorry I'm late.

دَفعه‌یِ بَعد جُبران می‌کُنَم.
Next time I will get it right.

شُما خِیلی با مُحَبَت هَستید.
You're very nice.

Idiom of the day — اِصطِلاحِ روز

کَسی را آدَم کَردَن.

مَعنی: کَسی را تَنبیه کَردَن. کسی را مُجازات کَردَن.

To teach someone manners.

خواندَن

Reading

کِشوَرِ ایران بینِ دو دَریایِ کاسپیَن وَ دَریایِ پارسی قَرار دارَد. دَریایِ پارسی دَر جُنوبِ ایران اَست. دَریایِ کاسپیَن دَر شُمالِ ایران قَراردارَد. ایران دارایِ دو رِشته کوه اَست. رِشته کوهِ اَلبُرز وَ رِشته کوه زاگرُس.

بیش اَز ۶۰ دَرصَدِ جَمعیّتِ ایران به زَبانِ فارسی صُحبَت می‌کُنَند.

ایــران بــا کِشــورهایِ تُرکیــه، آذَربایِجــان، اَفغانِســتان، اَرمَنِســتان، تُرکَمَنستان وَ عَراق هَمسایه اَست.

کَلَمات جَدید

Vocabulary

نَظَر دادَن: to comment

آلرِژی: allergy

تَنبیه کَردَن: to punish

آدَم: human

کَسی: someone

لَحظه: moment

مُزاحِم: annoying

دَفعه: time

جُبران کَردَن: to compensate

دیر: late

بِبَخشید: sorry

شاه ماهی: herring

اُختاپوس: octopus

اُردَک ماهی: pike

ساحِل: beach

رِشته کوه: mountains

ماسه: sand

نَمَک: salt

اَدویه: spice

دَرصَد: percent

موج: wave

طُعمه: bait

دام: trap

مُجازات کَردَن: to punish

هَمسایه: neighbor

کافه: cafe

چای: tea

آرد: flour

کِشتی: ship

قایقران: boatman

غَواص: diver

شِنا کَردَن: to swim

پیاده‌رَوی: walking

بیش اَز: more than

قاشُق: spoon

بُشقاب: plate

کِشوَر: country

روزِ ۱۴: سَبزیجات

Day 14: Vegetables

Grammar Lessons — دَستورِ زَبان

Past stem: ستاکِ گُذَشته

This stem, called "**ستاکِ گُذَشته**" /setâke gozashte/, is used for writing different forms of verbs including simple past. The past steam is written similar to the infinitive without the letter "**ن**" at the end of it.

ستاکِ گذشته Past Steam	مَعنی Meaning	مَصدر Infinitive
دید	to see	دیدَن
گُفت	to say	گُفتَن

Conversation — گُفت‌وگو

Anisa: The smell of this food is appetizing.	آنیسا: بویِ این غَذا، اشتِها را باز می‌کُنَد.
Golnar: Yes, it smells good!	گُلنار: بَله، بویِ خوبی دارَد.
Anisa: Does this food have any basil?	آنیسا: این غَذا ریحان دارَد؟
Golnar: Yes, basil and parsley.	گُلنار: بَله، ریحان وَ جَعفَری.
Anisa: This food tastes really delicious.	آنیسا: این غَذا واقِعاً خوشمَزه اَست.
Golnar: I seldom eat greasy food. I don't want to put on weight anymore.	گُلنار: مَن به نُدرَت غَذاهایِ چَرب می‌خورَم. نمی‌خواهَم بیشتَر اَز این وَزنَم زیاد شَوَد.

Speech vs Writing

صُحبَت کَردَن - نوِشتَن

صُحبَت کَردَن - نوِشتَن

صَبر کُنین. - صَبر کُنید.
کُمَکتون. - کُمَکتان.

هَستین. - هَستید.
تَقصیرِ مَنه. - تَقصیرِ مَن اَست.

وَزنَم. - وَزنِ مَن.
زیاد بشه. - زیاد شَوَد.

پَرواز می‌کُنه. - پَرواز می‌کُنَد.
نگَه نِمی‌داره. - نگَه نِمی‌دارَد.

Grammar Lessons

دَستورِ زَبان

Simple Past: گُذَشته‌یِ ساده

ستاکِ گُذَشته + (م، ی، ...، یم، ید، ند):

گُفتَم، گُفتی، گُفت، گُفتیم، گُفتید، گُفتَند

مَن دیروز مَدرِسه بودَم. تو نامه را نوِشتی.

Word of the day

کَلَمه‌یِ روز

آسِمان

مَعنی: sky

مِثال: پَرَنده دَر آسِمان پَرواز می‌کُنَد. آسِمان آبی اَست.

سَبزیجات | Vegetables

کَلَم	هَویج	گوجه	خیار
cabbage	carrots	tomatoes	cucumber
سیب زَمینی	پیاز	اِسفِناج	بادِمجان
potato	onion	spinach	eggplant
آووکادو	گُلِ کَلَم	زُغال‌اَخته	لیمو تُرش
avocado	cauliflower	blueberries	lime

جُمله‌هایِ رایِج | Common Phrases

عیدِتان مُبارَک! — Happy Easter!

بِهتَرین آرِزوها بَرایِ تَوَلّدِ شُما! — Best wishes for your birthday!

اوقاتِ خوبی داشته باشید! — Have a good time!

نوشِ جان! — Bon appetit!

اِصطِلاحِ روز | *Idiom of the day*

دَهَن لَق اَست!

مَعنی: رازِ دیگران را نِگه نِمی‌دارَد. مِثال: او خِیلی دَهَن لَق اَست.

He has a big mouth!

خواندَن — Reading

زَبانِ فارسی دَر کِشوَرهایِ ایران، اَفغانستان، تاجیکستان و اُزبَکستان رایِج اَست. زَبانِ فارسی، زَبانِ رَسمیِ کِشوَرِ ایران وَ کِشوَرِ تاجیکستان اَست. دَر حالِ حاضِر بیش اَز ۱۱۰ میلیون نَفَر دَر سَراسَرِ جَهان به زَبانِ شیرینِ فارسی صُحبَت می‌کُنَند.

کَلَمات جَدید — Vocabulary

صَبر کَردَن: to wait	دیگَران: others	اَنگور: grapes
اَصلی: original	پَرواز کَردَن: to fly	لیمو: lemon
پیش‌غَذا: appetizer	گیلاس: cherry	کاهو: lettuce
راز: mystery	ذُرَّت: corn	قارچ: mushroom
نِگَه داشتَن: to keep	سالِم: healthy	گُلدان: pot
دَهان: mouth	تَمیز: clean	مَزرَعه: farm
لَق: loose	ضِدّعُفونی: disinfection	کِشاوَرز: farmer
تَقصیر: fault	میکروب: microbe	گیاه: plant
دَقیقه: minute	رُشدکَردَن: to grow	کِشمِش: raisins
پَرَنده: bird	آب‌دادَن: to irrigate	کَدو: zucchini
کَبوتَر: pigeon	گُل: flower	کاشتَن: to plant
لانه: nest	نِگَهداری کَردَن: to maintain	مُراقب بودَن: to look after
رِزِرو کَردَن: to reserve		

روزِ ۱۵: رِزِرو کَردَنِ هُتِل

Day 15: Booking a hotel

Grammar Lessons — دَستورِ زَبان

Imperative verbs (Singular and Plural): فعلِ اَمر (مُفرَد وَ جَمع)

فعلِ اَمرِ مُفرَد = بـ + ستاکِ حال

فعلِ اَمرِ جَمع= بـ + ستاکِ حال + ید

بِبین	see (singular)	**بِبَرید**	take (plural)
بُرو	go (singular)	**بِگویید**	say (plural)

Conversation — گُفت‌وگو

بَهرام: سَلام، هُتِل پارس؟	Bahram: Hi, Pars hotel?
مُنشی: بَله! بِفَرمایید.	Clerk: Yes, go ahead.
بَهرام: آیا اُتاقِ خالی دارید؟	Bahram: Do you have any vacancies?
مُنشی: بَرایِ چه تاریخی؟	Clerk: For what date?
بَهرام: می‌خواهَم بَرایِ هَفته‌یِ آیَنده یِک اُتاق رِزِرو کُنَم.	Bahram: I'd like to make a reservation for next week.
مُنشی: بَله، اِسمِ شُما چیست؟	Clerk: Yes, what's your name?
بَهرام: بَهرامِ حَریری.	Bahram: Bahram Hariri.

Speech vs Writing

صُحبَت کَردَن - نوِشتَن

صُحبَت کَردَن - نوِشتَن

رِزِرو کَردین. - رِزِرو کَردید.

بِرِسونین. – بِرِسانید.

اِسمِتون. - اِسمِ شُما.

بَراتون. – بَرای شُما.

خوش آمَدین. - خوش آمَدید.

سالا. – سال‌ها.

Grammar Lessons

دَستورِ زَبان

Past continuous: گُذَشته‌یِ اِستِمراری

می + سِتاک گُذَشته +(م، ی، ...، یم، ید، ند):

می + گُفت + (م، ی، ...، یم، ید، ند):

می‌گُفتَم، می‌گُفتی، می‌گُفت، می‌گُفتیم، می‌گُفتید، می‌گُفتَند

- ✓ معمولاً با گُذَشته‌یِ اِستِمراری، فِعلِ داشت می‌آیَد:

داشتَم می‌رَفتَم مَدرِسه که علی را دیدَم.

Word of the day

کَلَمه‌یِ روز

مسافرت

مَعنی: travel

مِثال: مَن آخَرِ هَفته به مُسافِرَت می‌رَوَم. او تَعطیلات به مُسافِرَت رَفت.

At Hotel

دَر هُتِل

اُتاقِ یکتَخته	تَسویه کَردَن	پَذیرِش	مُدیر
single room	pay off	reception desk	manager
اُتاقِ دو تَخته	کِرایه کَردَن	رِزِرو کَردَن	خِدمَتکار
double room	to rent	to reserve	chambermaid

Common Phrases

جُملههایِ رایِج

مُمکِن اَست راهِ هُتِل را به مَن نِشان بِدَهید؟

Could you please show me the way to the hotel?

مُمکِن اَست به مَن بِگویید چِطور به این هُتِل بِرَوَم؟

Would you tell me how to get to this hotel?

لُطفاً مَن را به این هُتِل بِبَرید.

Take me to this hotel, please.

لُطفاً چَمِدانهایِ مَن را به هُتِلَم بِفِرستید؟

Send my baggage to my hotel, please.

Idiom of the day

اِصطِلاحِ روز

صَد سال بِه این سالها!

مَعنی: سالِ خوبی را بَرایِ شُما آرِزو میکُنَم.

Many happy returns of the day!

خواندَن — Reading

مَن سالِ گُذَشته به اِصفَهان سَفَر کَردَم. مَن دَر یِک هُتِل، اِقامَت داشتَم. یِک هَفته آن‌جا بودَم. اُتاقِ مَن یِک‌تَخته بود. اِصفَهان شَهرِ زیبایی اَست. مَن مَکان‌هایِ زیادی را دیدَم. اِصفَهان یِک پُلِ بُزُرگ دارَد. اِسمِ آن پُل، خواجو اَست.

کَلَمات جَدید — Vocabulary

پُل: bridge	سَفَر کَردَن: to travel	مَرکَز: center
زیبا: beautiful	اِقامَت داشتَن: to reside	رِساندَن: to convey
مَکان: place	آن‌جا: there	آخَر: end
گُذَشته: past	کُمَک کَردَن: to help	اُتاق: room
آرِزو کَردَن: to wish	تَسویه کَردَن: chek out	اُجاقِ گاز: stove
مُمکِن: possible	یَخچال: refrigerator	پارک: park
دوباره: again	تاکسی: taxi	مَسجِد: mosque
تِکرار کَردَن: to repeat	خِدمَتکار: servant	تاریخی: historical
هَزینه: cost	کارتِ اِعتِباری: credit card	فَرهَنگی: cultural
پول: money	آشپَزخانه: kitchen	بُردَن: to carry, to win
دَستشویی: wc	قَهوه: coffee	رانَنده: driver
حَمام: bathroom	کیف: bag	

روزِ ۱۶: پول – مال

Day 16: Finance

Grammar Lessons

دَستورِ زَبان

Negative past continuous: مَنفیِ گُذَشته‌یِ اِستِمراری

نِمی + سِتاک گُذَشته + (م، ی، ....، یم، ید، ند):

نِمی + گُفت + (م، ی، ....، یم، ید، ند):

نِمی‌گُفتَم، نِمی‌گُفتی، نِمی‌گُفت، نِمی‌گُفتیم، نِمی‌گُفتید، نِمی‌گُفتَند

مِثال: آن‌ها دَرس نِمی‌خواندَند. او مَن را نِمی‌دید.

Conversation

گُفت‌وگو

Soroush: Hi, how are you?	سُروش: سَلام، چِطوری؟
Hormoz: Not bad, what's up?	هُرمُز: بَد نیستَم. چه خَبَر؟
Soroush: Could you lend me some money?	سُروش: مُمکِن اَست مِقداری پول به مَن قَرض بِدَهی؟
Hormoz: How much do you need?	هُرمُز: چِقَدر لازِم داری؟
Soroush: 100,000 Toman.	سُروش: صَد هِزار تومان.
Hormoz: Sorry, I don't have any money on me right now.	هُرمُز: مُتَأسِفَم، اَلان هیچ پولی هَمراه نَدارَم.

Speech vs Writing — صُحبَت کَردَن - نِوِشتَن

صُحبَت کَردَن - نِوِشتَن

اِقامَتتون. – اِقامَت‌تان. کُجاس؟ - کُجاست؟ مُمکِنه. – مُمکِن اَست.

می‌پَردازین. - می‌پَردازید. می گیره. – می گیرَد. هَمراهَم. – هَمراهِ مَن.

می‌رَن. – می‌رَوَند. می‌دَن. – می‌دَهَند. مَغروره. – مَغرور اَست.

Grammar Lessons — دَستورِ زَبان

Adjectives: صِفَت‌ها

Adjectives usually follow the nouns to qualify them. Genitive حَرفِ اِضافه or ی is used to connect nouns and adjectives.

شَهرِ بُزُرگ: big city

بَچّه‌های خوب: good children

دُختَرِ زیبا: beautiful girl

لِباسِ قَشنَگ: pretty clothes

باغِ زیبا: beautiful garden

پِسَرِ خوش‌تیپ: handsome boy

Word of the day — کَلَمه‌یِ روز

اِسکِناس

مَعنی: bills

مِثال: فُروشَنده به مَن یِک اِسکِناسِ هِزار تومانی داد.

مال - پول | Finance

صَرّافی	پولِ نَقد	سِکه	حَقِّ کُمیسیون
currency exchange	cash	coins	commission
چِکِ مُسافِرَتی	کارتِ اِعتِباری	دُلار	تومان
traveler's check	credit card	dollar	toman

جُمله‌های رایِج | Common Phrases

نَزدیک‌تَرین صَرّافی کُجاست؟
Where is the nearest currency exchange office?

دَستگاه‌هایِ خودپَرداز کُجا هَستَند؟
Where are the ATMs?

این کارتِ شِناساییِ مَن اَست.
This is my identification card.

اِصطِلاحِ روز | Idiom of the day

خودَش را می‌گیرَد.

مَعنی: مُتِکَبِر وَ خودخواه اَست. خِیلی مَغرور اَست.

He looks proud.

خواندَن — Reading

عیدِ نوروز بَرابَر اَست با اَوّلِ ماه فَروَردین. جَشنِ نوروز یِکی اَز قَدیمی‌تَرین جَشن‌های ایران اَست. سَبز کَردَنِ گندُم وَ خَریدِ لِباس، اَز آداب وَ رُسومِ عیدِ نوروز اَست. مَردُمِ ایران دَر عیدِ نوروز بِه مِهمانی می‌رَوَند وَ بِه یِکدیگَر هَدیه می‌دَهَند. روزِ بیست و یِکُمِ ماهِ مارس، روزِ جَهانیِ عیدِ نوروز دَر تَقویمِ سازمانِ مِلَل اَست.

کَلَمات جَدید — Vocabulary

صورَت‌حِساب: bill
مُتِکَبِر: arrogant
گِرِفتَن: to catch
دَستگاه: device
نَزدیک‌تَرین: nearest
بُزُرگ: great
اِقامَت: residence
راضی بودَن: to be satisfied
خِسارَت: damage
بیمه: insurance
هِدیه دادَن: to gift
کارت: card

عید: carnival
کوچَک: little
حَق: right
حِمایَت: protection
جَهانی: global
صَندوق: cash desk
یِکدیگَر: each other
رَسید: receipt
عِینَک: eyeglasses
دَستکِش: gloves
چَتر: umbrella
قِیمَت: price

سازمانِ مِلَل: , United Nations
آداب وَ رُسوم: customs
ماه: month
یورو: euro
کِراوات: tie
قَدیمی‌تَرین: oldest
مِهمانی: party
جَشن: celebration
سَبز کَردَن: to green
فَقیر: poor
گَندُم: wheat
خَرید: shopping

روزِ ۱۷: مُسافِرَت رَفتَن

Day 17: Travel

Grammar Lessons | **دَستور زَبان**

Future Tense: فعلِ آیَنده

خواهَم، خواهی، خواهَد، خواهیم، خواهید، خواهَند + شِناسه گُذَشته:

خواهَم رَفت، خواهی رَفت، خواهَد رَفت، خواهیم رَفت، خواهید رَفت، خواهَند رَفت .

مِثال: آن‌ها به مِهمانی خواهَند رَفت. من با اُستاد صُحبَت خواهَم کَرد.

او به مُسافِرَت خواهَد رَفت. تو بَچّه ها را تَشویق خواهی کَرد.

Conversation | **گُفت‌وگو**

Matin: I'm flying to New York by plane tomorrow.	مَتین: فَردا با هَواپِیما به نیویورک می‌رَوَم.
Behnam: Have you made a reservation?	بِهنام: بِلیط رِزِرو کَردی؟
Matin: Yes. I got a round trip but my return trip date is open.	مَتین: بَله. بِلیطِ دو طَرَفه گِرِفتَم اَمّا تاریخِ بَرگَشت را باز گُذاشتَم.
Behnam: Have a nice trip!	بِهنام: سَفَرِ خوبی داشته باشی.
Matin: Thank you!	مَتین: مَمنون

Speech vs Writing — صُحبَت کَردَن - نِوِشتَن

صُحبَت کَردَن - نِوِشتَن

می‌خوام بِرَم. - می‌خواهَم بِرَوَم.	هُتِلِش. - هُتِلِ آن.	اون‌جا. – آن‌جا.
اِمکاناتِش. - اِمکاناتِ آن.	میان. - می‌آیَند.	بِگین. - بِگویید.
گَردِشگَرا. - گَردِشگَرها.	آن‌ها. - اونا.	اون. - آن.

Grammar Lessons — دَستورِ زَبان

Negative of Future Tense: مَنفیِ فِعلِ آیَنده

ن+ خواهَم، خواهی، خواهَد، خواهیم، خواهید، خواهَند + شِناسه گُذَشته:

نخواهَم رَفت، نخواهی رَفت، نخواهَد رَفت، نخواهیم رَفت، نخواهید رَفت، نخواهَند رَفت

Word of the day — کَلَمه‌یِ روز

گَردِش‌گَر

مَعنی: tourist

مِثال: گَردِش‌گَرهایِ زیادی به ایران می‌آیَند.

Countryside | حومه

جَنگل	روستا	آبشار	دَریاچه
jungle	village	waterfall	lake
ساحِل	کوه	بیابان	جَزیره
beach	mountain	desert	island

Common Phrases | جُمله‌های رایِج

جاهایِ دیدَنیِ اَصلی کُجا هَستَند؟

What are the main points of interest?

اَز کُجا می‌تَوانَم نَقشه‌یِ شَهر را بِخَرَم؟

Where can I buy a map of the town?

می شَوَد به مَن بگویید چِطور به این هُتِل بِرَوَم؟

Would you tell me how to get to this hotel?

مُمکِن اَست به مَن بِگویید چه موزه‌هایی این‌جا هَستَند؟

Would you please tell me what museums are here?

Idiom of the day | اصطلاح روز

دَر ناامیدی؛ بَسی اُمید اَست.

مَعنی: هَمیشه بایَد اُمیدوار بود.

Every cloud has a silver lining.

Reading

خواندَن

شَبِ یَلدا یِکی اَز جَشن‌هایِ قَدیمیِ ایران اَست. یَلدا آخَرین شَبِ پاییز اَست. این شَب بُلَندتَرین شَبِ سال اَست.

خانِواده‌هایِ ایرانی دَر این شَب مِهمانی بَرگُزار می‌کُنَند. شامِ مُفَصَل تَهیِّه می‌کُنَند. اَنواعِ میوه‌ها را مُهَیّا می‌کُنَند.

یِکی اَز رُسوماتِ شَبِ یَلدا، فال گِرِفتَن با دیوانِ حافِظ اَست.

Vocabulary

کَلَمات جَدید

قَدیمی: old

امکانات: facilities

کُنسرت: concert

زیاد: much

آمَدَن: to come

اُمید: hope

بَسی: many

جا: place

دیدَنی: tourism

اَنواع: types

مَنظَره: view

مواظِب بودَن: to look after

نا اُمیدی: disappointment

تَهیِّه کَردَن: to provide

تَپه: hill

بَندَرگاه: harbor

اُقیانوس: ocean

جاده: road

اِسکِله: quay

خاک: soil

دِرَخت: tree

بُلَندتَرین: tallest

صَخره: rock

دَشت: plain

بَرگُزار کَردَن: to execute

شِگِفت‌اَنگیز: amazing

فال گِرِفتَن: to fortune telling

لَذّت بُردَن: to enjoy

دیوانِ حافظ: hafez poetry book

رُسومات: traditions

پاییز: fall

فَراموش کَردَن: to forget

خاطِره: memory

مُهَیّا کَردَن: to provide

مُفَصَل: detailed

آخَرین: latest

روزِ ۱۸: ساعَت چَنده؟

Day 18: What time is it?

Grammar Lessons

دَستورِ زَبان

Preposition "تا"

This preposition is used for time, place and counting.

I worked from morning to night yesterday.	دیروز اَز صُبح تا شَب کار کَردَم.
I walked from home to the university.	اَز خانه تا دانِشگاه را پیاده رَفتَم.

Conversation

گُفت‌وگو

Mahshid: What time is it? It's going to be late!	مَهشید: ساعَت چَند اَست؟ دیر شُده اَست!
Nazanin: It's a quarter after 6. We're on time, don't worry.	نازَنین: شِش و رُبع اَست. نِگَران نَباش به موقِع می رِسیم.
Mahshid: Party starts at 7:00.	مَهشید: مِهمانی ساعَتِ هَفت شُروع می‌شَوَد.
Nazanin: No, it starts at 7:30.	نازَنین: نَه ساعَتِ هَفت و نیم شُروع می‌شَوَد.

Speech vs Writing

صُحبَت کَردَن - نِوِشتَن

صُحبَت کَردَن - نِوِشتَن

چَنده؟ - چَند اَست؟

خوبه. – خوب اَست.

بِریم. – بِرَویم.

چِطوره؟ – چِطور اَست؟

دیره. – دیر اَست.

باشه. – باشَد.

Grammar Lessons

دَستورِ زَبان

صِفَتِ مَفعولی

سِتاکِ گُذَشته + ه:

شِنیده

بُرده

گِرِفته

خوانده

صِفَتِ فاعِلی

سِتاکِ حال + (نده ، ان ، ا)

گِریان

خوانَنده

دانا

خَندان

Word of the day

کَلَمه‌ی روز

ثانیه

مَعنی: second

مثال: هَر شَصت ثانیه یک دَقیقه اَست.

ساعَت چَنده؟ — What time is it?

بیست دقیقه به دوازده

ده دقیقه به دو

پنج دقیقه به یک

یک و ربع

چهار و پنج دقیقه

یک ربع به ده

ده

پنج

جُمله‌های رایج — Common Phrases

اَز چه ساعَتی؟	From what time?	تا چه ساعَتی؟	Till what time?
یِک ساعَتِ دیگر.	In an hour.	ساعَت چَنده؟	What time is it?
ظُهر اَست.	It is noon.	دیر اَست؟	Is it late?

اِصطِلاحِ روز — Idiom of the day

حَرف هایِ صَد مَن یِک غاز.

مَعنی: حَرف‌هایِ بیهوده، حَرف‌هایِ بی‌اَساس.

Sweet nothing.

Reading — خواندَن

چَهارشَنبه‌سوری یِکی اَز جَشن‌هایِ ایرانی اَست. این جَشن قِدمَتِ زیادی دارَد. این مَراسِم دَر شَبِ آخَرین چَهارشَنبه‌یِ سال (سه‌شَنبه شَب) بَرگُزار می شَوَد. مَردُم دَر این مَراسِم آتَش روشَن می‌کُنَند وَ اَز رویِ آن می‌پَرَند. مَردُمِ ایران دَر زَمانِ پَریدَن اَز رویِ آتَش می‌خوانَند: «زَردیِ مَن اَز تو، سُرخیِ تو اَز مَن».

Vocabulary — کَلَمات جَدید

بیهوده: vain	**غاز:** goose	**روشَن کَردَن:** to light
دیگران: others	**نیم:** half	**زمستان:** winter
دَقیقه: minute	**پاییز:** fall	**مَقصَد:** destination
گِریان: crying	**هِدایَت کَردَن:** to guide	**شُروع:** start
دانا: wise	**نِگاه کَردَن:** to look	**چَهارشَنبه:** wednesday
رُبع: quarter	**پایان:** end	**مُطالِعه کَردَن:** to study
زود: early	**بَعدی:** next	**نمایِش:** show
ماه: month, moon	**آتَش:** fire	**پَریدَن:** to jump
سه شَنبه: tuesday	**پُرسیدَن:** to ask	**قَرار گُذاشتَن:** to date
قِدمَت: antiquity	**نوبَت:** shift, turn	**دَعوَت کَردَن:** to invite
زَرد: yellow	**سُرخ:** red	**تَوَجُه:** attention
موقِعیَت: position	**رابِطه:** relation	**هَرگِز:** never

روزِ ۱۹: دَر بانک

Day 19: At the Bank

Grammar Lessons

دَستورِ زَبان

گُذَشته‌یِ نَقلی:

صِفَتِ مَفعولی + اَم، ای، اَست، ایم، اید، اَند:

رَفته‌اَم، رَفته‌ای، رَفته‌اَست، رَفته‌ایم، رَفته‌اید، رَفته‌اَند

او به مَدرِسه رَفته اَست.

ما امروز صُبح وَرزِش کَرده‌ایم.

مَن دَر ایران زِندِگی کَرده‌اَم.

آن‌ها به مَردِ فَقیر کُمَک کَرده اَند.

Conversation

گُفت‌وگو

Bank clerk: Hi how are you?	کارمَندِ بانک: سَلام چِطورید؟
Customer: I'm fine thanks.	مُشتری: خوبَم! مَمنون.
Clerk: What can I do for you?	کارمَند: چه کاری می تَوانَم بَرایِ شُما اَنجام بِدَهَم؟
Customer: I have one question.	مُشتری: یِک سُوال دارَم.
Clerk: What's your question?	کارمَند: سُوالِ شُما چیست؟
Customer: How do I order checks?	مُشتری: چِطور می‌تَوانَم یِک دَسته چِک بِگیرَم؟
Clerk: You can order them right now, if you'd like. Just fill out this application.	کارمَند: شُما می‌تَوانید هَمین حالا دَرخواست بِدَهید. فَقَط بایَد این فُرم را پُر کُنید.

Speech vs Writing

صُحبَت کَردَن - نوِشتَن

صُحبَت کَردَن - نوِشتَن

کُمَکتون. – کُمَکتان.

هَمراهِتون. – هَمراهِتان.

چَند دَرصَده؟ – چَند دَرصَد اَست؟

می‌خوام. – می‌خواهَم.

ساختَن. – ساخته‌اَند.

Grammar Lessons

دَستورِ زَبان

صِفَتِ بَرتَر	صِفَتِ بَرتَرین
لباسِ قَشَنگ‌تَر	بِهتَرین کِتاب
میزِ کوچک‌تر	زیباتَرین خانه
گلِ زیباتر	قَشَنگ‌تَرین لِباس
غَذایِ لَذیذتَر	مِهرَبان‌تَرین مادَر

Word of the day

کَلَمه‌یِ روز

وام

مَعنی: loan

مِثال: مَن دیروز اَز بانک وام گِرِفتَم.   او می‌خواهَد وام بِگیرَد.

At Bank | دَر بانک

مَسترکارت	نِرخِ بَهره	اِسکِناس	واریز
mastercard	interest rate	bills	deposit
چِکِ مَسافِرَتی	صَرّافی	رِسید	بَرداشت
traveler's check	currency exchange	receipt	withdrawal

Common Phrases | جُمله‌هایِ رایِج

مَن می‌خواهَم یِک حِسابِ پَس‌اَنداز باز کُنَم.

I would like to open a savings account.

مَن می‌خواهَم یِک حِسابِ جاری باز کُنَم.

I would like to open a checking account.

مَن می‌خواهَم مِقداری پول بَرداشت کُنَم.

I would like to withdraw some money.

مَن یِک قَبضِ بَرداشت می‌خواهَم.

I need a withdrawal slip.

Idiom of the day | اِصطِلاحِ روز

هَر کَسی را بَهرِ کاری ساخته‌اَند.

مَعنی: هَر فَرد، بَرایِ کاری شایِسته اَست.

Horses for courses.

خواندَن
Reading

شَهرِ تِهران دَر شُمالِ ایران قَرار دارَد. تِهران پایتَخت ایران اَست. این شَهر، بُزرگ‌تَرین شَهرِ ایران مَحسوب می‌شَوَد. شُمالِ تِهران دارایِ آب وَ هَوایِ سَرد وَ خُشک اَست.

جُنوبِ تِهران دارایِ آب وَ هَوایِ گَرم وَ خُشک اَست. نَمادِ شَهرِ تِهران بُرجِ آزادی وَ بُرجِ میلاد اَست. بیش‌تَرِ مَردُمِ تِهران به زَبانِ فارسی صُحبَت می‌کُنَند.

کَلَمات جَدید
Vocabulary

فَرد: individual

ساختَن: to build

حِسابِ جاری: checking account

لَذیذ: delicious

کارمَند: employee

پُر کَردَن: to full, to fill

لَبخَند: smile

زَبان: language

واریز: deposit

صِفَت: adjective

سَرد: cold

حِسابِ پَس‌اَنداز: savings account

پِنهان: hidden

خوشمَزه: delicious

ایجاد کَردَن: to create

گُفت‌وگو کَردَن: to discuss

بَرداشت: withdrawal

بُرج: tower

بُزرگ‌تَرین: biggest

جَشن: celebration

کَثیف: dirty

اَبلَه: fool

شایسته: worthy

آب وَ هَوا: weather

باز: open

باهوش: clever

قُدرَت: power

تَوانایی: ability

ضَعیف: weak

دارای: contains

مَحسوب شُدَن: to considere

بیش‌تَر: more

سَرگَرمی: entertainment

نَماد: symbol

روزِ ۲۰: خَریدِ گوشت

Day 20: Buy Meat

Grammar Lessons

دَستورِ زَبان

مَنفیِ گُذَشتهِ‌ی نَقلی:

نـ + صفت مفعولی + ام، ای، است، ایم، اید، اند:

نَگُفته‌ام، نَگُفته‌ای، نَگُفته‌است، نَگُفته‌ایم، نَگُفته‌اید، نَگُفته‌اند

مَن این کِتاب را نَخوانده‌اَم.

او رازَش را به مَن نَگُفته‌اَست.

تو این فیلم را تَماشا نَکَرده‌ای.

آن‌ها غَذا را نَخورده‌اَند.

Conversation

گُفت‌وگو

مُشتَری: مَن مِقداری گوشت می‌خواهَم.

Customer: I want to get some beef.

فُروشَنده: چه نوع گوشتی می‌خواهید؟

Seller: What kind of meat you want?

مُشتَری: مِقداری گوشتِ چَرخ‌کَرده می‌خواهَم.

Customer: I want to get some minced meat.

فُروشَنده: چِقَدر لازم دارید؟

Seller: How much do you need?

مُشتَری: یک کیلو گوشتِ چَرخ‌کَردِه می‌خواهَم.

Customer: I would like 1 kilogram of minced meat.

فُروشَندِه: اِجازه بِدَهید بَرایِ شُما آن را بَسته‌بَندی کُنَم.

Seller: Let me go wrap the minced meat up for you.

مُشتَری: مَمنون.

Customer: Thanks!

Speech vs Writing

صُحبَت کَردَن - نِوِشتَن

صُحبَت کَردَن - نِوِشتَن

اِجازه بِدین. - اِجازه بِدَهید.   لازِم دارین. - لازِم دارید.

Grammar Lessons

دَستورِ زَبان

Prepositions: حَرفِ اضافه

اَز	تا	زیر
با	دَر	قَبل اَز
به	بَعد اَز	دَرباره

مِثال: او اَز خانه تا دانِشگاه را پیاده می‌رَوَد.

Word of the day

کَلَمه‌یِ روز

سَرمایه‌گُذاری

مَعنی: investment

مِثال: مَن دَر بازارِ بورس سَرمایه‌گُذاری کَردَم.

Meat	گوشت

گوشتِ بَره	اُردَک	جوجه	گوشتِ گاو
lamb	duck	chicken	beef
شنیسِل	گوشتِ خوک	مُرغ	گوشتِ چَرخ کَرده
schnitzel	pork	chicken	minced meat
اِستِیک	بوقَلَمون	خَرگوش	گوشتِ گوساله
steak	turkey	rabbit	veal

Common Phrases	جُمله‌های رایِج
Where do I sign?	کُجا را بایَد اِمضاء کُنَم؟
What is the commission?	حَقِّ کُمیسیون چَند اَست؟

Idiom of the day	اِصطِلاحِ روز

آدَم قَحطی نیست.

مَعنی: او شَخصِ مُناسِبی بَرایِ این کار نیست.

The sea is full of other fish.

خواندَن — Reading

خَطِّ فارسی یا اَلِفبایِ فارسی، خَطی اَست که اَز آن بَرایِ نوشتَنِ زَبانِ فارسی استفاده می‌شَوَد.

خَطِّ فارسی دَر کِشوَرهایِ ایران وَ اَفغانستان وَ پاکِستان خَطِّ رَسمی اَست.

دَر تاجیکِستان خَطِّ فارسی را خَطِّ نیاکان می‌نامَند.

کَلَمات جَدید — Vocabulary

- **بازارِ بورس:** stock market
- **رَسمی:** formal
- **تَماشا کَردَن:** to watch
- **قِسط:** installment
- **قَحطی:** famine
- **دادَن:** to give
- **شِرکَت کَردَن:** to participation
- **اَز دَست دادَن:** to loss
- **استفاده کَردَن:** to use
- **پَس دادَن:** to give back
- **بالا رَفتَن:** to climb

- **قَبل اَز:** before
- **آدَم:** human
- **شَریک:** partner
- **سود:** profit
- **تا:** until
- **خسارَت:** damage
- **قَرض کَردَن:** to borrow
- **نیاز:** need
- **کالا:** commodity
- **کاهِش دادَن:** to reduce
- **مُرَتَب کَردَن:** to organize
- **سَهام:** stocks

- **سَرمایه:** capital
- **بَعد اَز:** after
- **ضَرَر:** damage
- **روی:** on
- **اَفزایِش دادَن:** to increase
- **پَرداخت کَردَن:** to pay
- **حُقوق:** salary
- **سَرمایه:** capital
- **تَبدیل کَردَن:** to convert
- **خَریدَن:** to buy
- **خَلافکار:** criminal

روزِ ۲۱: عَلاقه‌مَندی‌ها

Day 21: Favorites

Grammar Lessons | **دَستورِ زَبان**

مَنفی گُذَشته نَقلی:

نـ + صفتِ مَفعولی + ام، ای، اَست، ایم، اید، اَند:

نَگُفته‌اَم، نَگُفته‌ای، نَگُفته‌اَست، نَگُفته‌ایم، نَگُفته‌اید، نَگُفته‌اَند

مِثال: من این کِتاب را نَخوانده‌اَم.

Conversation | **گُفت‌وگو**

Elnaz: My favorite kind of music is classical music.	اِلناز: موسیقی موردِعَلاقه‌ی مَن موسیقی کِلاسیک اَست.
Roham: Can you play any (musical) instrument?	روهام: سازی می‌تَوانی بِنَوازی؟
Elnaz: Yes, I can play the piano.	اِلناز: آره، مَن می‌تَوانَم پیانو بِنَوازَم.
Roham: I have a collection of records.	روهام: مَن یِک مَجموعه اَز صَفحه‌های موسیقی دارَم.
Elnaz: Really? it's interesting!	اَلناز: واقِعاً؟ جالِب اَست.
Roham: I love the works of Beethoven and I have all Beethoven's symphonies.	روهام: مَن عاشِقِ کارهای بِتهوون هَستَم و تَمام سَمفونی‌های بتهوون را دارَم.

Speech vs Writing

صُحبَت کَردَن - نِوِشتَن

صُحبَت کَردَن - نِوِشتَن

بَرایَت. – بَرایِ تو.

اون کیه؟ – او کیست؟

کِنارِش. – کِنارِ او.

پیمونه. – پِیمانه.

دوستیم. – دوست هَستیم.

می‌خواین. – می‌خواهید .

وَقتِت. – وَقتِ شُما.

آزاده. – آزاد اَست.

می گه. – می گویَد.

Grammar Lessons

دَستورِ زَبان

گُذَشته‌یِ بَعید

صِفَتِ مَفعولی + بودَم، بودی، بود، بودیم، بودید، بودَند:

رَفته بودَم، رَفته بودی، رَفته بود، رَفته بودیم، رَفته بودید، رَفته بودَند

مِثال: تو به مَن کِتاب داده بودی.

او به مَدرسه رَفته بود.

آن‌ها بازی را شُروع کرده بودَند.

Word of the day

کَلَمه‌یِ روز

بیهودِه

مَعنی: vain

مِثال: او بَرایِ آزمون بیهوده تَلاش کَرده بود.

Colors | رَنگ‌ها

قرمِز	آبی	سَبز	زَرد	سِفید
red	blue	green	yellow	white
قَهوه‌ای	نارِنجی	بَنَفش	خاکِستَری	سیاه
brown	orange	violet	gray	black

Common Phrases | جُمله‌های رایِج

می‌تَوانیم اِمروز هَمدیگر را بِبینیم؟
Could we see each other today?

اِمشَب وَقتِ شُما آزاد اَست؟
Do you have free time tonight?

دوست دارید بَرایِ غَذا بِرَویم بیرون؟
How would you like to go out for a meal?

دوست دارید با مَن بیاید؟
Whould you like to come with me?

شُما فَردا وَقت دارید؟
Do you have free time tomorrow?

Idiom of the day | اصطلاحِ روز

بایَد بِسوزی وَ بِسازی.

مَعنی: بایَد شَرایِط سَخت را تَحَمُل کَرد.

You must grin and bear it.

خواندَن — Reading

تَختِ جَمشید دَر شُمالَ اُستانِ فارس قَراردارَد وَ نامِ یکی اَز شَهرهایِ باستانی دَر ایران اَست. بُنیان‌گُذارِ تَختِ جَمشید، داریوشِ بُزُرگ بود. دَر این شَهرِ تاریخی کَتیبه‌هایِ زیادی پِیدا شُده‌اَست.
اِسکَندَرِ مَقدونی دَر ۳۳۰ سال قَبل اَز میلاد به تَختِ جمشید حَمله کَرد و آن را آتَش زَد. بِسیاری اَز کِتاب‌ها و هُنَرهایِ ایرانی دَر آن آتَش سوخت.

کَلَمات جَدید — Vocabulary

باستانی: ancient
بُنیان‌گُذار: founder
تاریخی: historical
کَتیبه: inscription
پِیدا شُدن: to be found
قَبل اَز: before
تَحَمُل کَردَن: to tolerate
بَنا کَردَن: to build
امشَب: tonight
بیرون: outside
پیمانه: measure
دوست: friend

حَمله کَردَن: to attack
آتَش زَدَن: to fire
شَرایِط: conditions
سَخت: hard
آزاد: free
وَقت: time
شُروع کَردَن: to start
پَس: so, then
شِناختَن: to recognize
پیراهَن: shirt
تَلاش: effort
خواستَن: to want

بِسیاری: many
هُنَر: art
سوختَن: to burn
بَنابَراین: so
تَماشا کَردَن: to watch
خواندَن: to read
تَوانستَن: to able
پوشیدَن: to wear
آماده شُدَن: to prepare
آرزو کَردَن: to wish
دُشمَن: enemy

روزِ ۲۲: اعضایِ بَدَن

Day 22: Body

Grammar Lessons | دَستور زَبان

مَنفیِ گُذَشته‌یِ بَعید

نـ + صِفَتِ مَفعولی + بودَم، بودی، بود، بودیم، بودید، بودَند:

نَرَفته بودَم، نَرَفته بودی، نَرَفته بود، نَرَفته بودیم، نَرَفته بودید، نَرَفته بودَند

مِثال: مَن به مَدرِسه نَرَفته‌بودَم. آن‌ها بَرنامه‌ریزی نَکَرده‌بودَند.

Conversation | گُفت‌وگو

Afsun: My fingers hurt.	اَفسون: اَنگُشت‌هایم صَدَمه دیده‌اَند.
Parviz: Why do they hurt?	پَرویز: چِرا صَدَمه دیده‌اَست؟
Afsun: I type too much.	اَفسون: خیلی تایپ کَردَم.
Parviz: You should take a break.	پَرویز: تو بایَد استِراحَت کُنی.
Afsun: I have to type to make money.	اَفسون: مَن بایَد تایپ کُنَم تا پول به‌دست آوَرَم.
Parviz: But typing is causing you pain.	پَرویز: اَمّا تایپ باعِث می‌شَوَد دَرد بِکِشی.
Afsun: I should see a doctor.	اَفسون: بایَد بِرَوَم دُکتُر.

Speech vs Writing

صُحبَت کَردَن - نِوِشتَن

صُحبَت کَردَن - نِوِشتَن

داری می‌ری. – داری می‌رَوی.

می‌خوای بِری. – می‌خواهی بِرَوی.

می‌ده. – می‌دَهَد.

می‌شناسه. – می‌شُناسَد.

بِباره. – بِبارد.

آفتابیه. – آفتابی اَست.

Grammar Lessons

دَستورِ زَبان

جُمله:

اُمید و آرِزُو

کاش، ای کاش

کاش فَردا باران بِبارَد.

ای کاش فَردا هَوا آفتابی باشَد.

غَم و ناراحَتی

آه، وای، دَریغ، فَریاد

آه از این بَدشناسی.

دَریغ اَز یِک ذَرّه مُحَبَت.

Word of the day

کَلَمه‌یِ روز

پاداش

مَعنی: reward

مِثال: رِئیس به کارمَندها پاداش داد.

پاداشِ بُزُرگی بَرایِ پِیدا کَردَن دُزد تَعیین شُد.

اعضایِ بَدَن — Body

مو	پیشانی	زانو	ناخُن	شانه
hair	forehead	knee	nail	shoulder
دَندان	دَماغ	اَنگُشت	دَست	قَلب
teeth	nose	finger	hand	heart

جُمله‌هایِ رایِج — Common Phrases

موهایَت خِیلی خوب شُده‌اَست.
Your haircut is good.

شُما سَلیقه‌یِ خوبی بَرایِ لِباس دارید.
You have wonderful taste in clothes.

مَمنون اَز زَحمَتی که کِشیدید.
Thanks for your trouble.

خِیلی خوشتیپ شُدی!
You look good!

اِصطِلاحِ روز — *Idiom of the day*

بِکوب کار کَردَن.

مَعنی: زیاد کار کَردَن. سَخت تَلاش کَردَن.

مِثال: او بِکوب کار می‌کُنَد وَ دَرآمَدِ خوبی دارَد.

Work all the hours God sends.

خواندَن

Reading

پاسارگاد یِک شَهرِ باستانی دَر ایران اَست. این شَهر دَر اُستانِ فارس قَرار دارَد. پاسارگاد دَر گُذَشته پایِتَختِ خاندانِ پارس بود.

این شَهرِ تاریخی مَکان‌هایِ دیدنیِ زیادی دارَد. آرامگاهِ کوروشِ بُزُرگ دَر این شَهر قَراردارَد. این شَهر یِک بُرجِ سَنگیِ زیبا دارَد. شَهرِ تاریخیِ پاسارگاد دَر فِهرِستِ جَهانیِ یونِسکو قَراردارَد.

کَلَمات جَدید

Vocabulary

پایِتَخت: capital

مَکان: place

آرامگاه: tomb

سَنگ: stone

فهرِست: list

جَهانی: global

ناراحَتی: sorrow

بَدشانسی: misfortune

تَوَلُّد: birth

فِکر: thought

ثَبت کَردَن: to register

پاساژ: passage

آهَنگ: music

قَرار داشتَن: to be located

اُستان: state

رئیس: head

غَم: sorrow

عَکس گرفتَن: to take photo

پادشاه: king

خوش رَفتار: affable

خون: blood

خیال کَردَن: to imagine

خِیلی خوب: well

دایِره: circle

دَبِستان: primary school

خاندان: family

دخالَت کَردَن: to interfere

دُروغ: lie

دَست دادَن: To handshake

رَقص: dance

روزگار: time

حِیرَت‌اَنگیز: amazing

سَرباز: soldier

وُجود داشتَن: to be existence

اَفسانه: myth

خوانَنده: singer

روزِ ۲۳: دِسِرها

Day 23: Desserts

Grammar Lessons

دَستورِ زَبان

مَفعول:

نِشانه‌یِ مَفعول «را» اَست.

	مَفعول
مَن کِتاب را بُردَم وَ به سینا دادَم.	کتاب
ما آن‌ها را دیدیم و با آن‌ها آشنا شُدیم.	آن‌ها

Conversation

گُفت‌وگو

Behrad: I want something sweet after dinner.	بِهراد: مَن بَعد اَز شام یِک چیزِ شیرین می‌خواهَم.
Mahsa: What exactly do you want?	مَهسا: دَقیقاً چه چیزی می‌خواهی؟
Behrad: A good dessert.	بِهراد: یِک دِسِرِ خوب.
Mahsa: What kind of dessert do you want?	مَهسا: چه نوع دِسِری می‌خواهی؟
Behrad: I like apple pie a lot.	بِهراد: مَن پایِ سیب خِیلی دوست دارم.
Mahsa: I love it too.	مَهسا: مَن هَم آن را خیلی دوست دارم.

Speech vs Writing

صُحبَت کَردَن – نِوِشتَن

صُحبَت کَردَن – نِوِشتَن

هوا چِطوره؟ – هوا چطور اَست؟ هَوا سَرده. – هَوا سَرد اَست.

تَعطیل میشه. – تَعطیل می‌شَوَد. اومَده. – آمَده اَست.

Grammar Lessons

دَستورِ زَبان

مُتَمِّم

نِشانه‌یِ مُتَمِّم «حَرفِ اضافه» اَست.

	مُتَمِّم	مَفعول
مَن با سارا صُحبَت کَردَم و او را راضی کَردَم.	سارا	او
ما به خانه رَفتیم وَ کیف را بَرداشتیم.	خانه	کیف

Word of the day

کَلَمه‌یِ روز

روحیّه

مَعنی: morale

مِثال: اعضایِ تیم فوتبال روحیّه‌یِ خوبی دارَند.

دِسِرها | Desserts

بیسکوییت	پایِ سیب	کِیکِ شُکُلاتی	بَستَنی
biscuits	apple pie	chocolate cake	ice cream
پن‌کِیک	نانِ خامه‌ای	شیرینیِ دانمارکی	کِیکِ گِردویی
pancake	profiterole	danish pastry	walnut cake

جُمله‌های رایج | Common Phrases

می‌خواهَم رویِ کِیکَم، خامه باشد.

I'd like my cake to have cream on top.

آن کِیکِ بُزُرگ خِیلی وَسوَسه‌اَنگیز اَست.

That big cake looks very tempting.

اَنواعِ زیادی اَز شیرینی‌ها را داریم.

We have a large collection of pastries.

اِصطِلاحِ روز | *Idiom of the day*

بی‌شیله پیله بودَن.

مَعنی: ساده بودَن.   مِثال: او یِک مَردِ بی شیله پیله اَست.

Wear one's heart on one's sleeve.

Reading خواندَن

آب وَ هَوای ایران بِسیار مُتَنَوِّع اَست. دَر بَهار، مَناطِقِ جُنوب گَرم وَ آفتابی اَست، وَلی دَر شُمالِ غَربیِ ایران هَوا سَرد وَ بَرفی اَست. دَر فَصلِ تابِستان، هَوایِ مَناطِقِ جُنوبی وَ مَرکَزیِ ایران بِسیار گَرم اَست. اَمّا مَناطِقِ شُمالِ غَربی، هَوایی مَطبوع دارَند. پاییز دَر بِسیاری اَز مَناطِقِ ایران فَصلی زیبا اَست. دَر فَصلِ زِمِستان، جُنوبِ کِشوَر هَوا آفتابی اَست، اَمّا شُمالِ کِشوَر هَوا بَرفی وَ بارانی اَست.

Vocabulary کَلَمات جَدید

مُتَنَوِّع: diverse	تیم: team	فوتبال: soccer
گَرم: hot	حَرفِ اضافه: preposition	تَبخیر: evaporation
سَرد: cold	بَعد: next	تَگَرگ: hail
هَوا: air, weather	جَوّ: atmosphere	یَخ: ice
مَناطِق: areas	گِردباد: tornado	گَرما: heat
مَطبوع: pleasant	سَرما: cold	زِلزِله: earthquake
فَصل: season	رَنگین کَمان: rainbow	آسیب زَدَن: to damage
دِل‌اَنگیز: pleasing	خورشید: sun	خسارَت: damage
کِشوَر: country	بَستَنی: ice cream	فَرار کَردَن: to escape
ساده بودَن: to be simple	شَرایِط: conditions	ایمِنی: safety
اَعضا: members	سِیل: flood	گِل: mud
	خَراب کَردَن: to destroy	خاک: soil

روزِ ۲۴: نوشیدَنی‌ها

Day 24: Drinks

Grammar Lessons | دَستور زَبان

«اَز» + «ضَمیرِ شَخصی»

اَز + مَن = اَزَم	اَز + ما = اَزَمون
اَز + تو = اَزَت	از + شُما = اَزَتون
اَز + او = اَزَش	از + آن‌ها = اَزَشون

Conversation | گُفت‌وگو

فَرشاد: مَن خِیلی تِشنه هَستَم.	Farshad: I'm so thirsty.
کِیوان: بیا بِرَویم یه نوشیدَنی بِگیریم.	Keyvan: Let's go get something to drink.
فَرشاد: فِکرِ خوبی اَست.	Farshad: That's a good idea.
کِیوان: چه نوشیدِنی‌ای می‌خواهی؟	Keyvan: What drinking do you want?
فَرشاد: مَن نوشابه می‌خواهَم.	Farshad: I want a soda.
کِیوان: وَقتی خِیلی تِشنه هَستی نَبایَد نوشابه بُخوری.	Keyvan: You shouldn't drink soda when you're really thirsty.
فَرشاد: شُما چه پیشنَهاد می‌کنید؟	Farshad: What do you suggest?
کِیوان: آب بِهتَرین چیز بَرایِ شُما اَست.	Keyvan: Water is what's best for you.

Speech vs Writing

صُحبَت کَردَن - نِوِشتَن

صُحبَت کَردَن – نِوِشتَن

زوده. – زود اَست.

دیره. – دیر اَست.

نِصف شَبه. – نِصف شَب اَست.

آباد نِمی‌شه. – آباد نِمی‌شَوَد.

Grammar Lessons

دَستورِ زَبان

«با» به اضافه‌یِ ضَمیرِ شَخصی

جَمع	مُفرَد
با + ما = باهامون	با + مَن = باهام
با + شُما = باهاتون	با + تو = باهات
با + آن‌ها = باهاشون	با + او = باهاش

Word of the day

کَلَمه‌یِ روز

زَحمَت

مَعنی: trouble, difficulty, inconvenience

مِثال: او بَرایِ کارَش زَحمَتِ زیادی کشید.

مَن با زَحمت این شُغل را پِیدا کَردَم.

نوشیدَنی‌ها — Drinks

چای	شُکُلاتِ داغ	آبمیوه	آب پُرتِقال
tea	hot chocolate	juice	orange juice
شَراب	آب مَعدَنی	لیموناد	قَهوه
wine	mineral water	lemonade	coffee

جُمله‌هایِ رایِج — Common Phrases

سَفَرِ خوبی داشته باشید!	Have a nice trip!	نِصفِ شَب اَست.	It is midnight.
مُوَفَق باشید!	Good luck!	به‌موقع اَست.	It's on time.
زود اَست.	It is early.	دیر اَست.	Is it late.

اِصطِلاحِ روز — *Idiom of the day*

تا خَراب نَشوَد، آباد نِمی‌شَوَد.

مَعنی: کار، بِدونِ زَحمَت پیش نِمی‌رَوَد.

You can’t make an omelette without breaking eggs.

خواندَن — Reading

حافظ یِک شاعرِ ایرانی اَست. او دارایِ شُهرَتِ جَهانی اَست. حافظ دَر شَهرِ شیراز زِندِگی کَرده‌اَست. شِعرهایِ حافِظ به زبَان‌هایِ مُختَلِف تَرجُمه شُده‌اَست.

آرامگاهِ حافِظ دَر شَهرِ شیراز قَراردارَد. مَراسِمِ بُزُرگداشتِ حافِظ بیستُم مِهر (سیزَده اُکتُبر) دَر آرامگاهِ او بَرگُزار می‌شَوَد.

کَلَمات جَدید — Vocabulary

شاعِر: poet

مُختَلِف: different

تَرجمه کَردَن: to translate

زَحمَت: trouble

پیش رَفتَن: to progress

آن‌جا: there

مُشکِل: problem

تَشَکُر کَردَن: to thank

اُمیدوار: hopeful

سُرودَن: to compose

شُلوغ: noisy

شُهرَت: reputation

مَراسِم: ceremony

آباد کَردَن: to build up

اوقات: times

جَوان: young

مُسابقه: competition

مهرَبان: kind

جَمعیَّت: population

جَهان: world

بیش‌تَر: more

کَسب کَردَن: to gain

دَفتَر: book

شِعر: poem

بُزُرگداشت: commemoration

بَرابَر: equal

این‌جا: here

افتضاح: scandal

اَکنون: now

تَصویر: picture

عُضو: member

اَگر: if

مَحبوب: popular

رود: river

روزِ ۲۵: مُراجعِه به پِزِشک

Day 25: Seeing a doctor

Grammar Lessons

دَستورِ زَبان

گُذَشته‌یِ اِلتِزامی:

صِفَتِ مَفعولی + باشَم، باشی، باشَد، باشیم، باشید، باشَند:

رَفته باشَم، رَفته باشی، رَفته باشَد، رَفته باشیم، رَفته باشید، رَفته باشَند

مِثال: کاش سارا به مَدرِسه رَفته باشَد.

Conversation

گُفت‌وگو

Patient: I have a stomachache.	بیمار: مَن دِل دَرد دارَم.
Doctor: Is it something you ate?	دُکتر: چیزی خورده‌اید؟
Patient: Maybe, I'm not sure.	بیمار: شایَد، مُطمَئِن نیستَم.
Doctor: What did you have for breakfast?	دُکتر: صُبحانه چی خورده‌اید؟
Patient: Egg with milk and a banana.	بیمار: تُخمِ مُرغ با شیر و موز.
Doctor: Maybe the milk was spoiled.	دُکتر: مُمکِن اَست شیر خَراب بوده باشَد.
Patient: It didn't smell bad.	بیمار: آن بوی بَدی نِمی‌داد.
Doctor: I will give you an injection to dull the pain.	دُکتر: مَن یِک آمپول به شُما می‌زَنَم تا دَردِتان کَم شَوَد.

Speech vs Writing

صُحبَت کَردَن - نِوِشتَن

صُحبَت کَردَن - نِوِشتن

مُشکلِتون. – مُشکلِتان. | دَرد می‌کُنه. – دَرد می‌کُنَد.

نِمی‌دونَم. – نِمی‌دانَم. | گلوتون. – گلویِتان.

باز کُنین. – باز کُنید. | مَصرَف کُنین. – مَصرَف کُنید.

Grammar Lessons

دَستورِ زَبان

مَنفی گُذَشته‌یِ اِلتِزامی:

نـ + صِفَتِ مَفعولی + باشَم، باشی، باشَد، باشیم، باشید، باشَند:

نَگُفته باشَم، نَگُفته باشی، نَگُفته باشَد، نَگُفته باشیم، نَگُفته باشید، نَگُفته باشَند

مِثال: کاش به سیامَک نَگُفته باشَند.

مُمکِن اَست او خَبَر نَداشته باشَد.

Word of the day

کَلَمه‌یِ روز

تَنبَل

مَعنی: lazy, laze, indolent

مِثال: او یِک شاگِردِ تَنبَل اَست وَ نُمره‌هایِ کَمی می‌گیرَد.

مُراجِعه‌به — Seeing a Doctor

حالتِ تَهَوُّع	مُعایِنه	نُسخه	آزمایِش	حَساسیَّت
nausea	examination	prescription	analysis	allergy
نِمونه آزمایِش	وَقتِ تَعیین شُده	دَرمان	عُفونَت	آرتُروز
specimen	appointment	treatment	infection	arthritis

جُمله‌هایِ رایِج — Common Phrases

می‌خواهَم پِزِشک مَن را بِبیند.	I would like to see a doctor.
می‌خواهَم یِک وَقت بِگیرَم.	I would like to make an appointment.
مَن به مُشاوِره پِزِشکی نیاز دارَم.	I need a medical consultation.
مُشاوِره چه ساعَتی اَست؟	What are the consultation hours?

اصطِلاحِ روز — Idiom of the day

هَر کاری راهی دارَد.

مَعنی: هَر مُشکِلی راهِ حَلِ مَخصوصِ خود را دارَد.

You can catch more flies with honey than you can with vinegar.

خواندَن

Reading

ابن‌سینا دَر سالِ ۹۸۰ میلادی دَر شَهرِ بُخارا به دُنیا آمَد. او یک پِزِشک وَ دانشمَندِ ایرانی بود. ابن‌سینا کِتاب‌هایِ زیادی دَر موردِ پِزِشکی نوِشته اَست. آقایِ جُرج سارتِن، ابن‌سینا را بُزُرگ‌تَرین دانشمَند دَر زَمینه‌یِ پِزِشکی می‌دانَد. ابن‌سینا کِتاب‌هایِ خود را به زَبانِ عَرَبی نوِشته بود، چون دَر آن زَمان، زَبانِ عَرَبی رایِج بود.

کَلَمات جَدید

Vocabulary

به‌دُنیا آمَدَن: to born

دَرمورد: about

مَخصوص: special

مُشاوِره: consultation

دَرد: pain

قُرص: pill

عَضُله: muscle

رَگ: vessel

چِشم پِزِشک: optometrist

داروساز: pharmacist

داروخانه: pharmacy

اَطفال: children

زَمینه: field

راه: way

گلودَرد: sore throat

سُرفه کَردَن: cough

آمپول: ampoule

مُسَکِّن: pain killer

مُثبَت: positive

بیماریِ قَلبی: heart disease

پَرَستار: nurse

نُسخه: prescription

کِرم: worms

اَشعه‌یِ ایکس: x-ray

راه حِل: solution

تَجویز کَردَن: to prescribe

عَلائِم: signs

بیماری: sickness

آسم: asthma

مَنفی: negative

دارو: medicine

بُزُرگسال: adult

دَرمانگاه: clinic

بیمارِستان: hospital

اورژانس: emergency

تَزریقات: injections

روزِ ۲۶: کُجا زِندِگی می‌کُنی؟

Day 26: Where do you live?

Grammar Lessons

دَستورِ زَبان

شَرطِ مُمکِن

اَگَر سارا بِرَوَد مَن هَم می‌رَوَم.

اَگَر آن‌ها بِرَوَند تو هَم می‌رَوی.

اَگَر بِتَوانَم اَنجام می‌دَهَم.

اَگَر می‌تَوانی زَنگ بِزَن.

Conversation

گُفت‌وگو

A: Where do you live?	الف: کُجا زِندِگی می‌کُنی؟
B: I live in Rasht.	ب: مَن دَر رَشت زِندِگی می‌کُنَم.
A: Where is Rasht?	الف: رَشت کُجاست؟
B: It's in Iran.	ب: دَر ایران اَست.
A: Is it in southern Iran?	الف: آیا آن دَر جُنوب ایران اَست؟
B: No. It's in northern Iran.	ب: نَه آن دَر شُمالِ ایران اَست.
A: Is Rasht a big city?	الف: آیا رَشت یِک شَهرِ بُزُرگ اَست؟
B: Yes, It is a big city.	ب: بلَه، آن یِک شَهرِ بُزُرگ اَست.
A: How?	الف: چِطور؟
B: It’s population is about 639,951.	ب: جَمعیّت آن حُدود ۶۳۹،۹۵۱ نَفَر اَست.

Speech vs Writing

صُحبَت کَردَن - نوشتَن

صُحبَت کَردَن - نِوِشتَن

مُمکنه. – مُمکِن اَست.

حالِت چطوره؟ - حالَت چطور اَست؟

می‌تونی. – می‌تَوانید.

دَست‌هام. – دَست‌هایَم.

خوب بشی. – خوب شَوی.

طول می‌کشه. – طول می‌کشَد.

Grammar Lessons

دَستور زَبان

شَرطِ غیرِمُمکِن:

اَگَر می‌تَوانِستَم کُمَک می‌کَردَم.

اَگَر وَقت داشتَم کُمَک می‌کَردَم.

Conversation

گُفت‌وگو

سوسَن: اَهلِ کُجایِ ایران هَستی؟ — Susan: Where are you from in Iran?

نادیا: اَهلِ تهران هَستم. — Nadiya: I’m from Tehran.

سوسَن: شَهرِ تو چِگونه شَهری اَست؟ — Susan: What kind of city is your hometown?

نادیا: پُرجَمعیّت و پُر سَروصدا اَست. — Nadiya: It is over- populated and noisy.

Word of the day

کَلَمه‌ی روز

آهِسته

مَعنی: slow

مِثال: او با اُستاد، آهِسته صُحبَت می‌کَرد.

Days of the Week

روزهایِ هَفته

شَنبه	یِکشَنبه	دوشَنبه	سِه شَنبه	چِهارشَنبه	پَنج شَنبه	جُمعه
Saturday	Sunday	Monday	Tuesday	Wednesday	Thursday	Friday

Common Phrases

جُمله‌هایِ رایِج

مَنظور شُما چیست؟

What do you mean?

شُما چه سُوالی کَردید؟

What did you ask?

شُما چه می‌گویید؟

What do you say?

شُما چه می‌خواهید؟

What do you want?

شُما چه گُفتید؟

What did you say?

چِطور؟

How?

Idiom of the day

اِصطِلاحِ روز

هَرکه بامَش بیش؛ بَرفَش بیش‌تَر.

مَعنی: هرکَس ثِروَتمَندتَر اَست، مُشکِلاتِ بیش‌تَری دارَد.

A big head has a big ache.

خواندَن Reading

سَعدی یِکی اَز شاعِرانِ مَشهورِ ایرانی اَست. او دَر قَرنِ سیزدَهِ میلادی دَر شیراز زِندِگی کَردهاَست. سَعدی سه کِتابِ مَعروف با نام‌های گُلستان، بوستان، و غَزَلیّات دارَد.

شعرِ «بنیآدمِ» سَعدی بِسیار مَعروف اَست وَ به زَبان‌های مُختَلِف تَرجُمه شُدهاَست. روزِ اَوّلِ اُردیبهِشت (بیستُم آوریل) دَر ایران روزِ بُزُرگداشتِ سَعدی اَست.

کَلَمات جَدید Vocabulary

قَرن: century

مَعروف: famous

اَشعار: poems

مُشکِلات: difficulties

بام: roof

تَصادُف کَردَن: to have an accident

زود: early

زَنگ زَدَن: to call

جِراحَت: wound

گِرِفتِگیِ گَردَن: stiff neck

سَردَردِ میگرِنی: migraine

ثِروَتمَند: wealthy

قَطع شُدَن: to be disconnect

فُروشگاه: store

تَماس گِرِفتَن: to contact

آنفولانزا: flu

خَراشیدِگی: graze

سَرگیجه: dizziness

تاوَل: blister

کَبودی: bruise

ریه: lung

مِعده: stomach

طول کِشیدَن: to take

اُستُخوان: bone

پوست: skin

تیره: dark

زَخم: wound

پانسمان: bandage

سِرُم: serum

حادِثه: accident

اُفتادَن: to fall

کَمَردَرد: lumbago

خونریزی: bleeding

روده: gut

روزِ ۲۷: دَر کتابخانه

Day 27: In The Library

Grammar Lessons

دَستورِ زَبان

گُذشته‌ی نَقلیِ استمراری:

می + صِفَتِ مَفعولی + اَم، ای، اَست، ایم، اید، اَند:

می‌رَفته‌ام، می‌رَفته‌ای، می‌رَفته است، می‌رَفته‌ایم، می‌رَفته‌اید، می‌رَفته‌اند

مِثال: ما دَر ایران زِندِگی می‌کَرده‌ایم.

Conversation

گُفت‌وگو

A: May I help you?	الف: می‌تَوانم کُمَکِتان کُنَم؟
B: What time will the library be closing?	ب: چه ساعَتی کِتابخانه تَعطیل می‌شَوَد؟
A: It closes at 8:00.	الف: ساعَتِ هَشت تَعطیل می‌شَوَد.
B: Does it always close at 8:00?	ب: هَمیشه ساعَتِ هَشت تَعطیل می‌شَوَد؟
A: No, not always.	الف: نَه هَمیشه.
B: Will the library be open on Friday?	ب: کِتابخانه روزهایِ جُمعه باز اَست؟
A: No it is closed.	الف: خِیر تَعطیل اَست.
B: All right. Thank you.	ب: بِسیار خوب. مَمنون.

Speech vs Writing
صُحبَت کَردَن - نِوِشتَن

بِخونیم. – بِخوانیم.
بازه. – باز اَست.

بَرگرده. – بَرگردَد.
بِتونَم. – بِتَوانَم.

Grammar Lessons
دَستور زَبان

مَنفیِ گُذَشتهِ‌یِ نَقلیِ استمراری:

نمی + صِفَتِ مَفعولی + اَم، ای، اَست، ایم، اید، اَند:

نمی‌رَفته‌ام، نمی‌رَفته‌ای، نمی‌رَفته اَست، نمی‌رَفته‌ایم، نمی‌رَفته‌اید، نمی‌رَفته‌اَند

Conversation
گُفت‌وگو

الف: بِبَخشید، مَن یِک کارتِ عضویتِ کِتابخانه می‌خواهَم.

A: Excuse me. I am interested in getting a library card.

ب: حَتماً، اِجازه بِدَهید یِک فُرمِ دَرخواست به شُما بِدَهَم.

B: Sure, let me give you an application.

الف: باشه! مَمنون.

A: OK thanks.

Word of the day
کَلَمه‌یِ روز

تَنومَند

مَعنی: sturdy, stalwart

مثال: یِک دِرَخت تَنومَند دَر حَیاط مَدرسه اَست.

In School — دَر مَدرِسه

قیچی	خَط کِش	دَفتَر	نَقشه
scissors	ruler	notebook	map

پَرگار	کارتِ پُستال	تَخته	قَفَسه
compass	postcard	board	shelf

Common Phrases — جُمله‌های رایِج

مَن دانشجوی سالِ اَوّل هَستَم.

I'm a freshman.

مَدرَکِ شُما چیست؟

What's your degree?

مَن دیپلُمِ دَبیرِستان دارَم.

I have a high school diploma.

تَحصیلاتِ فوقِ لیسانس

Post graduate studies.

مَن رِشته‌یِ فیزیک می‌خوانَم.

My major is physics.

تَحصیلاتِ لیسانس

Undergraduate studies.

Idiom of the day — اِصطِلاحِ روز

هَر چه بِکاری، هَمان را دِرو می‌کُنی

مَعنی: هَر کاری اَنجام بِدَهی نَتیجه‌اش را می‌بینی.

As you sow, so shall you reap.

Reading
خواندَن

مَردُمِ ایران به وَرزِش خِیلی اَهَمیَّت می‌دَهَند. پیشینه‌یِ وَرزِش‌هایی مانَندِ اَسب سَواری، تیر و کَمان و شِنا دَر ایران به سه هِزار سال قَبل بَرمی-گَردَد. دَر ایران وَرزِش‌هایِ سُنَتی وَ مُدِرن وُجود دارَد. وَرزِشِ کُشتی دَر ایران اَز گُذَشته تا کُنون طَرَفدارانِ زیادی دارَد. مَحبوب‌تَرین وَرزِش دَر بِینِ مَردُمِ ایران، فوتبال اَست. والیبال، بَسکِتبال، کاراته، بَدَن‌سازی وَ هَندبال دَر ایران هَوادارانِ زیادی دارَند.

Vocabulary
کَلَمات جَدید

اَهَمیَّت دادَن: to importance

مُدِرن: modern

کُنون: now

طَرَفدار: advocate

اَسب سَواری: horse riding

نَتیجه: result

حَریف: opponent

داوَر: referee

گُزارِشگَر: reporter

وَرزِشگاه: stadium

بَرگَشتَن: to return

تیر و کَمان: archery

بَدَنسازی: bodybuilding

کاشتَن: to plant

درو کَردَن: to harvest

بیسبال: baseball

بوکس: boxing

دوچَرخه سَواری: cycling

ژیمناستیک: gymnastics

دارت: dart

بَدمینتون: badminton

سُنَتی: traditional

باشگاه: gym

پیاده‌رَوی: walking

تلویزیون: television

بازی کَردَن: to play

تَماشاچی: viewer

بلیط: ticket

کاپیتان: captain

تنیس: tennis

تَشویق کَردَن: to encourage

جَدید: new

روزِ ۲۸: آرایِشگاه

Day 28: Hair salon

Grammar Lessons

دَستورِ زَبان

بَرچَسب سُوال

دَر زَبانِ فارسی عِبارَتَند اَز «نَه؟» وَ «مَگَر نَه؟» وَ جَوابِ آن‌ها «نَه» یا «بَله».

تو فَردا کِلاس داری، نه؟ بله دارَم.   ما فَردا امتِحان داریم، نه؟ نه. نَداریم.

Conversation

گُفت‌وگو

Customer: Hello sir, I want to have a haircut.	مُشتَری: سَلام آقا، می‌خواهَم موهایَم را کوتاه کُنم.
Hair stylist: How would you like it?	آرایِشگر: چِطور می‌خواهید باشَد؟
Customer: Just tidy it up a bit, please.	مُشتری: فَقَط یِک کَم کوتاهَش کُنید.
Hair stylist: Your hair is dry. Shall I put some oil on it?	آرایِشگر: موهایِ شُما خُشک اَست، می-خواهید کَمی روغَن به موهایِتان بِزَنَم؟
Customer: Yes thanks, Would you please trim my mustache and beard, too?	مُشتَری: بَله، مَمنون. مُمکِن اَست ریش و سِبیلم را هَم مُرَتَب کُنید؟
Hair stylist: Yes, sure.	آرایِشگر: بَله حَتماً.

Speech vs Writing — صُحبَت کَردَن - نوشتَن

صُحبَت کَردَن - نِوِشتَن

خوبه. - خوب اَست.

خُشکه. - خُشک اَست.

کوتاش. - کوتاهَش.

موهاتون. - موهایتان.

Grammar Lessons — دَستور زَبان

فِعلِ نَهی: «نـَ» یا «مـَ» + سِتاکِ حال

مُفرَد	جَمع
نَرو	نَرَوید
نَگیر	نَگیرید

Conversation — گُفت‌وگو

مَرجان: مَن تَصمیم دارَم موهایَم را فِر کُنم.

Marjan: I have decided to have my hair premed.

سِتاره: واقِعاً؟ مَن موهایِ فِر را دوست دارم.

Setare: I like curly hair.

مَرجان: بایَد یِک آرایِشگَرِ خوب پِیدا کُنَم.

Marjan: I Should find a good beautician.

Word of the day — کَلَمه‌ی روز

تَهدید

مَعنی: Threatening

مِثال: دُزد با تُفَنگ مَن را تَهدید کَرد.

| Hair salon | | | دَر آرایشگاه |

ماسکِ صورت	رَنگ کَردَن	اِپیلاسیون	فِر کَردَن
face mask	to color	epilation	to curl

ترمیم ناخُن	هایلایت	ماساژ	کوتاه کَردَن
nail repair	highlights	massage	to cut

| Common Phrases | جُمله‌های رایج |

لُطفاً پوستَم را تَمیز کُنید.

I want to have a skin treatment, please.

لُطفاً موهایِ مَن را کوتاه کُنید وَ سِشُوار بِکشید.

Please cut and blow-dry my hair.

شُما اِپیلاسیون می‌کُنید؟

Do you do hair removal?

چه مُدَّت بایَد مُنتَظِر بِمانَم؟

How long will I have to wait?

| Idiom of the day | اِصطِلاحِ روز |

وقت، طلاست!

مَعنی: زَمان، با اَرزِش اَست.

Time is money.

خواندَن Reading

اِصفَهان یِکی اَز شَهرهایِ بُزُرگِ ایران اَست. این شَهر دَر مَرکَزِ ایران قَراردارَد. اَز وَسط شَهرِ اِصفَهان یِک رودخانه، به نامِ زایَنده‌رود می-گُذَرَد.

این شهرِ زیبا و تاریخی دارایِ آثارِ تاریخیِ زیادی اَست. بِسیاری اَز این آثار دَر سازمانِ یونَسکو ثَبت شُده‌اَست. شَهرِ اصفَهان دارایِ یِک مِیدانِ بُزُرگ به نامِ «نَقشِ جَهان» اَست. این مِیدان یِکی اَز بُزُرگ‌تَرین میدان‌های جَهان اَست.

کَلَمات جَدید Vocabulary

وَسَط: middle
آثار: effects
مِیدان: square
طَلا: gold
شامپو: shampoo
سالُنِ زیبایی: beauty salon
آرایِش: makeup
رَنگ: color
سِشُوار: hairdryer
صابون: soap
لاک زَدَن: to lac

با اَرزِش: valuable
نُقره: silver
اُتو: iron
رُژِ لَب: lipstick
ریش: beard
چون: because
بَرایِ: for
ظاهِر: appearance
مُساوی: equal
عاشَق: lover
تالار: hall
مُشاهده کَردَن: to observe

سِبیل: mustache
آیینه: mirror
مَصنوعی: artificial
لِباس: dress
کَفش: shoe
تَنَوُّع: variety
حَتّی: even
چِهره: face
مُرَتَب کَردَن: to organize
مَگَر: unless
لُطفاً: please
مُژه: eyelash

روزِ ۲۹: حَمل و نَقل

Day 29: Transportation

Grammar Lessons / دَستورِ زَبان

زَمان‌های مَجهُول

	مَعلوم	مَجهول
حالِ اِخباری	او نامه می‌نِویسَد	نامه نِوِشته می‌شَوَد
حالِ اِلتِزامی	او نامه بِنِویسَد	نامه نِوِشته شَوَد

Conversation / گُفت‌وگو

A: I want to go to the airport. Can you tell me how to get there?	الف: مَن می‌خواهَم به فُرودگاه بِرَوَم. مُمکِن اَست به مَن بِگویید چِطور می‌تَوانَم آن‌جا بِرَوَم؟
B: No, sorry. I don't know.	ب: نَه، مُتاَسِفَم. نِمی‌دانَم.
A: I think I can take the subway to the airport. Do you know where the subway is?	الف: مَن فِکر می‌کُنَم با مِترو می‌تَوانَم بِرَوَم. شُما می‌دانید مِترو کُجاست؟
B: Yes, it's over there.	ب: بَله، آن‌جا اَست.
A: Thanks.	الف: مَمنون.

Speech vs Writing

صُحبَت کَردَن - نِوِشتَن

نَدیدَمَت. - تو را نَدیدَم. بِگین. - بِگویید.

کِلاسام. - کِلاس‌هایَم. نِمی‌دونَم. - نِمی‌دانَم.

Grammar Lessons

دَستور زَبان

	مَعلوم	مَجهول
آیَنده	او نامه خواهَد نِوِشت	نامه نِوشته خواهَد شُد
گُذَشته‌یِ ساده	او نامه نِوِشت	نامه نِوِشته شُد

Conversation

گُفت‌وگو

شیما: چِقدر طول می‌کِشَد ما را به فرودگاه بِبَرید؟

Shima: How long does it take to take us to the airport?

رانَنده تاکسی: فَقَط دَه دَقیقه.

Taxi driver: It's only ten minutes.

شیما: کرایِه چَند اَست؟

Shima: How much is the fare?

رانَنده تاکسی: دَه هِزار تومان.

Taxi driver: Ten thousand Toman.

Word of the day

کَلَمه‌ی روز

تَوافُق

مَعنی: agreement

مِثال: رِئیس با مَن دَربارهِ‌یِ حُقوق، تَوافُق کَرد.

Transportation

حَمل و نَقل

تاکسی	قَطار	اُتوبوس
taxi	train	bus

مِترو	هَواپیما	دوچَرخه
subway	airplane	bike

Common Phrases

جُمله‌هایِ رایِج

نَزدیک‌تَرین ایستگاهِ مِترو کُجاست؟

Where is the nearest subway station?

کُدام اُتوبوس به مَرکَزِ شَهر می‌رَوَد؟

Which bus goes to downtown?

می‌تَوانَم یِک بِلیط یِک ماهه بِخَرَم؟

Can I buy a monthly pass?

لُطفاً به مَن بِگویید کُجا پیاده شَوَم.

Please tell me where to get off.

Idiom of the day

اِصطِلاحِ روز

وقتی آب‌ها اَز آسیاب اُفتاد.

مَعنی: زَمانی که شَرایط آرام شُد.

When the dust has settled.

Reading — خواندَن

تِهران دارایِ پنج خطِّ مترو اَست. چَهار خطِّ آن دَرونِ شَهر وَ یِک خَطِّ آن بیرون اَز شَهر تَرَدُد می‌کُنَند. مِترویِ تِهران هر روز بیش اِز سه میلیون مُسافِر را جابه‌جا می‌کُنَد. دَر گُذَشته مَردُمِ تِهران اَز اُتوبوس، مینی‌بوس، تاکسی، موتورسیکلِت وَ خودرویِ شَخصی بَرای حَمل وَ نَقل شَهری اِستِفاده می‌کَردَند.

Vocabulary — کَلَمات جَدید

تَرَدُد کَردَن: to commute	جابه جا کَردَن: to move	شَخصی: personal
مینی‌بوس: minibus	استفاده کَردَن: to use	مِتر: meter
موتورسیکلِت: motorcycle	آرام شُدَن: to calm	هزاران: thousands
خودرو: car	بازدید کَردَن: to visit	مُناسِب: appropriate
خَط: line	هَمیشه: always	جِلو: front
دَرون: inside	فَراهَم کَردَن: to prepar	اِرائه کَردَن: to present
آسیاب: mill	رِقابَت: competition	بینُ‌المِلَلی: international
ایستگاه: station	اِنتِظار: expectation	راست: right
نامه: letter	با اَدَب: polite	اِنتِها: end
فُرودگاه: airport	طولانی: long	گوناگون: various
چَپ: left	اَندازه: size	لازِم داشتَن: to need

روزِ ۳۰: حِیوانات

Day 30: Animal

Grammar Lessons

دَستورِ زَبان

	مَعلوم	مَجهول
گُذَشتهِ‌ی نَقلی	او نامه نِوِشته اَست	نامه نِوِشته شُده اَست
گُذَشتهِ‌ی بَعید	او نامه نِوِشته بود	نامه نِوِشته شُده بود

Conversation

گُفت‌وگو

Arman: Do animals talk to each other?

آرمان: آیا حِیوانات با هَم حَرف می‌زَنَند؟

Parsa: Yes, they talk to each other.

پارسا: آره، آن‌ها با هَم حَرف می‌زَنَند.

Arman: What do they talk about?

آرمان: درموردِ چی حَرف می‌زَنَند؟

Parsa: They talk about other animals.

پارسا: آن‌ها دَرموردِ دیگر حِیوانات حَرف می‌زَنَند.

Arman: What else do they talk about?

آرمان: دیگر دَرموردِ چه چیزی حَرف می‌زَنَند؟

Parsa: They talk about food and the weather.

پارسا: آن‌ها دَرموردِ غَذا و آب و هَوا حَرف می‌زَنَند.

Arman: What do they say about us?

آرمان: آن‌ها دَرموردِ ما چه چیزی می‌گویَند؟

Parsa: They say that we are funny-looking.

پارسا: آن‌ها می‌گویَند قیافه‌یِ ما خَنده‌دار اَست.

Speech vs Writing — صُحبَت کَردَن - نِوِشتَن

دیگه. - دیگر.

می‌رِسه. می‌رِسَد.

حَرف می‌زَنین. - حَرف می‌زَنید.

حَرف می‌زَنَن. - حَرف می‌زَنَند.

Grammar Lessons — دَستور زَبان

	مَعلوم	مَجهول
گُذَشته‌یِ اِستِمراری	او نامه می‌نِوِشت	نامه نِوِشته می‌شُد
گُذَشته‌یِ اِلتِزامی	او شاید نامه نِوِشته باشَد	نامه نِوِشته شُده باشَد

Common Phrases — جُمله‌هایِ رایِج

اَز کُجا می‌تَوانَم بِلیط بِخرم؟

Where do I buy a ticket?

کِرایه چَنده؟

What's the fare?

Word of the day — کَلَمه‌یِ روز

ثِروَت

مَعنی: treasure, wealth

مِثال: آن‌ها ثِروَت زیادی دارَند. مَن ثِروَت کَمی دارَم.

Animals — حیوانات

تِمساح	خِرس	شُتُر	گُربه
alligator	bear	camel	cat
سَگ	فیل	روباه	اَسب
dog	elephant	fox	horse

Conversation — گُفت‌وگو

آرَش: سَگِ خود را به دامپِزِشک نِشان داده‌ای؟

Arash: Have you shown your dog to a vet?

پِدرام: بَله! سَگِ مَن شِپِش دارَد.

Pedram: Yes my dog has got fleas.

آرَش: تو بایَد سَگِ خود را قَرَنطینه کُنی.

Arash: Your dog had to go into quarantine.

پِدرام: نَه! دُکتُر شامپو تَجویز کَرده‌اَست.

Pedram: No, the doctor has prescribed shampoos.

Idiom of the day — اِصطِلاحِ روز

یِک تَخته‌اَش کَم اَست.

مَعنی: دیوانه اَست. اَحمق اَست. نِمی‌فَهمَد.

He is a button short.

خواندَن

Reading

خیابانِ وَلیعَصر، بُلَندتَرین خیابان دَر تَهران اَست. این خیابان، طولانی‌تَرین خیابان دَر خاوَرمیانه اَست. اِسمِ این خیابانِ زیبا در گُذَشته، خیابانِ پَهلَوی بود. این خیابان اَز میدانِ راه‌آهَن شُروع می‌شَوَد وَ به میدانِ تَجریش می‌رِسَد. این خیابان، زیباتَرین خیابان دَر تهران اَست. حُدودِ یازدَه هِزار دِرَختِ چِنار دَر این خیابان وُجود دارَد. دَر این خیابان مَراکِزِ خَرید، رِستوران‌هایِ مَعروف وَ موزه‌ها وُجود دارَند.

کَلَمات جَدید

Vocabulary

دیگَر: other

تَخته: board

دیوانه: crazy

کِرایه: rent

رِستوران: restaurant

موزه: museum

مَراکِز: centers

دِرَختِ چِنار: plantain

راه‌آهَن: rail

خاوَرمیانه: Middle East

طولانی‌تَرین: longest

آوَردَن: to bring

شَرق: east

مِلّی: national

نام بُردَن: to mention

مُعتَبَر: valid

به شُمار رَفتَن: to be considered

سازِگار: compatible

پایین: down

غَرب: west

دایِره: circular

مُثَلَث: triangle

شِمُردَن: to count

قَرَنطینه کَردَن: to quarantine

عَقل: wisdom

هَمین‌جا: here

پَرهیز کَردَن: to avoid

شامِل: contain

تَلاش کَردَن: to try

ویژگی: property

دَقیق: exact

حَرف: word

آهِسته: slow

بالا: top

روز ۳۱: خَرید کَردَن

Day 31: To Shop

Grammar Lessons

دَستورِ زَبان

اعداد ترتیبی با _ُم:

دُوُم، سِوُم، چهارُم، ... دَهُم، یازدَهُم، دوازدَهُم، .... ، صَدُم، ......

مثال: کلاس دوم، نفر چهارم

اعداد ترتیبی با _ُمین:

یکُمین، دُومین، سِومین، ... ، یازدِهُمین، .... ، صَدُمین، ...

مثال: دومین سالگرد، دهمین نفر

Conversation

گفت‌وگو

بهارک: برنامه‌ی امروز تو چیست؟

شایان: تصمیم دارم به فروشگاه بروم و مقداری مواد غذایی بخرم.

بهارک: ممکن است برای من دو بسته ماکارانی بخری؟

شایان: حتماً، چیز دیگری لازم نداری؟

بهارک: نه، پول کافی همراه خود داری؟

شایان: فکر می‌کنم دارم، حدود ۷۰ هزار تومان دارم.

بهارک: به نظر من کم است.

شایان: فکر نمی‌کنم، من یک کارت اعتباری هم دارم.

بهارک: اجازه بدهید من ده هزار تومان برای ماکارانی به شما بدهم.

شایان: ممنون.

Speech vs Writing | صُحبَت کَردَن - نوِشتَن

صُحبَت کَردَن - نوِشتَن

کارت اعتباریم دارم. – کارت اعتباری هم دارم.

بدم. – بدهم.

Grammar Lessons | دَستور زَبان

اعداد ترتیبی با «ی»

اَوَلی، دُوُمی، سِوُمی، .... ، دَهُمی، .... ، صَدُمی، ....

مثال: اَوَلی گُفت، دُوُمی خَندید، سِوُمی پُرسید.

Common Phrases | جُمله‌های رایج

منطقه‌ی خرید کجاست؟

Where is the shopping area?

نزدیک‌ترین مغازه‌ی کفش‌فروشی کجاست؟

Where is the nearest shoe store?

Word of the day | کَلَمه‌ی روز

مَغازه

معنی: shop

مثال: ما امروز به مغازه‌ی لباس‌فروشی رفتیم.

shopping			خَرید

جَواهِر فُروشی	مَرکزِ خَرید	مَغازه	سوپِرمارکِت
jewelry store	mall	store	supermarket
حَراج	کِتاب فُروشی	مَغازه‌ی عَتیقه فُروشی	فُروشگاهِ پوشاک
clearance sale	bookstore	antique store	clothing store

Conversation / گفت‌وگو

نازیلا: دوست داری عصر برویم خرید؟

آنیتا: آره خیلی دوست دارم. شنیده‌ام مغازه‌ی آسمان اجناسش را تخفیف زده‌است.

نازیلا: واقعاً، چه خوب. من یک پیراهن برای مهمانی آخر هفته لازم دارم.

آنیتا: من کیف، کفش و دامن لازم دارم.

نازیلا: به مغازه‌ی جواهر فروشی هم برویم.

آنیتا: حتماً، چه چیزی لازم داری؟

نازیلا: می‌خواهم یک انگشتر برای دوستم بخرم.

آنیتا: می‌توانیم به جواهر فروشی در مرکز شهر برویم چون قیمت‌های اجناس آنجا مناسب‌تر است.

Idiom of the day / اِصطِلاحِ روز

یکی به دو کَردَن.

معنی: بحث کردن، دعوا کردن، مُجادله کردن.

Argue the toss.

خواندَن

Reading

بازار تهران یک بازار قدیمی است. این بازار در مرکز شهر تهران قراردارد. مردم از نقاط مختلف تهران و یا شهرهای دیگر به این بازار مراجعه می‌کنند. بعضی روزها که بازار شلوغ است رفت و آمد به سختی انجام می‌شود. این بازار بزرگ قسمت‌های مُتنَوِعی دارد. در این بازار اجناس گوناگون مانند لباس، کفش، وسایل خانه، مبلمان و ... عرضه می‌شود.

کَلَمات جَدید

Vocabulary

تَصمیم گِرِفتَن: to decide
مِقداری: some
مَواد: materials
بَسته: package
حَتماً: sure
لازِم داشتَن: to need
مَنطَقه: area
نُقاط: points
هَمراه: along
کافی: enough
بَحث کَردَن: to discuss
مُتِنَوِع: diverse

حُدود: about
فِکر کَردَن: to think
اِجازه دادَن: to permit
دَعوا کَردَن: To fight
به‌سَختی: hardly
گوناگون: various
مُجادله کَردَن: to debate
مُختَلِف: different
مُبلمان: furniture
عَرضه کَردَن: to offer
وَسایِل: tools
شُلوغ: busy
واقِعاً: really

اَجناس: products
مُراجِعه کَردَن: to refer
بازار: market
خَلوَت: privacy
جَواهِر: jewel
قیمَت: price
تَخفیف: discount
اَنگُشتَر: ring
مُناسِب: appropriate
دامَن: skirt
پیراهَن: shirt
گَردَنبَند: necklaces

روزِ ۳۲: لِباس‌ها

Day 32: Clothes

Grammar Lessons

دَستورِ زَبان

Also, Too: هَم، نیز

«هم» و «نیز»: معمولاً بعد از یک کلمه یا عبارت، می‌آیند.

مثال: ما هَم (نیز) به مُسافرَت می‌رَویم.

آن‌ها هَم (نیز) به سینَما آمَدَند.

Conversation

گُفت‌وگو

فروشنده: خوش آمدید، چه چیزی لازم دارید؟

مشتری: من یک دست کت و شلوار سایز ۴۴ می‌خواهم.

فروشنده: کت و شلوارهای ما آن قسمت هستند، نگاه کنید هر کدام را خواستید می‌توانید امتحان (پُرو) کنید.

مشتری: ممنون، از این کت و شلوار رنگ آبی دارید؟

فروشنده: خیر، اگر رنگ آبی دوست‌دارید می‌توانید این را بَردارید.

مشتری: نه ممنون، مُدل این را دوست ندارم.

فروشنده: می‌توانید به این مجلّه‌ها هم نگاه کنید و مُدل‌ها را در تن مانکن‌ها ببینید.

دَستور زَبان

Grammar Lessons

هَمچِنین: معمولاً در اوّل جمله‌ای می‌آید که جمله‌ی قبلی را کامل می‌کند.

مَن به دانِشگاه رَفتَم وَ هَمچِنین با اُستاد مُلاقات کَردم.

مَن زَبانِ فارسی یاد گِرِفتَم وَ هَمچِنین با فَرهَنگِ ایران آشنا شُدَم.

ما به مُسافِرَت رَفتیم؛ هَمچِنین چیزهای زیادی یاد گِرِفتیم.

جُمله‌های رایج

Common Phrases

گُشاد است.

It is loose.

این خیلی گِران است.

This is too expensive.

این اَندازه نیست.

This does not fit.

سایز دیگری دارید؟

Do you have other size?

لَطیفه

Joke

پسرِ مُلاّ در شب آواز می‌خواند. همسایه از پشت بام گفت: هِنگامِ خواب است، آواز نخوان. مُلاّ گفت: شب و روز سگ‌های شما سرو صدا می‌کنند، من حتّی یک‌بار هم اعتراض نکردم. امّا شما نتوانستید چند دقیقه آواز خواندن پسر من را تَحَمُّل کنید.

کَلَمه‌ی روز

Word of the day

پارک

معنی: park

مثال: مادَر بچّه‌ها را به پارک بُرد. بچّه‌ها در پارک بازی کردند.

Clothing

لِباس‌ها

کُت	کُلاه	شَلوارِ جین	شَلوار	پیراهن
coat	hat	jeans	pants	shirt
دامَن	جوراب	دَستکِش	شال گَردَن	کِراوات
skirt	socks	gloves	scarf	tie
لِباسِ زَنانه	لِباسِ مَردانه	جِلیقه	زیرپوش	روسَری
ladieswear	menswear	vest	underwear	scarf

Conversation

گُفت‌وگو

شبنم: برای مهمانی فردا شب چه لباسی می‌خواهی بپوشی؟

پویا: تیشرت با شلوارجین می‌پوشم. تو چی می‌پوشی؟

شبنم: من می‌خواهم یک پیراهنِ بلندِ قرمز رنگ بپوشم.

پویا: رنگ قرمز به تو خیلی می‌آید، حتماً زیبا خواهی شد.

شبنم: ممنون، نمی‌دانم کفش چه رنگی بپوشم، قرمز یا مشکی؟

پویا: هر دو رنگ به لباس تو می‌آید.

شبنم: بله، احتمالاً کیف و کفش مشکی بپوشم.

Idiom of the day

اِصطِلاحِ روز

اسراف نکن تا مُحتاج نشوی.

معنی: با اسراف کردن، انسان فقیر و محتاج می شود.

Waste not, want not.

خواندَن

Reading

بازار تبریز بزرگ‌ترین بازار در ایران و جنوبِ غربیِ قارّه‌ی آسیا است. این بازار در قسمت شمال شهر تبریز قراردارد. بازار تبریز بزرگ‌ترین بازارِ سرپوشیده در جهان محسوب می‌شود. این بازار دارای چند مدرسه و مسجد است.

بازار تبریز بسیار قدیمی است و در فهرست میراث جهانی یونسکو ثبت شده است.

معماری این بازار بسیار زیبا است. هرسال گردشگران زیادی از این بازار تاریخی بازدید می‌کنند.

کَلَمات جَدید

Vocabulary

نگاه کَردَن: to look

بَرداشتَن: to pick up

فَرهَنگ: culture

مانکَن: manikin

آشنا شُدَن: to familiar

مَعمولاً: usually

قارّه: continent

دارای: contains

فِهرِست: contents

شُمال: north

بازدید کَردَن: to visit

تاریخی: historical

پیشنَهاد: offer

مِعماری: architecture

گَردشگران: tourists

مَدرِسه: school

سایز: size

گُشاد: loose

گِران: expensive

مُحتاج: needy

یاد گرفتَن: to learn

سَرپوشیده: covered

دَرنَظر گِرِفتَن: to consider

اسراف کَردَن: to lavish

اَرزان: cheap

مُلاقات کَردَن: to meet

بُلَند: tall

فَقیر: poor

پوشیدَن: to wear

آسیا: Asia

مَسجِد: mosque

کوتاه: short

میراث: heritage

اَندازه: size

مَحسوب شُدَن: to be considered

روزِ ۳۳: سَرگرمی‌ها

Day 33: Entertainments

Grammar Lessons — دَستور زَبان

So do I, neither do I: مَن هَم هَمینطور

سارا امتحان دارَد. مَن هَم هَمینطور.   عَلی دَرس می‌خوانَد. سارا هَم هَمینطور.

عَلی دَر ایران زِندِگی می‌کُنَد. مَن هَم هَمینطور.

Conversation — گُفت‌وگو

رامین: تو سرگرمی خاصّی داری؟

پردیس: من خیلی به جمع آوری تمبر علاقه دارم. تو چطور؟

رامین: من عاشق عکاسی هستم؛ همیشه به دنبال یک سوژه برای گرفتن عکس هستم.

پردیس: من ورزش اسب سواری را هم خیلی دوست دارم.

رامین: من آخر هفته‌ها کتاب می‌خوانم، کتاب خواندن به من آرامش می‌دهد.

پردیس: من بیشتر، کارهای هیجان انگیز را دوست دارم.

رامین: من ولی بیشتر به دنبال سکوت و آرامش هستم.

Grammar Lessons

دَستور زَبان

فِعل‌های مُؤدَبانه

معمولی	مؤدبانه (برای گوینده)	مؤدبانه (برای مُخاطَب)
آمدن	خدمت رسیدن	تشریف آوردن
گفتن	عرض کردن	فرمودن
خوردن	صرف کردن	میل فرمودن

Common Phrases

جُمله‌های رایج

مُمکن است به من یک کُنسرت پیشنهاد کنید؟

Could you recommend a concert?

دوست دارید با من به تئاتر بیایید؟

Would you like to go to the theater with me?

Joke

لَطیفه

یک روز مُلاّ نزدِ پزشک رفت و گفت: نصفِ قرص برای من تجویز کن.

پزشک پرسید: چرا نصف قرص؟

مُلاّ گفت: چون نصف سرم درد می‌کند.

Word of the day

کَلَمه‌ی روز

رَنج

معنی: pain

مثال: او برای به‌دست آوردن شُهرت رنج و سختی زیادی کشیده است.

Insects				حَشَره‌ها
سَنجاقَک	جیرجیرَک	سوسک	پَروانه	مورچه
damselfly	cricket	cockroach	butterfly	ant
موریانه	پَشّه	زَنبورِ عَسَل	مَلَخ	مَگَس
termite	mosquito	bee	grasshopper	fly
کَک	پینه‌دوز	کِرم	آخوندَک	زَنبور
flea	ladybird beetle	maggot	praying mantis	wasp

Conversation / گُفت‌وگو

لیدا: سرگرمی من در روزهای تعطیل نقاشی است. تو به چه کاری علاقه داری؟

مهرشاد: من به خوشنویسی علاقه دارم، یک روز در هفته کلاس خوشنویسی می‌روم.

لیدا: سرگرمی خوبی است.

مهرشاد: چه نوعی از نقاشی کار می‌کنی؟ رنگ روغن یا آبرنگ؟

لیدا: هم رنگ روغن و هم آبرنگ.

مهرشاد: خوب است، می‌توانم نقاشی‌هایت را ببینم؟

لیدا: حتماً، آخر هفته می‌توانی به خانه‌ی من بیایی.

مهرشاد: ممنون.

Idiom of the day / اِصطِلاحِ روز

آسمان را به زمین دوختن.

معنی: کار شگفت‌انگیز کردن.

To move heaven and earth.

خواندَن

Reading

باغ ارم در شهر شیراز قراردارد. در وسط این باغ یک ساختمان زیبا اَست. این ساختمان دارای سه طبقه است. معماری ساختمان بسیار زیبا و منحصربفرد است. در باغ ارم گیاهان متنوعی وجود دارند. گیاهان این باغ از نقاط مختلف دنیا جمع آوری شده‌است؛ به صورتی که باغ در قالب یک نمایشگاه از انواع گل‌ها و گیاهان درآمده‌است. هم‌اکنون نیز این باغ، در اختیار دانشگاه شیراز است. باغ گیاه‌شناسی آن در اختیار دانشکده‌ی کشاورزی و ساختمان باغ در اختیار دانشکده‌ی حقوق اَست.

کَلَمات جَدید

Vocabulary

هَم‌اَکنون: right now

شگِفت‌اَنگیز: amazing

آرامِش: peace

سوژه: subject

عَرض کَردَن: to say

آبرَنگ: watercolor

مُنحَصربفَرد: unique

دوختَن: to sew

سُکوت: silence

خوشنویسی: calligraphy

نَمایِشگاه: exhibition

حُقوق: law

دَر قالِب: in format

ساختِمان: building

خاص: special

جَمع آوَری: collecting

کشاوَرزی: agriculture

هَیجان‌اَنگیز: exciting

تَمبر: stamp

عَلاقه داشتَن: to fancy

عَکس گِرِفتَن: taking photos

تَقدیم کَردَن: to propound

عاشِق: lover

دانشکَده: college

گیاه شِناسی: botanical

وَسَط: middle

گیاهان: plants

دَر اختیار: available

طَبَقه: floor

تئاتر: theater

باغ: garden

به صورتی: in a way

اَنواع: types

زیبا: beautiful

روزِ ۳۴: آب و هوا

Day 34: Weather

Grammar Lessons

دَستورِ زَبان

پیشوندها

با: با اَدَب، باهُنَر، باسَواد، بانِشاط و ...

بی: بی‌اَدَب، بی‌هُنَر، بی‌سَواد و ..

نا: نایاب، ناتَوان، نادان و ...

بر: بَرقَرار، بَرخُورد و ...

Conversation

گُفت‌وگو

مهراد: امروز هوا چطور است؟

نوید: خیلی سرد است. تمام طول روز برف آمده‌است.

مهراد: الان پنج درجه است ولی صبح سردتر بود.

نوید: احتمالاً فردا مدرسه‌ها تعطیل می‌شود.

مهرداد: احتمالاً، من زمستان را اصلاً دوست ندارم. من تابستان را ترجیح می‌دهم.

نوید: من برف بازی و اسکی را دوست دارم. از تابستان متنفر هستم.

مهرداد: من عاشق شنا کردن در استخر در یک روز گرم تابستانی هستم.

نوید: اگر فردا تعطیل شد می‌توانیم به اسکی برویم. نظر تو چیست؟

Grammar Lessons
دَستورِ زَبان

پَسوندها

ی: تهرانی، علمی، خوردنی، خوبی
گری: آرایشگری، کارگری، آهنگری
گر: آهنگر، کارگر، آرایشگر، مِسگر
گار: آموزگار، سازگار، ماندگار

Common Phrases
جُمله‌های رایج

امروز هوا چطوره؟	How is the weather today?
امروز هوا خوب است.	The weather today is good.
امروز هوا بد است.	The weather today is bad.
امروز هوا آفتابی است.	It's sunny today!

Joke
لَطیفه

یک روز از مُلا پرسیدند که چرا پیر شده‌است؟ مُلاّ با تعجب گفت: اشتباه می‌کنید زور من با جوانی‌اَم فرقی نکرده‌است. در زمان جوانی در خانه‌ی ما یک گُلدان سنگی بود که نمی‌توانستم آن را بلند کنم، اکنون که پیر شده‌ام هم نمی‌توانم!

Word of the day
کَلَمه‌یِ روز

مُحیط زیست

معنی: environment

مثال: ما انسان‌ها باید به محیط زیست تَوَجُّه کنیم.

آب و هوا
Weather

بَرفی	**بارانی**	**آفتابی**	**آبری**
snowy	rainy	sunny	cloudy
طوفانی	**رَعد و بَرق**	**مِه**	**باد**
stormy	thunderstorms	fog	wind

گفت‌وگو
Conversatio

شهرزاد: امروز هوا خیلی خوب است، ای کاش باران ببارد.

فرهاد: هواشناسی اعلام کرده است امروز بارانی است.

شهرزاد: واقعاً؟ چه خوب من عاشق قدم زدن، زیر باران هستم.

فرهاد: من هم باران را دوست دارم اما ترجیح می‌دهم از پشت پنجره‌ی اتاق آن را تماشا کنم.

شهرزاد: یک بار قدم زدن زیر باران را تجربه کن، احساس خوبی خواهی داشت.

فرهاد: امّا من از سرماخوردگیِ بعد از آن می‌ترسم!

اِصطِلاحِ روز
Idiom of the day

آشپز که دو تا شُد، آش یا شور می‌شود یا بی‌نَمَک.

معنی: در هرکاری باید یک نفر مسئول و تصمیم گیرنده باشد.

Too many cooks spoil the broth.

خواندَن

Reading

روستای کندلوس در شمال ایران قراردارد. کوچه‌های روستا سنگفرش شده‌است. معماری این روستا بسیار ساده و زیبا است و آب و هوای مطبوعی دارد.

روستای کندولوس دارای دو موزه‌ی مردم‌شناسی و گیاه‌شناسی است. موزه‌ی مردم‌شناسیِ آن در دامنه‌ی کوه قراردارد و بسیار زیبا ساخته شده است.

کَلَمات جَدید

Vocabulary

تَوَجُّه کَردَن: to attend

هواشِناسی: meteorology

آموزگار: teacher

قَدَم زَدَن: to walk

سَنگفَرش: pavilion

شور: salty

روستا: village

تَجرُبه کَردَن: to experience

اِستَخر: pool

بانِشاط: jolly

دَرَجه: degree

مَردُم شِناسی: anthropology

نادان: foolish

تَمام: all

تَرجیح دادَن: to prefer

اِحساس کَردَن: to feel

مَحصولات: products

چِشمه: fountain

تَصمیم گیرَنده: determiner

ماندِگار: persistent

نَظَر دادَن: to comment

موزه: museum

تولید کَردَن: to produce

اِعلام کَردَن: to announce

مَسئول: responsible

دامَنه‌ی کوه: mountain

تَرسیدَن: to fear

آهَنگَری: smithy

بی‌نَمَک: unsalted

دُنیا: world

عَرضه کَردَن: to offer

سازگار: compatible

دارویی: pharmaceutical

آبِ مَعدَنی: mineral water

روزِ ۳۵: دَرد

Day 35: Pain

Grammar Lessons | دَستور زَبان

چه + ضَمیرِ شخصی

چه + م = چه‌م	چه مه؟	چه + مان = چه‌مان	ما چمونه؟
چه + ت = چه‌ت	چه ته؟	چه + تان = چه‌تان	شما چه تونه؟
چه + ش = چه‌ش	چه شه؟	چه + شان = چه‌شان	اونا چه شونه؟

مثال: شما چه‌تونه؟ چرا اینقدر سرو صدا می‌کنید؟

Conversation | گُفت‌وگو

دکتر: مشکلتان چیست؟

هما: دل درد و سردرد دارم.

دکتر: از کِی؟

هما: از دیشب.

دکتر: به نظرت سرما نخوردی؟

هما: نمی‌دانم، فکر نمی‌کنم.

دکتر: خوب بگذارید گلویتان را ببینم. دهانتان را باز کنید. اوه! چرک کرده است.

هما: واقعاً؟

دکتر: بله! من برایتان دارو و یک آمپول تجویز می‌کنم.

هما: ممنون.

دکتر: باید خوب استراحت کنید و داروها را به موقع مصرف کنید.

هما: حتماً آقای دکتر.

Grammar Lessons

دَستور زَبان

مقایسه‌ی گذشته‌ی نقلی و گذشته‌ی بعید:

گذشته‌ی نقلی: رفته‌ام، رفته‌ای، رفته‌است، رفته‌ایم، رفته‌اید، رفته‌اند.

گذشته‌ی بعید: رفته بودم، رفته بودی، رفته بود، رفته بودیم، رفته بودید، رفته بودند.

Common Phrases

جُمله‌های رایِج

ممکن است چیزی برای قطع شُدنِ درد به من بدهید؟

Can you give me something to stop the pain?

چقدر طول می‌کِشد تا خوب شَوَم؟

How long will it take to recover?

من از این دارو استفاده می‌کنم.

I am taking this medicine.

Joke

لَطیفه

روزی شخصی به خانه‌ی مُلاّ آمد و مهمانِ او شُد. مُلاّ برای او غذا آورد و آن مرد بعد از خوردنِ غذا گفت: در شهر ما رسم است که پس از خوردنِ غذا مقداری هم میوه می‌خورند. مُلاّ سرش را تکان داد و گفت: برعکس در شهر ما این کار بسیار بَد و زشت است.

Word of the day

کَلَمه‌ی روز

بیمارستان

معنی: hospital

مثال: همَسرِ من پرستار اَست و در بیمارستان کار می‌کُند.

Pains — دَردها

سوختِگی	شِکَستِگی	سَردَرد	شِکَم دَرد	گلو دَرد
burn	fracture	headache	bellyache	sore throat
وَرَم	نیشِ حَشَره	بُریدِگی	سُرفه	سَرماخوردِگی
swelling	insect bite	cut	cough	cold

Conversation — گفت‌وگو

آرتا: سلام صدف خوبی؟

صدف: خوب هستم ممنون کجا می‌روی؟

آرتا: می‌خواهم بِروم دکتر. از دیروز دل درد شَدیدی دارم.

صدف: چرا؟ شاید مسموم شده باشی.

آرتا: فکر نمی‌کنم چون چیز خاصی نخورده‌ام.

صدف: می‌خواهی تا درمانگاه همراه تو بیایم؟

آرتا: نه! ممنون با تاکسی می‌رَوَم.

Idiom of the day — اِصطِلاحِ روز

آلان ذِکرِ خِیرِت بود.

معنی: هم اکنون در مورد تو صحبت می‌شُد.

Talk of the devil and the devil appears.

خواندَن

Reading

قلعه‌ی فلک‌الافلاک یکی از معروف‌ترین مکان‌های تاریخی و گردشگری در ایران است. این قلعه در بالای تپّه و در مرکز شهر خرّم‌آباد قراردارد. از تاریخ ساخت قلعه‌ی فلک‌الافلاک اطلاعات دقیقی وجود ندارد.
این قلعه بر فراز صخره‌های سنگی قراردارد و در کنار یک درّه واقع شده است. نام این درّه، درّه‌ی خرّم آباد است. در تپّه چشمه‌ای وجود دارد. اسم این چشمه، چشمه‌ی گلستان است.

کَلَمات جدید

Vocabulary

سَر و صدا: noise
قَطع شدُن: to disconnect
اطّلاعات: information
واقع شُدَن: to situate
مَرکَز: center
دَرّه: valley
وُجود داشتَن: to be, to existence
فَراز: above
مَکان: place
مَسموم: poisoned
دیشَب: last night
استِراحَت کَردَن: to rest

قَلعه: castle
هَمسَر: spouse
شَدید: severe
مَصرَف کَردَن: to consume
به موقِع: on time
استفاده کَردَن: to use
دَرمانگاه: clinic
ذِکر: mention
مُشکِل: problem
تَپّه: hill
مَعروف‌تَرین: most popular

دَقیق: exact
حال: now
مُتوَقِف کَردَن: to stop
جاری شُدَن: to flow
خَفیف: slight
درمورد: about
خیر: good
دارو: medicine
آمپول: ampoule
زَخم: wound
خونریزی: bleeding
پانسمان: bandage

روزِ ۳۶: راه‌های ارتباطی

Day 36: Communication Means

Grammar Lessons

دَستورِ زَبان

پَسوَندها

ان: گِریان، نِگران، بَهاران

چه: قالیچه، دَریاچه، تاریخچه

ستان: هُنرستان، دبیرستان، کوهستان

گاه: سَحَرگاه، دانِشگاه، خوابگاه

Conversation

گفت‌وگو

پگاه: تو امروز نمی‌خواهی بِرَوی به اداره‌ی پُست؟

شهاب: اداره‌ی پُست نه، امّا اگر کاری داری آن‌جا می‌توانم برایت انجام بدهم.

پگاه: نه، برایت زحمت می‌شود خودم فردا می‌رَوَم.

شهاب: مشکلی نیست اداره‌ی پُست نزدیک فروشگاهی است که می‌خواهم بروم.

پگاه: واقعاً؟ چه فروشگاهی؟

شهاب: فروشگاه کامپیوتر، می‌خواهم یک لپ تاپ بخرم.

پگاه: خوب است، می‌دانی کدام بِرَند بهتر است؟

شهاب: در مورد آن زیاد تحقیق کردم امّا هنوز نمی‌دانم کدام بِرَند بهتر است.

پگاه: برادر من در این مورد اطّلاعات خوبی دارد از او برایت سُوال می‌کنم.

شهاب: ممنونم! لطف می‌کنی.

Grammar Lessons

دَستور زَبان

نَقلِ قُولِ مُستَقیم: عَلی به سارا گُفت: فَردا به مُسافرَت می‌رَوَم.

نَقلِ قُولِ غیرِمُستَقیم: عَلی به سارا گُفت که فَردا به مُسافرَت می‌رَوَد.

نَقلِ قُولِ سُوالی: عَلی پُرسید: کُجا بودی؟

نَقلِ قُولِ اَمری: بِه مَن گُفت: پَنجِره را بِبَند.

Common Phrases

جُمله‌های رایج

من می‌خواهَم یِک پِیغام با ایمیل بِفرِستَم.

I want to send a message by e-mail.

من می‌خواهَم یِک پِیغام با فَکس بِفرستَم.

I want to send a message by fax.

Joke

لَطیفه

مُلّانصرالدین را نزدِ پادشاه بُردند تا او را تنبیه کند.

پادشاه گفت: او را ۲۰۰۰ ضربه شَلّاق بزنید!!!

مُلّا گفت: تو یا شَلّاق نخورده‌ای یا حساب بَلَد نیستی.

Word of the day

کَلَمه‌ی روز

مَجازی

معنی: virtual

مثال: ما با اینترنت واردِ یک دنیای مجازی می‌شویم.

وَسایل خانه — Furniture

کولِر	تختِ خواب	فَرش	کاناپه
air conditioner	bed	carpet	couch
کُمُد	پَرده	پَنکه	بالِش
cupboard	curtains	fan	pillow

گُفت‌وگو — Conversation

رویا: عکس‌هایی را که از مراسم مهمانی گرفته‌ای، ممکن است به من هم بدهی؟

آرزو: حتماً، امّا من فردا به مدت دو هفته به مسافرت می‌رَوَم.

رویا: اوه! پس من باید تا دو هفته برای دیدن عکس‌ها منتظر بمانم.

آرزو: نه اگر ایمیل داشته باشی من می‌توانم آن‌ها را برای تو ایمیل کنم.

رویا: آره دارم! یادداشت کن.

آرزو: باشد، من امشب برای تو عکس‌ها را ارسال خواهم کرد.

رویا: چه خوب! ممنون.

اصطلاحِ روز — *Idiom of the day*

آن‌چه بر دل فرود آیَد، بر زبان آیَد.

معنی: به هرچیزی که فکری میکنی آن را به زبانی خواهی آورد.

What the heart feels the tongue speaks.

خواندَن

Reading

دود و آتش اوّلین وسیله‌های ارتباطی بودند. آتش در شب و دود نیز در روز به‌کار بُرده می‌شد. در گذشته از کبوترهای نامه‌رسان برای اطلاّع‌رسانی نیز استفاده می‌شد.

از روش‌های قدیمی، ارسال نامه از طریق اداره‌ی پست است. تلفن و تلویزیون نیز از اختراع‌های انسان است که برای ارتباط برقرار کردن استفاده می‌شود. امروزه رایانه‌ها و گوشی‌های موبایل راه‌های ارتباطی را گسترش داده‌اند.

کَلَمات جَدید

Vocabulary

کوهستان: mountain
گُستَرِش دادَن: to extend
ایمِیل: email
یادداشت کَردَن: to notes
زَحمَت: trouble
تاریخچه: history
دود: smoke
اطّلاع رِسانی: notification
از طریقِ: through
برَند: brand
تَحقیق کَردَن: to research
آتَش: fire

رایانه: computer
فَکس: fax
قالیچه: rug
دبیرِستان: high school
خوابگاه: dorm
لُطف کَردَن: to favor
پِیغام: message
سُوال کَردَن: to ask
گِریان: crying
اِختِراع: invention
گوشیِ موبایل: cellphone

نِگران: worry
ارسال کَردَن: to send
وارِد شُدَن: to enter
اداره‌یِ پُست: post office
اِرتِباطی: communicational
اتّصال: connection
اِنتظار داشتَن: to expect
به کار بُردَن: to use
تلفُن: phone
نامه‌رِسان: mailman
کِشیدن: to draw

روزِ ۳۷: بَرنامه‌ریزی بَرای سَفَر

Day 37: Planning to travel

Grammar Lessons

دَستورِ زَبان

حَرفِ رَبط

اَگر	اگر وقت داری به پارک برویم.
پَس	خوب درس خوانده‌است پس قبول می‌شود.
چُون	چون دیر آمد من او را ندیدم.
اَمّا	او همه را دعوت کرد امّا من نرفتم.
زیرا	من قبول شدم زیرا خوب درس خوانده بودم.
نَه	تو بازیگر هستی، نه کارگردان.

Conversation

گُفت‌وگو

الف: ممکن است به من کمک کنید تا برای تعطیلات برنامه‌ریزی کنم؟

ب: می‌دانید کجا می‌خواهید بروید؟

الف: من هنوز تصمیم نگرفته ام که کجا بروم.

ب: آب و هوای گرم دوست دارید یا سرد؟

الف: من آب و هوایی استوایی را دوست دارم.

ب: من این‌جا یک سری روزنامه و مجلّه دارم، شما می‌توانید آن‌ها را ببینید.

الف: این به نظر عالی است.

ب: می‌دانید که چقدر می‌خواهید در این سفر هزینه کنید؟

الف: من حدود یک میلیون تومان دارم.

Grammar Lessons

دَستور زَبان

حَرفِ رَبط

اَز آن‌جا که	از آن‌جا که تو دوست داشتی آمدم.
اَز این رو	خیابان شلوغ بود از این رو برگشتم.
اَز بَس	ازبس فروشگاه شلوغ بود بیرون آمدم.
اَکنون که	اکنون که موفق شدم خوشحالم.

Common Phrases

جُمله‌های رایج

چِمدان‌هایَت را بَسته‌ای؟

Have you packed your suitcases?

جا رِزِرو کَرده‌ای؟

Have you made a reservation?

Joke

لطیفه

یک شب مُلاّ در خانه‌ی خود خوابیده بود. دُزدی وارد خانه‌یِ او شد و اثاثیه مُلاّ را که کم بود جمع کرد و رفت. مُلاّ نیز که دزد را دیده بود، رختخواب خود را برداشت و به دنبال دزد رفت. وقتی دزد وارد خانه‌ی خود شد مُلاّ را دید و گفت: تو اینجا چه کار می‌کنی؟ مُلاّ گفت: هیچ، من منزلم را تغییر دادم.

Word of the day

کَلَمه‌ی روز

تَعطیلات

مَعنی: holidays

مِثال: ما بَرایِ تَعطیلاتِ آخَرِ هفته برنامه‌ریزی کرده‌ایم.

فَصل‌ها — Seasons

۲. تابِستان	۱. بَهار
تیر، مُرداد، شَهریوَر	فَروَردین، اُردیبِهشت، خُرداد
۴. زِمستان	۳. پاییز
دِی، بَهمَن، اِسفَند	مِهر، آبان، آذَر

گفت‌وگو — Conversation

کسری: داری می‌روی سفر؟ کجا می‌خواهی بروی؟

گلرخ: آره می‌روم به تهران. برای دیدن خواهرم می‌روم.

کسری: واقعاً؟ خواهرت کِی به تهران رفته است؟

گلرخ: حدودِ یک سال است. تهران کار پِیدا کرد.

کسری: کِی برمی‌گردی؟

گلرخ: حدود دو هفته دیگر برمی‌گردم.

کسری: سفر خوبی داشته باشی.

گلرخ: ممنونم.

اِصطلاحِ روز — Idiom of the day

آن‌چه عَوَض دارَد گِله نَدارَد.

معنی: آن‌چه را که می توان اصلاح کرد، نیازی به گله و شکایت ندارد.

Fair exchange, no robbery.

Reading

خواندَن

قالی‌ها و فرش‌های ایرانی از معروف‌ترین قالی‌ها و فرش‌های جهان هستند. قالی از سالیان دور مورد توجهِ اقوام گوناگون ایرانی بوده‌است.

قدیمی‌ترین نمونه‌ی قالی ایرانی، قالی پازیریک نامیده می‌شود. این قالی در سیبری پیدا شده‌است.

این قالیچه از دست‌بافت‌های اقوام پارت و یا ماد در بیش از سه هزار سال پیش است.

Vocabulary

کلمات جدید

فَرش: carpet

رِزرو کَردَن: to book

اِصلاح کَردَن: to correct

زیرا: because

شِکایَت کَردَن: to complain

بَرنامه ریزی: planning

قالی: carpet

بیش‌اَز: more than

چِمدان: suitcase

تابِستان: summer

هَزینه کَردَن: to spend

هَنوز: still

پَس: so

دَعوَت کَردَن: to invite

کارگردان: director

گِله: complaint

نِمونه: sample

موردِ تَوَجُّه: attractive

سالیان: years

پیش: ago

اُستُوایی: equatorial

از آن‌جا که: since

بازیگر: actor

قَبول شُدَن: to pass

پاییز: fall

زِمِستان: winter

اَقوام: nations

کِی: when

جَنجال: brawl

بَنابَراین: so

قِدمَت: antiquity

ساک: bag

آماده بودَن: to be ready

خَر: donkey

بَهار: spring

فُروختَن: to sell

مَثَلاً: for example

روزِ ۳۸: دوست‌ها

Day 38: Friends

Grammar Lessons | دَستور زَبان

حَرفِ رَبطِ «که»

آن آقا که رَفت هَم‌کلاسی مَن اَست.

آن خانُم که نِشَسته، هَمسَرِ مَن اَست.

مَن رَفتَم که او را بِبینَم.

ما که رَفتیم او آمَد.

Conversation | گُفت‌وگو

دُرسا: تو در این شهر دوستی داری؟

مهشاد: البته، من دوستان زیادی دارم، هم در دانشگاه و هم در محیط‌های دیگر.

دُرسا: واقعاً؟ چند تا دوست داری؟

مهشاد: نمی‌دانم، شاید صد تا.

دُرسا: چه خوب، خیلی زیاد است. تو دوست صمیمی داری؟

مهشاد: آره، من تعداد زیادی دوست صمیمی دارم.

دُرسا: من فقط یک دوست صمیمی دارم.

مهشاد: چه بد!

دُرسا: من فقط تعداد کمی دوست دارم.

مهشاد: من می‌توانم دوستان خود را به تو معرفی کنم.

دُرسا: شما لطف دارید.

Grammar Lessons

دَستورِ زَبان

حَرفِ رَبط «تا»

تا اُستاد نیایَد نمی‌رَویم.

آن‌جا نِشَستَم تا فُروشگاه باز شُد.

تا می‌تَوانی تَلاش کُن.

مَن اَز صُبح تا شَب دَرس خواندَم.

او اَز خانه تا دانِشگاه را پیاده رَفت.

تا اَز خواب بیدار شُدَم آمَدَم.

Common Phrases

جُمله‌هایِ رایِج

آیا شما دوست دُختر دارید؟

Do you have a girlfriend?

چِطور با شوهَرَت آشنا شُدی؟

How did you meet your husband?

Joke

لَطیفه

یک روز مُلّانصرالدین وارد اتاق بچّه‌یِ خود شُد و دید که او در حالِ گریه کردن است. مُلّا ناراحت شد و گفت: برای چه گریه می‌کنی؟ بچّه‌ی مُلّا گفت: هیچی پدر تنها بودم و برای خودم قِصّه می‌گفتم ولی در قِصّه دیو بود. من ترسیدم که مرا بخورد.

Word of the day

کَلَمه‌ی روز

صَمیمی

معنی:sincere

مثال: من و سارا دوستان صمیمی هستیم.

Birds		پَرَنده‌ها	
پَرَستو	عُقاب	کَبوتَر	قَناری
swallow	eagle	pigeon	canary
طوطی	شُتُرمُرغ	بوقَلَمون	گُنجِشک
parrot	ostrich	turkey	sparrow
اُردَک	جُغد	طاووس	کَلاغ
duck	owl	peacock	crow

Conversation — **گُفت‌وگو**

آنیتا: تو و سارا دوستان صمیمی هستید؟

مَهوَش: آره، ما چند سال است با هم دوست هستیم.

آنیتا: چطور با هم آشنا شدید؟

مَهوَش: سارا هم‌کلاسی من بود. ما از دبیرستان با هم دوست هستیم.

آنیتا: چه خوب! من هم دو تا دوست صمیمی دارم.

مَهوَش: خوب است! فکر کنم یکی از آن‌ها را دیده‌ام.

آنیتا: آره، هفته‌ی قبل به جشن تولّدم آمده بود.

Idiom of the day — **اصطلاح روز**   انسان جایِزُالخَطاست.

معنی: هر شخصی ممکن است اشتباه کند.

To eror is human; to forgive is divine.

خواندَن

Reading

سیزده‌بدَر، سیزدهمین روز فروردین‌ماه و از جشن‌های نوروزی است. در تقویم رسمی ایران، سیزده‌بدر روزِ طبیعت نام‌گُذاری شده‌است و از تعطیلات رسمی کشور ایران است. ایرانیان در این روز از خانه بیرون می‌روند و در طبیعت، روز را سپری می‌کنند. روزِ سیزده‌بدَر آیین‌هایِ ویژه‌ای دارَد. از آن‌ها می‌توان به این آیین‌ها اشاره کرد: گِرِه زدنِ سبزه، سبزه به رود سِپُردن، خوردن کاهو و سِکَنجِبین، پختن خوراکی‌های گوناگون مانند آش رشته و... .

کَلَمات جَدید

Vocabulary

مُحیط: environment

تَأسُّف خوردَن: to sorry

شوهر: husband

گِرِه زَدَن: to tie

خوراک: food

جَشنِ تَوَلُّد: birthday party

جایز: allowable

قسمَت کَردَن: to divide

تِقویم: calendar

شایَد: maybe

خَطا: error

اِشتِباه: mistake

ویژه: special

اشاره کَردَن: to point

سَبزه: brunette

سِپَری کَردَن: to spend

آیین: religion

پُختَن: to cook

کاهو: lettuce

هیچی: nothing

نام‌گُذاری کَردَن: to name

ایرانیان: Iranians

سِپُردَن: to entrust

مَراسِم: ceremony

تَدارُک دیدَن: to provide

رَسمی: official

سُنَّت: tradition

آداب و رُسوم: customs

طَبیعَت: nature

سُفره: tablecloth

گِردآوَری کَردَن: to gather

سَهیم شُدَن: to participate

مِهرَبان: kindly

دوران: during

انصاف: equity

آش: an Iranian food

روزِ ۳۹: غَذاهای دریایی

Day 39: Seafoods

Grammar Lessons

دَستورِ زَبان

فِعل‌هایِ کُمَکی:

بُودَن: (در گُذَشته‌یِ بَعید)

رفته‌بودم، رفته‌بودی، رفته‌بود، رفت بودیم، رفته‌بودید، رفته‌بودند

Conversation

گُفت‌وگو

پیش خدمت: خوش آمدید، چی می‌خواهید سفارش بدهید؟

مَزدَک: برای غذای اصلی ماهی می‌خواهم.

پیش خدمت: بسیار خوب، چه نوعی از ماهی می‌خواهید؟

مَزدَک: چه نوع ماهیی دارید؟

پیش خدمت: ماهی سفید، ماهی آزاد و شاه ماهی.

مَزدَک: ماهی سفید لطفاً، سوپ هم دارید؟

پیش‌خدمت: بله امروز دو نوع سوپ داریم، سوپ سبزیجات و سوپ مرغ.

مَزدَک: سوپ سبزیجات برایم بیاورید.

پیش خدمت: چیز دیگری نمی‌خواهید؟

مَزدَک: یک نوشابه کوچک لطفاً.

Grammar Lessons

دَستور زَبان

فِعل‌هایِ کُمَکی

ام، ای، است، ایم، اید، اند: (در گذشته‌ی نقلی)

رفته‌ام، رفته‌ای، رفته‌است، رفته‌ایم، رفته‌اید، رفته‌اند

Common Phrases

جُمله‌های رایج

رستوران کِی باز میشود؟

When does the restaurant open?

رستوران کِی تعطیل می‌شود؟

When does the restaurant close?

Joke

لَطیفه

پسر مُلاّ در سن ۱۵ سالگی ازدواج می‌کند.

مردم به مُلاّ می‌گویند: پسر تو هنوز بچه است و عاقل نیست.

مُلاّ می‌گوید: اگر عاقل بود که ازدواج نمی‌کرد.

Word of the day

کَلَمه‌یِ روز

غُروب

معنی: sunset

مثال: ما در کنار دریا، غروب زیبایی را تماشا کردیم.

غَذاهایِ دَریایی
Seafoods

ماهی	مِیگو	خَرچَنگ	ماهیِ تُن
fish	shrimp	crab	tuna
ماهیِ سِفید	خاویار	صَدَف	حَلَزون
whitefish	caviar	oyster	clams

گُفت‌وگو
Conversation

منشی: به رستوران ما خوش آمدید، می‌توانم کمکتان کنم؟

سهند: می‌خواهم برای شام امشب یک میز رزرو کنم.

منشی: بسیار خوب، چند نفر هستید؟

سهند: ۶ نفر هستیم اما ممکن است دو نفر دیگر هم اضافه شوند.

منشی: باشد، میز کنار پنجره خوب است؟

سهند: عالی است.

منشی: اسم شما چیست؟

سهند: سهندِ امیری.

منشی: یک میز به نام شما رزرو شد.

سهند: ممنونم.

اصطِلاحِ روز
Idiom of the day

اوضاع شیر تو شیر شُد.

معنی: شرایط بَد شُد.

When the shit hits the fan.

خواندَن
Reading

مشهد یک شهرِ بزرگ در شمالِ شرقی ایران و مرکز استان خراسانِ رضوی است. این شهر در زمانِ افشاریان، پایتخت ایران بود. مشهد با چهار میلیون نفر جمعیّت، دومین شهر پُرجمعیّت ایران بعد از تهران است. مساحت شهر مشهد حدود ۲۸۹ کیلومتر مربع است. آب و هوای مشهد معتدل است. حداکثر درجه‌ی حرارت در تابستان‌ها ۴۳ درجه سانتی گراد بالای صفر و کم‌ترین آن در زمستان‌ها به چند درجه زیر صفر می‌رسد.

کَلَمات جَدید
Vocabulary

خوش آمَدید: welcome

حَداکثَر: maximum

سفارِش دادَن: to order

ماهیِ سِفید: white fish

شاه ماهی: herring

سَبزیجات: vegetables

نوشابه: beverage

عاقِل: wise

اِزدِواج کَردَن: to get married

مَردُم: people

مَساحَت: area

اِضافه شُدَن: to be added

کَلان شَهر: metropolis

اوضاع: situation

حَداَقَل: at least

شُمالِ شَرقی: northeast

مُعتَدِل: mild

دَرَجه حَرارَت: temperatures

پیش خِدمَت: waiter

دَریا: sea

صَدَف: shell

ساحِل: beach

پَس از: after

سانتی گِراد: centigrade

بایگانی: archive

مُتوَسِط: average

خُنَک: cool

تازه: fresh

لِه شُده: mashed

نیم پَز: medium

آب پَز شُده: poached

پوره: puree

رِسیده: ripe

روزِ ۴۰: دَر هُتِل

Day 40: At the Hotel

Grammar Lessons | **دَستور زَبان**

فِعل‌هایِ کُمَکی

خواستَن: (دَر آیَنده)

خواهم رفت، خواهی رفت، خواهد رفت، خواهیم رفت، خواهید رفت، خواهند رفت

Conversation | **گُفت‌وگو**

(۱) منشی: سلام خوش آمدید، بفرمایید.

نسترن: قیمت اتاق‌های شما چند است؟

منشی: اتاق های ما از ۵۰ هزار تومان شروع می‌شود.

نسترن: من یک اتاق دوتخته می‌خواهم.

منشی: چند روز می‌مانید؟

نسترن: چهار روز.

منشی: اتاق شماره‌ی ۷۸ را برایتان آماده می‌کنیم.

(۲) لاله: سلام من قبلاً اتاق رزرو کرده بودم.

منشی: اسم شما چیست؟

لاله: لاله ستوده.

منشی: بله، اتاق شما شماره‌ی ۳۰۷ است.

لاله: ممکن است چمدان‌های من را به اتاقم بیاورید.

منشی: بله حتماً.

Grammar Lessons | دَستور زَبان

فعل‌هایِ کمکی

باشَد: (در حال التزامی و گذشته‌ی التزامی)

حال التزامی: باشم، باشی، باشد، باشیم، باشید، باشند

گذشته‌ی التزامی: رفته باشم، رفته باشی، رفته باشد، رفته باشیم، رفته باشید، رفته باشند

Common Phrases | جُمله‌های رایج

لُطفاً یک ماشین به هُتل من بفرستید.

Please send a car to my hotel.

مرکز شهر از کدام طرف است؟

Which way is downtown?

Joke | لَطیفه

یک شب مُلّانصرالدین خواب دید که شخصی ۹ تومان به او می‌دهد. اما او اصرار می‌کند که ۱۰ تومان بدهد. در همین لحظه از خواب بیدار می‌شود و می‌بیند چیزی در دستش نیست. پشیمان می‌شود و چشم هایش را می‌بندد و می‌گوید: «قبول، همان ۹ تومان را بده».

Word of the day | کَلَمه‌ی روز

جَذّاب

معنی: attractive

مثال: کتاب او دارای داستان‌های جَذّاب بود.

In Hotel — دَر هُتل

باربَر	مُستَخدِمِ زن	پَذیرِش	مُتِصَدّیِ پَذیرِش
bellboy	chamber maid	reception desk	desk clerk

اُتاق با غَذا	اُتاقِ با صُبحانه و شام	دَربانِ هُتل	مَسئولِ پارکِ ماشین‌ها
full board	half board	doorman	valet parking

گُفت‌وگو — Conversation

لاله: سلام صبح بخیر.

منشی: صبح بخیر، چیزی لازم دارید؟

لاله: من تا ساعت نُه بیرون هستم. می‌خواستم کلید اتاق را تحویل بدهم.

منشی: بله حتماً، کار دیگری ندارید؟

لاله: فقط اگر کسی تماس گرفت بگویید ساعت نُه برمی‌گردد.

منشی: حتماً روز خوبی داشته باشید.

اِصطِلاحِ روز — Idiom of the day

با سرنوشت نمی توان جنگید.

معنی: آن‌چه که تقدیر است اتفاق خواهد افتاد.

Accident(s) will happen.

خواندَن — Reading

دانشگاه تهران بزرگ‌ترین مرکزِ آموزشی در ایران است. این دانشگاه بیش از هشتاد سال پیش در تهران تأسیس شد. این دانشگاه اوّلین مرکزِ آموزش عالی در ایران بود. در حال حاضر دانشگاه تهران با ۲۵ دانشکده یکی از بزرگ‌ترین دانشگاه‌های خاورمیانه است.

گشایش دانشگاه تهران با آغاز آشنایی جدّی ایرانیان با فرهنگ غربی همراه بود. از آغاز فعّالیّت‌های آموزشی دانشگاه تهران تاکنون همواره افراد شایسته و شخصیّت‌های برجسته و چهره‌های معروف در آن تحصیل کرده‌اند.

کَلَمات جَدید — Vocabulary

حاضِر کَردَن: to prepare
لَحظه: moment
شَخصیَّت: character
اتّفاق اُفتادَن: to happen
نِگهبان: guard
پارکینگ: parking
سَرنوِشت: fate
آموزشی: training
آغاز: beginning
هَمواره: always
روی دادَن: to occur

رُخ دادَن: to happen
کِلید: key
پَشیمان شُدَن: to regret
لازِم داشتَن: to need
تَقدیر: fate
غَربی: western
شایِسته: proper
گُشایِش: opening
تَحصیل کَردَن: to study
جدّی: serious
مُتَصَدّی: operator
جَنگیدَن: to fight

اِصرار کَردَن: to insist
تَأسیس شُدَن: to be established
اِفتِخار: honor
بَرجَسته: highlight
اِنقِلاب: revolution
پِژوهشی: research
نَهاد: institution
دانِشمَند: scientist
آزمایِشگاه: laboratory
دَقایِق: minutes
پِیرَوی کَردَن: to follow

روزِ ۴۱: دَعوَت کَردَن

Day 41: To Invite

Grammar Lessons

دَستورِ زَبان

فِعلِ کمکی

داشتن: (در حالِ استمراری و گذشته‌یِ استمراری)

حال استمراری: دارم می‌روم، داری می‌روی، دارد می‌رود، داریم می‌رویم، دارید می‌روید، دارند می‌روند

گذشته‌یِ استمراری: داشتم می‌رفتم، داشتی می‌رفتی، داشت می‌رفت، داشتیم می‌رفتیم، داشتید می‌رفتید، داشتند می‌رفتند.

Conversation

گُفت‌وگو

مهرداد: دوست داری امشب شام برویم رستوران؟

پَریوَش: پیشنهادِ خوبی است، چه ساعتی برویم؟

مهرداد: ساعت نُه چطور است؟

پَریوَش: خیلی دیر است، ساعت هَفت خوب است.

مهرداد: بسیار خوب، چه رستورانی دوست داری برویم؟

پَریوَش: رستوران ایتالیایی در خیابانِ داریوش.

مهرداد: خوب است، پس ساعت هفت در رستوران تو را می‌بینم.

پَریوَش: حتماً، خداحافظ.

Grammar Lessons

دَستور زَبان

جُمله‌ی پرسشی: سارا کجاست؟ این چیست؟ کدام شهر بزرگ‌تر است؟

جُمله‌ی خبری: هوا گرم است. فردا هوا بارانی است. استاد ساعت دَه می‌آید.

جُمله‌ی عاطفی: چه هوای خوبی! بَه بَه! چه غذای خوشمزه‌ای! آه چه روز بدی!

جُمله‌ی امری: سیگار نکشید. کتاب را بیاور. به آتش دست نزن.

Common Phrases

جُمله‌های رایج

دوست دارید برویم نوشیدنی بخوریم؟

Would you like to go for a drink?

دوست دارید برای غذا بیرون برویم؟

How would you like to go out for a meal?

Joke

لَطیفه

پسر مُلاّ به مردی ناسزا گفته بود. مُلاّ وقتی شنید برای عذرخواهی نزد آن شخص رفت و گفت: او مانند پسر شما است و خر است! بهتر است او را ببخشید و از او کینه‌ای نداشته باشید.

Word of the day

کَلَمه‌ی روز

عُذرخواهی

معنی: apology

مثال: پدر به خاطر رفتار زشت پسرش، عُذرخواهی کرد.

Kitchen Accessories | وَسایِل آشپَزخانه

مخلوط‌کُن	کاسه	چَنگال	ساطور
blender	bowl	fork	cleaver
آبکِش	فِنجان	ماهی‌تابه	لیوان
colander	cup	frying pan	glass
رَنده	کِتری	چاقو	فِر
grater	kettle	knife	oven

Conversation | گُفت‌وگو

افشین: داری کُجا می‌روی؟

نادیا: دارم می‌روم دانشگاه.

افشین: دوست داری امشب برای شام به یک رستوران برویم؟

نادیا: پیشنهاد خوبی است، کدام رستوران برویم؟

افشین: رستوران سُنَّتی دوست داری؟

نادیا: آره، خوب است. چه ساعتی برویم؟

افشین: ساعت هَفت چطور است؟

نادیا: خوب است.

Idiom of the day | اِصطِلاحِ روز

با یک گُل بهار نمی‌شود.

معنی: از یک مورد، نتیجه‌ی کُلّی نمی‌توان گرفت.

One swallow does not make summer.

خواندَن

Reading

برجِ آزادی یکی از نمادهای شهر تهران است. این برج بیش از چهل سال پیش، توسط یک معمارِ ایرانی طراحی شد. نام این معمار، حُسینِ اَمانَت بود. در ابتدا نام این برج، برجِ شَهیاد بود. این بنا به مناسبتِ جشن‌های دوهزار و پانصد ساله‌ی شاهنشاهی ایران ساخته شد. میدان آزادی که برج آزادی در آن قراردارد، بزرگ‌ترین میدانِ شهرِ تهران است.

برجِ شهیاد، پس از انقلاب ایران در سال ۱۹۷۹ میلادی به نام «برج آزادی» معروف شد. این برج در ایران، نمونه‌ای از نماد و نشانه‌های شهری است. برج آزادی دارای معماری منحصربفرد است که آن را به نمادی زیبا تبدیل کرده است.

کَلَمات جَدید

Vocabulary

نَماد: symbol	**بَدَل شُدَن:** to convert	**به‌خاطر آوَردَن:** to remember
ناسِزا: profanity	**تَوَسُّط:** by	**بَنا کَردَن:** to build
بَخشیدَن: to forgive	**مُقَصِّر:** guilty	**ویژِگی:** property
کینه: grudge	**زِشت:** ugly	**حافِظه:** memory
تَبدیل شُدَن: to convert	**عَلامَت:** sign	**دَست زَدَن:** to touch
گُناه: sin	**هُوِیَّت:** identity	**رَفتار:** behavior
خوشمَزه: delicious	**شاهَنشاهی:** imperial	**نادیده گِرفتَن:** to ignore
جایِ‌گِرفتَن: to place	**معمار:** architect	**تَنبیه‌کَردَن:** to punish
نِشانه: sign	**مُناسِبَت:** events	**تَقصیر:** fault
یادبود: memorial	**به‌خاطِر:** because of	**قضاوَت کَردَن:** to judge
بَنا: building	**دَلیل:** reason	**توجیه کَردَن:** to justify
طَرّاحی کَردَن: to design	**دِلخور شُدَن:** to upset	

روزِ ۴۲: بانک

Day 42: Bank

Grammar Lessons

دَستورِ زَبان

عَلامَت‌هایِ جَمع

ها: پِدَرها، مادَرها، ایرانی‌ها

ان: پِدَران، مادَران، ایرانیان

جات: سَبزیجات، مُرّباجات، شیرینی‌جات

Conversation

گُفت‌وگو

کارمَندِ بانک: بِفَرمایید، می‌تَوانَم کُمَکتان کنم؟

مهسا: می‌خواهم در این بانک حساب باز کنم.

کارمَندِ بانک: چه حسابی؟ حساب پس‌انداز یا حسابِ جاری؟

مهسا: حسابِ پس‌انداز.

کارمَندِ بانک: لطفاً این برگه را پُر کنید. کارت شناسایی همراه خود دارید؟

مهسا: بله بفرمایید. می‌خواهم مبلغی پول هم، به حساب واریز کنم.

کارمَندِ بانک: این برگه را هم پُر کنید و مبلغ را بنویسید.

مهسا: نرخ سود در این بانک چند درصد است؟

کارمَندِ بانک: ۵ درصد است.

Grammar Lessons

دَستور زَبان

عَلامَت‌هایِ جَمع

ون: انقلابیون، اجتماعیون، سیاسیون

یِن: سارقین، غایبین، ساکنین

ات: حیوانات، عملیات، حشرات

Common Phrases

جُمله‌های رایج

می‌خواهَم مِقداری پول واریز کُنَم.

I would like to deposit some money.

صَرّافی تا کِی باز است؟

How late is the exchange point open.

می‌خواهم مقداری پول برداشت کنم.

I would like to withdraw some money.

من یک قبض برداشت می‌خواهم.

I need a withdrawal slip.

من یک قبضِ واریز می‌خواهم.

I need a deposit slip.

نزدیک‌ترین صَرّافی کجاست؟

Where is the nearest currency exchange office?

Joke

لَطیفه

مُلاّ تازه وارد شهری شده بود و در بازار می‌گشت. مردی به سمت مُلاّ رفت و از او پرسید: امروز چند شنبه است؟ مُلاّ جواب داد: نمی‌دانم، من تازه وارد این شهر شده‌ام و جایی را بلد نیستم.

Word of the day

کَلَمه‌ی روز

پاسُخ

معنی: response

مثال: او پاسخ سؤال ها را نمی‌دانست.

At Bank
دَر بانک

چِک کِشیدَن	دَستگاهِ خودپَرداز	موجودی	بَرات
draw a check	ATM	balance	bill of exchange
سَفته	چِک مُدّت‌دار	حَواله‌یِ بانکی	چِک سِفیدِ امضاء
promissory note	post-dated check	draft	blank check

Conversation
گُفت‌وگو

عَرشیا: چیزی شده است؟ ناراحتی!

رامبُد: برای خرید خانه پول کَم دارم.

عَرشیا: خُب! چرا از بانک وام نمی‌گیری؟

رامبُد: سود وام خیلی زیاد است توانایی پرداختش را ندارم.

عَرشیا: اوه چه بد! خُب بهتر است در این شرایط به فکر اجاره کردن خانه باشی.

رامبُد: آره، باید دنبال یک خانه برای اجاره باشم.

Idiom of the day
اِصطِلاحِ روز

بارِ کَج به منزل نمی‌رسَد.

معنی: کار از پایه خراب است، نتیجه ای ندارد.

Winners never cheat and cheaters never win.

Reading — خواندَن

اینترنِت یک وسیله‌ی ارتباطی است. هر شخص در هرجای دنیا که باشد می‌تواند با استفاده از اینترنت با دیگران ارتباط برقرارکُند. او می‌تواند از مَطلَب‌های موجود در اینترِنت استفاده کند و مطلب‌های خود را نیز در اینترنت مُنتَشِر کُند.

در اینترِنت، کتاب‌ها و مقاله‌های زیادی وجود دارد. اینترِنت موجب راحتی بسیاری از کارها مانند عملیات بانکی، خرید و فروش و ... شده‌است. همچنین اینترِنت بسیار سرگرم کننده و جذّاب است.

Vocabulary — کَلَمات جَدید

نَشر دادَن: to publish
بَلَد بودَن: to know
اَساس: basis
گَشتَن: to search
تَوانایی: ability
اِجاره کَردَن: to rent
موجِب: cause
عَمَلیات: operation
سَرگَرم کُننده: fun
مَطالب: posts
مُنتَشرکَردَن: to publish
دُنبال‌کَردَن: to following

سود: profit
راست: right
ظَرفیَت: capacity
پایه: foundation
کَج: curvature
اِرتباط بَرقَرار کَردَن: to communicate
مَقاله: article
فُروش: sale
بانکی: Bank
باعِث: cause
جُستجو کَردَن: to search
سُؤال: question

غایِب: absent
سارِق: thief
حَشَره: insect
سیاست: policy
جَماعَت: congregation
مُربّا: jam
دخالَت کَردَن: to interfere
بار: bar, load
یادگیری: learning
خَسیس: miser
ظَریف: delicate

روزِ ۴۳: سَلامَتی

Day 43: Health

Grammar Lessons

دَستورِ زَبان

تَذکّر و یادآوری

فعلِ تَذَکُّر و یادآوری	فعلِ اَمر
نامه را بنویسی.	نامه را بنویس.
پنجره را ببندی.	پنجره را ببند.

Conversation

گُفت‌وگو

دَریا: من واقعاً می‌خواهم شروع کنم به خوردنِ غذاهای سالم.

پگاه: من هم باید شروع کنم به خوردنِ غذاهای سالم.

دَریا: تو معمولاً چه نوع غذایی می‌خوری؟

پگاه: من سعی می‌کنم فقط میوه و سبزیجات و مُرغ بخورم.

دَریا: فقط این‌ها را می‌خوری؟

پگاه: تقریباً.

دَریا: چطور فقط این‌ها را می‌خوری؟

پگاه: خوب میوه‌ها و سبزیجات برای شما واقعاً خوب هستند.

دَریا: می‌دانم، مُرغ چطور؟

پگاه: من مُرغ را می‌پَزَم به خاطر اینکه زیاد چَربی ندارد.

دَریا: خیلی خوشمزه و مُغَذّی است.

پگاه: تو هم امتحان‌کن! پشیمان نمی‌شوی.

Grammar Lessons
دَستور زَبان

شِبه جُملهِ‌ی تشویق: خوب، آفرین، بَه بَه

شِبه جُملهِ‌ی تَعَجُب: وَه، اوه، عَجب، شِگِفتا

شِبه جُملهِ‌ی تَنبیه و تَحذیر: اَمان، مَبادا

شِبه جُملهِ‌ی اِحترام و قَبول: چَشم، قُربان، ای به چشم

Common Phrases
جُمله‌های رایج

من رژیم دارم

I am on a diet.

دَمایِ بدن من چقدر است؟

What's my temperature?

مُسری است؟

Is it contagious?

Joke
لَطیفه

یک روز مُلاّ نصرالدین خَرَش را کُتک می‌زد و رهگُذری از آن‌جا می‌گُذشت. رهگُذر از مُلاّ پُرسید: چرا خَر را کُتک می‌زنی؟

مُلاّ گفت: ببخشید اگر می‌دانستم که با شما نسبتی دارَد این کار را نمی‌کردم!

Word of the day
کَلَمه‌ی روز

خَطَرناک

معنی: dangerous

مثال: سرطان یک بیماری خطرناک است.

میوه‌ها — Fruits

خُرمالو	سیب	نارِنگی	هُلو	توتِ سیاه
persimmon	apple	tangerine	peach	red mulberry
زالزالَک	بالَنگ	زِیتون	اِزگیل	آناناس
common hawthorn fruit	citron	olive	medlar	pineapple
گُلابی	شَلیل	تَمِشک	بِه	آلو
pear	nectarine	raspberry	quince	plum

گُفت‌گو — Conversation

آدینه: این چیست می‌خوری؟

عَسل: ساندویچِ همبرگر و پنیر.

آدینه: تو مگر رژیم نداری؟ وزنت خیلی زیاد است.

عَسل: از رژیم خسته شده بودم هَوَسِ یک غذای چرب کرده بودم.

آدینه: این غذا برای تو مُضِر است. تو باید غذاهای سالم مانند سبزیجات و میوه‌ها را بخوری.

عَسل: یک‌بار مشکلی ایجاد نمی‌کند.

اِصطِلاحِ روز — *Idiom of the day*

به ساز کَسی رَقصیدن.

معنی: مطابق مِیل کَسی رفتار کردن.

To dance to a person's tune.

خواندَن

Reading

براساسِ گزارشِ سازمانِ جهانیِ گردشگری، ایران رتبه‌ی دهم در جاذبه‌های تاریخی و رتبه‌ی پنجُم در جاذبه‌های طبیعی را دارد. از جاذبه‌های طبیعی می‌توان سَواحِل دریای خزر و خلیج فارس، جنگل‌ها، چشمه‌ها و کویرها را نام بُرد.

ایران دارای آثارِ تاریخی بسیاری است که هَرساله گردشگران زیادی برای بازدید از آن‌ها به این کشور سفر می‌کنند. آثاری مانند: تخت جمشید، مَقبَره‌ی کوروش بزرگ، آرامگاه حافظ و سعدی، میدان نقش جهان، پل خواجو، تخت سلیمان و ... .

کَلَمات جَدید

Vocabulary

شگفتا: surprisingly

یادآوَری: reminders

سالِم: healthy

تَشویق: encouragement

تَعَجُّب: surprise

تَنبیه: punishment

تَحذیر: warning

احتِرام: respect

وَزن: weight

کُتَک زَدَن: to beat

ویژِگی: property

ویتامین: vitamin

رَهگُذَر: passer-by

نسبَت: relationship

دَما: temperature

مُسری: contagious

مُفید: helpful

خَواص: properties

عادَت داشتَن: to be accustomed

تَغذیه: nutrition

کاستَن: to reduce

بَررَسی کَردَن: to survey

دَست یافتَن: to achieve

سَرَطان: cancer

تَذَکُّر: remark

رُتبه : rank

جاذِبه: gravity

طَبیعی: natural

کَویر: desert

رژیم: diet

هَوَس: lust

چَرب: oily

مُضر: harmful

مُغَذّی: nutritious

امتحان کَردَن: to try

آفَرین: well done

روزِ ۴۴: موزه

Day 44: Museum

Grammar Lessons

دَستورِ زَبان

فِعلِ لازِم

فِعلِ لازِم فِعلی است که به مفعول نیاز نداشته باشد.

سارا رفت.

دانشجوها به کلاس رفتند.

Conversation

گُفت‌وگو

الف: سلام ببخشید این موزه برای بازدید عموم آزاد است؟

ب: بَله، می‌توانید برَوید داخل و از موزه دیدن کنید.

الف: این موزه چه آثاری دارد؟

ب: این موزه شامل آثار مختلفی در مورد زمان و ساعت‌ها است.

الف: باید خیلی جالب باشد!

ب: بله، راهنما درموردِ تمام آثار برای شما توضیح خواهد داد.

الف: ممنون، از آثار می‌توانم عکس بگیرم؟

ب: خیر، اینجا عکس‌بَرداری ممنوع است.

الف: بسیار خوب، ممنون از راهنمایی شُما.

Grammar Lessons

دَستور زَبان

فعلِ مُتِعَدّی

فعل متعدّی فعلی است که به مَفعول نیاز داشته باشد.

سارا کیف را بُرد. او سیب‌ها را بَرداشت.

Common Phrases

جُمله‌های رایج

مُمکن است به من بگویید اینجا چه موزه‌ای است؟

Would you please tell me what type of museum is here?

موزه چه ساعتی تعطیل می‌شود؟

What time does the museum close?

Poetry

شعر

گویَند کَسان بِهشت با حور خوش است من می‌گویَم که آبِ انگور خوش است

این نَقد بِگیر و دَست از آن نِسیه بِدار کآوازِ دُهُل شِنیدَن از دور خوش است

(خَیّام)

"How sweet is mortal Sovranty!" think some: Others
"How blest the Paradise to come"!
Ah, take the Cash and let the Credit go Nor heed the
rumble of a distant Drum!

Word of the day

کَلَمه‌ی روز

پَرده

معنی: curtain

مثال: پنجره‌ی اُتاق پرده‌ای زیبا داشت.

۱۰ اثرِ تاریخیِ مُهمّ ایران

10 Important Monument In Iran

چُغازَنبیل	مِیدانِ نَقشِ جَهان	تَختِ جَمشید	تَختِ سُلِیمان	اَرگِ بَم
گُنبَدِ سُلطانیّه	مَسجِدِ جامِعِ اِصفَهان	بیستون	کاخِ گُلِستان	شَهرِ سوخته

گُفت‌وگو

Conversation

جمشید: این تابلو را نگاه کن ببین چقدر زیبا است.

مینوش: فوق‌العاده زیبا است! اثر چه کسی است؟

جمشید: اثر استاد کَمالُ‌المُلک است.

مینوش: جالب است! من اولین‌بار است به این موزه می‌آیم.

جمشید: من علاقه‌ی زیادی به آثار هنری دارم و تقریباً تمام موزه‌های کشور را دیده‌ام.

مینوش: عالی است! پس اطلاّعات خوبی درمورد آثار هنری و تاریخی داری.

اِصطِلاحِ روز

Idiom of the day

پول، عَلَفِ خِرِس است؟

معنی: اشاره به خرج تراشی و بیهوده خرج کردن مال.

Money doesn’t grow on trees.

خواندَن

Reading

موزه‌ی هنرهای معاصر یکی از معروف‌ترین موزه‌های شهر تهران است. این موزه در ۱۴ اُکتبر سال ۱۹۷۷ میلادی ساخته شده است. این موزه را کامران دیبا و با الهام گرفتن از بادگیرهای ایرانی طراحی کرده است.

موزه‌ی هنرهای معاصر شامل جامع‌ترین و باارزش‌ترین گنجینه‌های هنر مُدرن از بعد از جنگ جهانی دوم تا پیش از دهه ۱۹۸۰ میلادی در خارج از اروپا و آمریکای شمالی است. ارزش آثار موزه درحدود ۲/۵ میلیارد دلار تخمین زده شده‌است. اکثر این آثار در دهه ۱۹۷۰ میلادی با نظارت فَرَحِ پهلوی خریده شده‌است.

کَلَمات جَدید

Vocabulary

بازدید کردن: to visit

عُموم: public

آزاد بودَن: to be free

دیدَن کردَن: to visit

دَرمورِد: about

راهنَما: guide

توضیح دادَن: to explain

عَکس‌بَرداری: photography

مَمنوع: prohibited

مَفعول: object

پَنجِره: window

بادگیر: windward

نیاز داشتَن: to need

بِهِشت: paradise

خوش: good

نَقد: cash

نِسیه: credit

آواز: singing

دُهُل: drum

میدان: square

اَرگ: castle

گُنبَد: dome

کاخ: palace

سوخته: burned

تابلو: panel

اَثَر: effect

تَقریباً: almost

خَرج تَراشی: spend mony

بیهوده: vain

خَرج کَردَن: to spend

مال: property

عَلَف: grass

مُعاصِر: contemporary

الهام گِرِفتَن: to inspiration

روزِ ۴۵: وَضعّیت اضطِراری

Day 45: Emergencies

Grammar Lessons

دَستور زَبان

فعلِ سببی

این فعل با افزوندن "اندَن" یا "انیدَن" به ستاکِ حالِ فعل لازم یا متعدی ساخته می‌شود.

پوشیدَن	پوشاندَن، پوشانیدَن
خوردَن	خوراندَن، خورانیدَن

Conversation

گُفت‌وگو

الف: چی شده‌است؟ من می‌توانم کُمَکتان کنم؟

ب: بله، لطفاً من را به بیمارستان بِبَرید.

الف: چه اتفاقی برایِتان افتاده است؟

ب: از پِلّه‌ها افتاده‌ام. نمی‌توانم راه بروم.

الف: اجازه بدهید به اورژانس زنگ بزنم.

ب: ممنون می‌شوم. کیفم آن‌جا افتاده است می‌شود برایم بیاورید؟

الف: بله حتماً. اگر بخواهید می‌توانم به خانوده‌ی شما اطلاّع بدهم.

ب: شماره‌ی همسرم در تلفن همراهم است، با نام سینا ذخیره کرده‌ام.

الف: نگران نباشید اوژانس زود می‌رسد.

Grammar Lessons

دَستور زَبان

فِعلِ تَک شِناسه: «بودَن» و «شُدَن» در ترکیب‌های گفتاری زیر تَک شِناسه هستند:

مُفرد	جَمع
سَردَم اَست	سَردِمان اَست
سردم می‌شود	سردمان می‌شود

Common Phrases

جُمله‌های رایج

لطفاً یک دُکتر خبر کنید.

Please call a doctor.

لطفاً یک آمبولانس خبر کنید.

Please call an ambulance.

Poetry

شعر

ای دوست بیا تا غمِ فردا نخوریم — وین یکدم عُمر را غَنیمَت شِمُریم

فردا که ازین دِیرِ فَنا درگذریم — با هفت هزار سالگان سر بِسریم

(خَیّام)

Ah, my Beloved, fill the cup that clears
TO-DAY of past Regrets and future Fears
Tomorrow? Why, To-morrow I may be Myself with
Yesterday's Sev'n Thousand Years.

Word of the day

کَلَمه‌ی روز

پِرسُنِل

معنی: personnel, staff

مثال: پرسنل شرکت در جلسه بودند.

حَوادِث — Accidents

جَنگ	**زِلزِله**	**اِنفِجار**
war	earthquake	explosion
آتَش‌سوزی	**تَصادُف کَردَن**	**سِیل**
fire	to accident	flood

گُفت‌وگو — Conversation

الف: لطفاً کمک کنید! یک نفر مجروح شده‌است.

ب: چه اتفاقی برایَش افتاده است؟

الف: تصادف کرده است. می‌خواست از خیابان رَد شود یک موتور به او زَد و رَفت.

ب: اوه خدایِ من! من به اورژانس زنگ می‌زنم.

الف: لطفاً به پلیس هم خبر بدهید.

ب: حتماً، خون زیادی از او می‌رَوَد خدا کُند زنده بِماند.

اِصطِلاحِ روز — *Idiom of the day*

جَنگِ اَوّل بِه اَز صُلحِ آخَر.

مَعنی: بحث کردن در ابتدای کار بهتر از تَفاهُم پس از دعوا است.

An ounce of prevention is better than a pound of cure.

خواندَن

Reading

هلال اَحمر نام یک سازمان انسان‌دوستانه است. هِلال اَحمر ایران نیز عُضو نهضَت بِینَ‌اُلمِلَلی هِلال اَحمر است. هِلال اَحمر ایران در داخل کشور و برخی مناطق دیگر در جهان فَعّالیّت‌های اِمدادی و بشردوستانه انجام می‌دهد.

هِلال اَحمر باید در هنگام وُقوعِ بُحران‌هایی مانندِ سیل، زلزله و جنگ و ... به مَصدومان کُمَک کند. هِلال اَحمر ایران نیز فَعّالیّت‌های گسترده‌ی آموزشی، خَدَمات پزشکی، بهداشتی و امدادی را انجام می‌دهد.

کَلَمات جَدید

Vocabulary

اَفزودَن: to add

اِتّفاق اُفتادَن: to happen

اُفتادَن: to fall

اورژانس: emergency

اِطّلاع: notice

ذَخیره کَردَن: to save

نِگَران: worry

تَرکیب: compound

گُفتاری: vocal

خَبَر کَردَن: to notify

غَم: sorrow

دَم: moment

غَنیمَت: trophy

دِیر: tomb

فَنا: death

به‌سَر بُردَن: to pass

مَجروح: wounded

رَد شُدَن: to cross

زِنده ماندَن: to survive

صُلح: peace

قَرار: obligation

بَشَردوستانه: philanthropy

تَفاهُم: agreement

دَعوا: quarrel

هِلال اَحمَر: red crescent

انسان‌دوستانه: humanitarian

عُضو: member

نِهضَت: movement

بِینَ‌اُلمِلَلی: international

بَرخی: some

فَعّالیَّت: activity

روزِ ۴۶: پُلیس

Day 46: Police

Grammar Lessons

دَستورِ زَبان

بَدَل

بَدَل، اسم یا گروه اسمی است که اسمِ قبل از خود را توصیف می‌کند، و مَعمولاً بینِ دو ویرگول قرار می‌گیرد و از جمله، قابل حَذف است.

حافظ، شاعر بُزُرگ، دَر ایران زندگی می‌کَرد.

Conversation

گُفت‌وگو

الف: لُطفاً به من کمک کنید پول‌های من را دُزیده‌اند.

ب: کجا این اتفاق برای شما افتاد؟

الف: در همین خیابان. از بانک که بیرون آمدم یک موتورسوار کیف پولم را زَد و فَرار کرد.

ب: چهره‌ی شخص را دیده‌اید؟

الف: نه صورتش را پوشانده بود.

ب: مُشَخَصّاتِ موتورسیکلت یادتان است؟

الف: تا حدودی. تازه از بانک وام گرفته بودم. لطفاً کمک کنید آن را پِیدا کنم.

ب: نگران نباشید ما پِیگیری می‌کنیم. لُطفاً این برگه را پُر کنید و آن‌چه را که دیده‌اید بنویسید.

الف: بسیار خوب.

دَستور زَبان
Grammar Lessons

✓ **حرفِ رَبطِ «که» دَر جُملههایِ وابَسته:**

دانشآموزانی که در این مدرسه درس میخوانند ایرانی هستند.

ایران کشوری است که من در آن بُزُرگ شدهام.

جُملههای رایج
Common Phrases

من گُذرنامهام را گُم کردم.	I lost my passport.
کیف من دُزدیده شدهاست.	My purse was stolen.
من وسایلم را گُم کردهام.	I lost my baggage.
من باید با وکیلم تَماس بگیرم.	I need to call my lawyer.

شعر
Poetry

گُفتَم غَمِ تو دارَم گُفتا غَمَت سَرآیَد
گُفتَم که ماهِ مَن شو گُفتا اَگَر بَرآیَد

گُفتَم زِ مِهروَرزان رَسمِ وَفا بیاموز
گُفتا زِ خوبرویان این کار کَمتَر آیَد

(حافِظ)

سرآید: تمام شود **برآید: بالا بیاید** **کمتر آید: کمتر انجام شود**

کَلَمهیِ روز
Word of the day

دَستگیر کَردَن

معنی: to arrest

مثال: پلیس دُزد را دستگیر کرد.

اداره‌ی پُلیس
Police Station

دُزدیدَن	گُم کَردَن	فَرار کَردَن	تَصادُف کَردَن
to steal	to lost	to escape	to have an accident
تَعقیب کَردَن	بازداشت کَردَن	جَریمه کَردَن	زِندانی کَردَن
to pursue	to arrest	to penalize	to put in prison

گُفت‌وگو
Conversation

الف: ببخشید من گذرنامه‌ام را گُم کرده‌ام، نمی‌دانم چه کار باید بکنم.

ب: ممکن است آن را جایی جا گذاشته باشید.

الف: احتمالاً، ولی به خاطر نمی‌آورم.

ب: بروید به دفتر اشیاء گُم شده، اگر کسی آن را پیدا کند به آن‌جا تحویل می-دهد.

الف: دفتر اشیاء گم شده کجاست؟

ب: طبقه‌ی هم‌کف، سمتِ راست.

الف: ممنون.

اِصطِلاحِ روز
Idiom of the day

تا سه نَشَوَد، بازی نَشوَد.

معنی: باز هَم فُرصَت هست!

Third time lucky.

خواندَن

Reading

ایران در حدود ۲۰۰۰ سال قبل بنیان‌گذار سیستم حکومتی امپراطوری بوده‌است. کشور ایران برای ایجاد نَظم و اَمنیّت، انواع سیستم‌های اَمنیَتی را مورد بررسی قرارداده است.

پلیس نوین ایران صد سال پیش تأسیس شد. ناصِرالدّین شاه قاجار در سفرِ خود به اروپا این سیستم نُوینِ پلیس را آموخت و آن را در ایران پِی‌ریزی کرد.

کَلَمات جَدید

Vocabulary

توصیف کَردَن: to describe

قابِل: able

حَذف: delete

موتورسَوار: cyclist

چِهره: face

پوشانده: covered

مُشَخَصات: specifications

پِیگیری کَردَن: to follow up

به‌خاطِر آوَردَن: to remember

گشتَن: to search

تَحویل دادَن: to delivery

اَشیاء: objects

کَشف کَردَن: to discover

گیر اُفتادَن: to be arrested

نَتیجه: result

بُنیان‌گُذار: founder

سیستِم: system

حُکومَتی: governmental

وَقایِع: events

امپِراطوری: empire

رِعایَت کَردَن: to observe

نَظم: discipline

اَمنیَّت: security

خَلاف کَردَن: to crime

اَنواع: types

اَسلَحه: gun

اَمنیَّتی: security

تَأسیس کَردَن: to establish

آموختَن: to learn

پِی‌ریزی کَردَن: to establish

روزِ ۴۷: شخصیّت‌ها

Day 47: Personalities

Grammar Lessons — دَستورِ زَبان

مصدرهای – یدَن

مَصدَر	ستاکِ حال	ستاکِ گُذَشته
بَخشیدَن	بَخش	بَخشید
آشامیدَن	آشام	آشامید
پَریدَن	پَر	پَرید
نُوشیدَن	نُوش	نُوشید

Conversation — گُفت‌وگو

نسیم: تو چیزی درمورد کلاس‌های دکتر فاضل می‌دانی؟

کیمیا: بله، او را می‌شناسم، می‌خواهی با او کلاس بگیری؟

نسیم: بله، ولی قبلاً با او کلاس نداشته‌ام. این ترم می‌خواهم با او کلاس بگیرم.

کیمیا: او یک استاد جالب و چالِشی است. همین‌طور بسیار سختگیر است.

نسیم: همان چیزی است که من می‌خواهم.

کیمیا: می‌دانستی او ۲۰ سال سابقه‌ی تدریس دارَد؟

نسیم: واقعاً؟ نه نمی‌دانستم.

کیمیا: امیدوارَم که توانسته باشم به تو کمک کنم.

نسیم: بله! ممنون از کمک تو.

دَستور زَبان
Grammar Lessons

نَقلِ قُولِ مُستَقیم: گفته‌ی کسی را بدون تغییر بیان می‌کنیم.

مثال: عَلی به سارا گُفت: "فَردا به مُسافِرَت می‌رَوَم."

سارا گُفت: "بَرایَم کِتاب بِخوان."

جُمله‌های رایج
Common Phrases

آیا می‌خواهی برای آینده‌ی خودَت یک هدف مُشَخَّص کنی؟

Do you like to set goals for your future?

شعر
Poetry

به مَجنون گُفت روزی عِیب جویی — که پِیدا کُن بِه اَز لیلی نِکویی

که لِیلی گَرچه دَر چَشمِ تو حوریست — به هَر جُزوی زِ حُسنِ او قُصوریست

(سَعدی)

بِه از: بهتر از نِکویی: یار، معشوق گَرچه: اگر چه جُزوی: قطعه‌ای،تکه‌ای

کَلَمه‌ی روز
Word of the day

تیره

معنی: dark

مثال: آسمان به‌خاطرِ ابر تیره شده بود.

Behaviors — رَفتارها

مِهرَبان	گوشه‌گیر	اِجتِماعی	سَخت‌کوش
kind	unsociable	sociable	hard working
بَداَخلاق	خوش اَخلاق	آرام	عَصَبی
bad tempered	good tempered	calm	nervy
مُؤَدَّب	خِجالَتی	کَم حَرف	پُر‌حَرف
polite	shy	quiet	talkative

Conversation — گُفت‌وگو

سیما: تو آن پسر را می‌شناسی؟ فکر کنم با شما هم‌کلاسی است.

امید: بله، او هم‌کلاسیِ من است.

سیما: من تا حالا او را ندیده بودم.

امید: تازه به این دانشکَده آمده است.

سیما: به نظر پسر خِیلی آرامی است. همیشه او را درحالِ کتاب خواندن می‌بینم.

امید: بله، بسیار هم مُؤَدَّب است. من شَخصیَّتِ او را دوست دارم.

سیما: شایَد به این دلیل است که تازه آمده و کسی را نمی‌شناسد.

امید: شایَد.

Idiom of the day — اِصطِلاحِ روز

بادآوَرده را باد می‌بَرَد.

معنی: چیزی که به راحتی به دست بیاید به راحتی از دست می‌رود.

Easy come, easy go.

203

خواندَن
Reading

کوه آبیدَر یکی از تفریحگاه‌های اصلیِ مردمِ شهرِ سنندج است. دلیل محبوبیَت این کوه، نزدیکی آن به شهر سنندج، بلند بودن آن نسبت به تپّه‌هایِ اطراف و از همه مهم‌تر، وجود چشمه‌های زیرزمینی فراوان آن است.
افرادِ بسیاری به خصوص در زمانِ تعطیلات به این تفریحگاه می‌رَوَند و از منظره‌یِ زیبای شهر سنندج لذّت می‌بَرَند.

کَلَمات جَدید
Vocabulary

مُنتَهی شُدَن: to be extreme
مَسکونی: residential
مُتعَدد: multiple
تَفریحگاه: playground
تَغییر: change
مَحبوبیَّت: popularity
مُشَخَّص کَردَن: to specify
حیله: guile
پایه‌گُذاری کَردَن: to establishing
گودال: pit
بِهِشت: paradise

آب اَنگور: grape juice
جَنگیدَن: to fight
عُبور کَردَن: to cross
قُدرَتمَندتَر: stronger
به‌خُصوص: specially
اَفراد: people
فَراوان: very
اَطراف : around
دَلیل: reason
راحَت: comfortable
تئاتر: theater
مُشکِل: problem
سابِقه: history

مُبارزه کَردَن: to fight
هَدَف: goal
چِشمه: fountain
مُهِم: important
زیرزَمینی: underground
اَهمیَّت: importance
شُروع کَردَن: to start
کُنسرت: concert
نَمایِشگاه: exhibition
استَخر: pool
بَیان کَردَن: to express
تَحقیق کَردَن: to investigate

روزِ ۴۸: تمیز کَردَنِ خانه

Day 49: Cleaning House

Grammar Lessons — دَستور زَبان

نَقلِ قُولِ غیرِمُستَقیم: در نقل قول غیرمستقیم معمولاً از حرفِ ربطِ «که» استفاده می‌کنیم.

عَلی به سارا گُفت که فَردا به مُسافِرَت می‌رَوَد.

سارا گُفت که بَرایَش کِتاب بِخوانَم.

Conversation — گُفت‌وگو

الف: امروز باید خانه را تمیز کنیم. چند روز است تمیز نکرده‌ایم.

ب: بله، خیلی کثیف است.

الف: تو می‌توانی به من کمک کنی.

ب: چرا من؟

الف: چون تو در کثیف کردنِ آن کمک کرده‌ای.

ب: بسیار خوب! تو می‌خواهی من چه کاری انجام بدهم؟

الف: من می‌خواهم تو حَمّام را تمیز کنی.

ب: خوب است! آن کار آسانی است.

الف: سینک، وان و توالت را هم باید تمیز کنی.

ب: همه‌ی این کارها را من باید انجام بدهم؟

الف: این تمام کارها نیست! کارهای زیاد دیگری است که من انجام می‌دهم!

Grammar Lessons | دَستورِ زَبان

مصدرهای- دَن:

مَصدَر	سِتاکِ حال	سِتاکِ گُذَشته
آوَردَن	آوَر	آوَرد
خُوردَن	خُور	خُورد

Common Phrases | جُمله‌های رایج

مُمکن است این‌جا اُردو بزنیم؟	May we camp out here?
برای یک چادر جا دارید؟	Do you have space for a tent?
کجا ماهیگیری مُجاز است؟	Is fishing allowed here?

Poetry | شعر

دَر آن نَفَس که بِمیرَم دَر آرِزویِ تو باشَم
بِدان اُمید دَهَم جان که خاکِ کویِ تو باشَم
به وَقتِ صُبحِ قیامَت که سَر زِ خاک بَرآرَم
به گُفت و گوی تو خیزَم به جُست و جوی تو باشَم
(سعدی)

Word of the day | کَلَمه‌ی روز

چَرب زَبان

معنی: glib

مثال: او یک انسان چرب زبان است.

کارهای روزانه — Daily Works

شام پُختَن	قَهوه نوشیدَن	صُبحانه خوردَن	وَرزِش کَردَن
to cook dinner	to drink coffee	to eat breakfast	to exercise
به تَختِ‌خواب رَفتَن	رَفتَن به مَدرِسه	اَخبار خواندَن	مُطالعه کَردَن
go to bed to	to go to school	to read the news	to study
تَماشایِ تلویزیون	تَمیز کَردَنِ خانه	ظَرف شُستَن	لِباس شُستَن
to watch TV	to clean house	to wash dishes	to laundry

گُفت‌وگو — Conversation

شیوا: امروز می‌خواهم با دوستانم به پیک‌نیک بِرَوَم.

شادی: نه، امروز باید کارهای خانه را انجام بدهیم.

شیوا: چه کاری؟

شادی: شُستَن ظرف‌ها، شستن لباس‌ها، جارو کردن ...

شیوا: نه! من با دوستانم قرار گذاشته‌ام.

شادی: خوب می‌توانی زودتر کارهای خانه را انجام بدهی تا بتوانی با دوستانت به پیک‌نیک بِرَوی.

اِصطِلاحِ روز — Idiom of the day

تُخمِ‌مرغ دُزد؛ شُتُر دُزد می‌شود.

معنی: کسی که کارهای خلاف کوچکی انجام می‌دهد، در نهایت کارهای بد بزرگی انجام خواهد داد.

Be the thin end of the wedge.

خواندَن — Reading

باغِ‌صفوی در شهر قزوین قراردارد. این باغ، بیش از ۶ هکتار وُسعَت دارَد. باغِ‌صفوی از سردر عالی قاپو آغاز می‌شود و در آخر به مُحَوَطه‌ی کاخ چهلستون مُتَّصِل می‌شود. در طول مسیر باغ، آثار تاریخی مختلفی نیز قابل مشاهده است.

محدوده‌ی اصلی باغ دارای هَفت درِ ورودی است که فقط یک در از آن‌ها به نام سَردَر عالی قاپو به یادگار مانده است.

کَلَمات جَدید — Vocabulary

یادگار: memorial	**مُحَوَطه:** area	**هکتار:** hectare
مَسیر: direction	**وُسعَت:** extent	**شُتُر:** camel
آثار: effects	**اُردو زَدَن:** to camping	**چادُر زَدَن:** to camping
مُختَلف: different	**تاریخی:** historical	**خُروجی:** output
تُخمِ مُرغ: egg	**قابلِ مُشاهده:** visible	**اجتماعی:** social
نَهایَت: finally	**مُتَّصِل شُدَن:** to connect	**باقی ماندَن:** to remain
خَلاف: contrary	**ورودی:** entrance	**باغ:** garden
مُجاز: allowed	**شامل:** contains	**پایان یافتَن:** to be end
آوَردَن: to bring	**فَرهَنگی:** cultural	**گُریختَن:** to escape
دورهَمی: gathering	**پَهلَوان:** athlete	**انتقاد:** criticism
پیک‌نیک: picnic	**دَردسَر:** trouble	**مُتَوَجّه شُدَن:** to pay attention
قیامَت: judgment	**خیزَم:** get up	

روزِ ۴۹: وَسایِلِ الکترونیکی

Day 49: Electronic Devices

Grammar Lessons — دَستورِ زَبان

مَصدَرهای- فتَن:

سِتاکِ گُذَشته	سِتاکِ حال	مَصدَر
گُفت	گو	گُفتَن
گِرِفت	گیر	گِرِفتَن
رَفت	رو	رَفتَن

Conversation — گُفت‌وگو

الف: مُدّتی است لپ‌تاپم خیلی کُند شده‌است.

ب: یک لپ‌تاپ جدید بخر.

الف: اگر پول داشتم خریده بودم.

ب: چرا کُند است؟

الف: نمی‌دانم مشکِلَش چیست.

ب: آیا آن را به یک فروشگاه کامپیوتر بُرده‌ای؟

الف: اگر پول داشتم بُرده بودم.

ب: من فکر می‌کنم که تو باید آن را تَحَمُّل کنی.

الف: گاهی اوقات می‌خواهم آن را از پنجره پَرت کُنَم بیرون.

Grammar Lessons

دَستور زَبان

نَقلِ قولِ سؤالی:

نَقلِ قولِ مُستَقیم	نَقلِ قولِ غیرِمُستَقیم
عَلی پُرسید: کُجا بودی؟	عَلی پُرسید که کُجا بودم.

Common Phrases

جُملههای رایج

ممکن است به من بگویید چطور کار میکند؟

Will you show me how to operate it?

گارانتی دارد؟

Does it have a guarantee?

من دنبال یک دوربین میگردَم.

I'm looking for a camera.

Poetry

شعر

آمَدی جانَم به قُربانَت وَلی حالا چِرا؟
بیوَفا حالا که مَن اُفتادهاَم اَز پا چِرا؟
نوشدارویی و بَعد اَز مَرگِ سُهراب آمَدی
سَنگدِل! این زودتَر میخواستی, حالا چِرا؟

(شهریار)

Word of the day

کلمه ی روز

خِنگ

معنی: stupid

مثال: استاد به شاگرد گُفت که او خیلی خِنگ است.

اَدویه‌جات — Spices

فِلفِلِ قِرمِز	زَعفَران	زَردچوبه	کُنجِد
chili	saffron	turmeric	sesame
آویشَن	دارچین	هِل	زَنجِبیل
thyme	cinnamon	cardamom	ginger

گُفت‌وگو — Conversation

همایون: سینا! این‌جا چه‌کار می‌کنی؟

خسرو: سلام همایون، من دنبال یک دوربین می‌گَردم، پیشنهادی نداری؟

همایون: سامسونگ چطور اَست؟

خسرو: بد نیست، اَرزان هم است. نظرت در مورد سونی چیست؟

همایون: آن هم خیلی خوب است، امّا من درموردِ دوربین زیاد اطلاّعاتی ندارم.

خسرو: باید کمی درمورد آن تحقیق کنم.

همایون: دوربین قبلی تو چی شد؟

خسرو: خَراب شد.

اِصطِلاحِ روز — *Idiom of the day*

دُروغگو، خود، خویش را رُسوا می‌کند.

معنی: دروغگو کَم حافِظه است.

A liar ought to have a good memory.

Reading — خواندَن

غَذاهای ایرانی بِسیار مُتنَوّع و لَذیذ هستند. هر منطقه از ایران غذاهای مخصوص به خود را دارَد. اما بعضی از غذاها، غذاهای مِلّی به شمار می‌روند و در همه جای کشور تهیه و خورده می شَوَند.

یکی از غذاهای خوشمزه و معروف ایرانی، چلوکباب است که با برنج و گوشت گوسفند یا گاو تهیه می‌شود. جوجه کباب، چلو خورشت و چلو مُرغ هم از غذاهای رایِج ایرانی هستند.

Vocabulary — کَلَمات جَدید

چَرب: oily

دُروغگو: liar

حافظه: memory

بَرمَلا شُدَن: to reveal

دَعوَت کَردَن: to invite

بابونه: chamomile

جَعفَری: parsley

نَعنای تُند: spearmint

مِلّی: national

تَهیه کَردَن: to cater

مَخفی شُدَن: to hide

بی وَفا: disloyal

رُسوا کَردَن: to decry

گِشنیز: coriander

رِیحان: basil

به شُمار رَفتَن: to be included

چِلوکَباب: kebabs

جوجه کَباب: chicken barbecue

مُرغ: chicken

مَعروف: famous

تَرکیبات: compounds

شِکَر: sugar

تُرشی: pickle

زیره: caraway

لَذیذ: delicious

مَنطَقه: area

مَخصوص: special

مَشهور: famous

هندِوانه: watermelons

ریواس: rhubarb

خیارشور: pickles

هُلو: peaches

نَمَک: salt

سیر: garlic

روزِ ۵۰: آدرسِ

Day 50: Address

Conversation

گُفت‌وگو

الف: ببخشید من دنبال آموزشگاه کامپیوترِ پارس هستم، شما می‌دانید کجاست؟

ب: آدرس آن را دارید؟

الف: بله دارم، خیابان هَخامَنِش کوچه‌ی شماره‌ی ۱۲.

ب: خیابان هَمخامَنِش یک خیابان بالاتر از این‌جا است.

الف: از این‌جا خیلی دور است؟

ب: تقریباً، بهتر است با تاکسی بروید.

الف: از راهنمایی شما ممنونم.

ب: خواهش می‌کنم.

Grammar Lessons

دَستورِ زَبان

نَقلِ قولِ اَمری:

نقل قول غیرمستقیم	نقل قول مستقیم
به مَن گُفت که پَنجِره را بِبَندَم.	به مَن گُفت: پَنجِره را بِبَند.
به سارا گُفت که دَرس بِخوانَد.	به سارا گُفت: دَرس بِخوان.

Proverb — ضَربُ‌المَثَل

بادمجانِ بَم آفَت نَدارد.

این عبارت را وقتی به‌کار می‌برند که تَصَوُّر کنند مشکلی برای شخصِ خطاکار پیش نمی‌آید. این عبارت را برای اَشخاصِ بَدجِنس هم به کار می‌بَرَند.

Common Phrases — جُمله‌های رایج

می‌توانم شماره‌یِ تلفن شما را بگیرم؟

May I have your telephone number?

می‌توانم آدرس شما را داشته باشم؟

Could I have your address?

Poetry — شعر

بَنی آدَم اَعضایِ یِک پِیکَرَند
که دَر آفَرینِش زِ یِک گوهَرَند
چو عُضوی بِدَرد آوَرَد روزِگار
دِگر عُضوها را نمانَد قَرار
(سَعدی)

Word of the day — کَلَمه‌یِ روز

جِراحَت

معنی: wound

مثال: دستش به خاطرِ تَصادُف جِراحَت داشت.

آدرسِ دادَن
To show an address

پایینِ خیابان	سَمتِ چَپِ خیابان	دَر گوشه‌یِ خیابان
آن‌طَرَفِ خیابان	سَمتِ راستِ خیابان	این‌طَرَفِ خیابان
بالایِ خیابان	بَعد اَز مِیدان	مُستَقیم

گُفت‌وگو
Conversation

الف: ببخشید شما می‌دانید چطور می‌توانم به مرکزِ خرید بروم؟

ب: بله، مستقیم بروید، به اوّلین چهارراه که رسیدید به خیابانِ سمتِ چپ بروید. حدود صد متر بروید جلو، مرکز خرید در سمت راست خیابان است.

الف: ممنون از راهنمایی شما.

ب: خواهش می‌کنم.

اِصطِلاحِ روز
Idiom of the day

فُضول را بُردَند جَهَنَّم، گُفت هیزُمَش تَر اَست.

معنی: درباره‌ی کسی که بسیار ایرادگیر است.

Curiosity killed the cat.

Reading — خواندَن

کُردها در سَراسَر ایران وجوددارند ولی بیشتر در اُستان‌های کُردستان، استان کِرمانشاه و آذَربایِجان غربَی قرار دارند.

از آداب و رسومِ معروف در میان مردم کُرد، باران‌خواهی است. این مراسم در ایّام خشکسالی یا سال‌هایی که میزان بارَندگیِ آن کَم است اجرا می‌شود.

Vocabulary — کَلَمات جَدید

آفَت: pest

خَطاکار: wrongdoer

اَشخاص: people

بَدجِنس: wicked

پِیکر: body

آفَرینِش: creation

گوهر: gem

گوشَه: corner

آن‌طَرَف: other side

این‌طَرَف: this side

مُستَقیم: straight

اِبتِدا: first

چَهارراه: crossroads

مِتر: meter

فُضول: voyeur

جَهَنَّم: hell

هیزُم: firewood

تَر: wet

ایرادگیر: prig

سَراَسر: throughout

دَر میانِ: in between

اَیّام: time

خُشکسالی: drought

روبه‌رویِ: in front of

میزان: amount

اجرا کَردَن: to run

کامِل: full

هَمین‌طور: as well

سَختگیر: strict

تَدریس: teaching

بِزِه‌کار: offenders

خیال کَردَن: to deem

مُستَمَند: needy

کوچه: alley

مَقصَد: destination

روزِ ۵۱: رانَندگی

Day 51: Driving

Conversation

گُفت‌وگو

الف: چرا اینقدر با سرعت رانندگی می‌کنی؟

ب: سرعتم زیاد نیست.

الف: سرعتت برای داخلِ شهر زیاد است.

ب: من عاشق سرعت هستم. نمی‌توانم آهِسته رانندگی کنم.

الف: پس بهتر است رانندگی نکنی.

ب: من از این‌که منتظر اتوبوس یا تاکسی باشم متنفرم.

الف: اما ممکن است با رانندگی به خودت و دیگران صَدَمه بزنی.

ب: من تا حالا تصادف نکرده‌ام.

الف: باید همیشه مراقب بود، احتیاط شرط عقل است.

Grammar Lessons

دَستورِ زبان

اسم‌ها

اسمِ عام: بر همه چیز دلالت می‌کند. مانند: مَرد، زَن، کِتاب، مَردُم

اسمِ خاص: تنها به یک چیز اشاره دارد. مانند: ایران، سارا، اِنجیل

Proverb | ضَربُ‌المَثَل

عقل که نیست، جان در عذاب است: نادان خود را به سختی می اندازد. اشتباه باعث دردسرهای زیادی می‌شود.

عقلش پاره‌سنگ برداشته است: دیوانه است. احمق است.

Common Phrases | جُمله‌های رایج

نزدیک‌ترین پُمپِ بنزین کجاست؟	Where is the nearest gas station?
خروجی به بزرگراه کجاست؟	Where is the exit to the highway?

Poetry | شعر

هر کجا هستم باشم
آسمان مالِ من است
پنجره، فِکر، هَوا، عِشق، زَمین مالِ من است
چه اهَمیَّت دارد
گاه اگر می رویند
قارچ های غُربَت؟ (سُهراب سِپِهری)

Word of the day | کَلَمه‌ی روز

جادوگر

معنی: magician

مثال: در آن خانه یک جادوگر زندگی می‌کرد.

Driving / رانَندِگی

تونِل	سُرعَت سَنج	چَهارراه	گواهینامه‌ی رانَندِگی
tunnel	speedometer	crossroads	driver license
عابِرِ پیاده	چِراغِ راهنَما	جاده‌ی عَوارِضی	پیچ
pedestrian	traffic lights	toll road	turn (of the road)

Conversation / گُفت‌وگو

پژمان: چرا اینقدر ناراحت هستی؟

کیوان: امروز هنگام رانندگی جریمه شدم.

پژمان: چرا؟ سرعتت زیاد بود؟

کیوان: نه کمربند نبسته بودم.

پژمان: کمربند برای ایمنی خودت است.

کیوان: می‌دانم، اما امروز تنبلی کردم.

Idiom of the day / اِصطِلاحِ روز

دستِ بالایِ دست بسیار است!

معنی: به زیردستان ظلم نکن چون قدرتمندتر از شما هم هست.

The biter bit.

خواندَن Reading

حکیم ابوالقاسمِ فِردوسی طوسی در طوسِ خراسان به دنیا آمد. او یکی از معروف‌ترین شاعران ایران و سُراینده‌یِ شاهنامه است. بسیاری، فردوسی را بزرگ‌ترین شاعر فارسی‌زبان دانسته‌اند.

نام و شهرت فردوسی در همه جای جهان شناخته شده‌است و شاهنامه‌ی فردوسی به بسیاری از زبان‌های زنده‌ی جهان ترجمه شده‌است. در ایران روز ۲۵ اردیبهشت (پانزدهم ماه مِی) به نام روز بزرگداشت فردوسی نام‌گذاری شده است.

کَلَمات جَدید Vocabulary

عام: general

دِلالَت: implication

چیز: thing

اِشاره: hint

اِنجیل: gospel

پُمپ بِنزین: gas station

خوانَنده: singer

آشِنا: familiar

مانَند: as

سُرعَت: speed

غَرب: west

خُروجی: exit

زیردَستان: subordinates

ظُلم: oppression

قُدرَتمَندتَر: stronger

به‌دُنیا آمَدَن: to born

جُنوب: south

سُرایَنده: poet

بِسیاری: many

شِناخته شُده: known

زَنده: live

بُزُرگداشت: commemoration

شاعِر: poet

خاص: special

نام‌گُذاری کَردَن: to naming

شُمال: north

تَرجُمه کَردَن: to translate

شِعر: poem

شَرق: east

عَقَب: rear

آیینه: mirror

داشبورد: dashboard

عَلامَت: mark

ساختِمان: building

روزِ ۵۲: مُعَرّفِی کَردَن

Day 52: Introduce

Conversation

گُفت‌وگو

سارا: مامان، ایشان استاد من هستند، آقای کیانی.

خانم دانایی: از دیدنتان خوشبختم آقای کیانی.

آقایی کیانی: همچنین، اجازه بدهید شما را به همسرم مریم معرفی کنم، ... مریم ایشان خانم دانایی هستند و دخترشان.

خانم دانایی: از دیدنتان خوشبختم.

خانم کیانی: من هم همینطور، تعریف دخترتان را از همسرم زیاد شنیده‌ام، دختر بسیار باهوشی دارید.

خانم دانایی: نظر لُطف شما است.

Grammar Lessons

دَستورِ زَبان

اِسمِ مُعَرفه: اسم چیزهای که برای خواننده یا شنونده آشنا باشد، مانند:

اسم معرفه	اسم
آن مِداد.	مِداد
خانه‌ی سارا.	سارا

Proverb
ضَربُ‌المَثَل

شیره به سر کسی مالیدن: کسی را فریب دادن.

شیطان را دَرس دادن: بسیار حیله‌گر بودن.

صابونش به تن من هم خورده: به من هم ضرر زده است.

Common Phrases
جُمله‌های رایج

چه کسی همراه شما است؟

Whom are you with?

با همسرم هستم.

I am with my wife.

من با فرزندانم هستم.

I am with my children.

Poetry
شعر

دیدی ایِ دلِ که غَمِ عِشق دِگَربار چه کَرد؟

چون بِشُد دِلبَر و با یارِ وَفادار چه کَرد؟

(حافظ)

O heart! the grief of love, again, thou sawest what it did,

When the heart-ravisher went; and with the beloved, fidelity-observing,

Word of the day
کَلَمه‌ی روز

چاره

معنی: remedy

مثال: او برای خرابیِ یخچال چاره‌ای پیدا کرد.

Grocery		خواروبار	
آجیل	بَستَنی	شُکُلات	آبنَبات
nuts	ice cream	chocolate	candy
فَندُق	بادام زَمینی	پِسته	گِردو
hazelnut	peanuts	pistachios	walnuts

Conversation — گُفت‌و‌گو

ندا: چِرا بُلَند شدی سارا؟

سارا: می‌خواهم آلبوم عکس‌هایم را به تو نشان بدهم.

ندا: خوب است؛ این کیست؟

سارا: این خواهر بزرگم لیدا است در شیراز زندگی می‌کند.

ندا: واقعاً؟ این بچه کیست؟ چقدر بانمک است!

سارا: بچه‌ی لیدا است.

ندا: چند سال دارد؟

سارا: حالا هفت سال دارد. امّا در این عکس پنج سال دارد.

Idiom of the day — اِصطِلاحِ روز

جوابِ های، هوی است.

معنی: جواب حرفِ بَد هم حرفِ بَد است.

Answer one in his own language.

خواندَن

Reading

معماری ایرانی ویژگی‌های منحصربفردی دارد. ویژگی‌هایی مانند: محاسباتِ دقیق، طرّاحی مُناسب، ایوان‌های بلند و تزئیناتِ زیبا، مُعَرِّفِ معماری ایرانی است.

در معماری ایرانی تلاش می‌شود که کار بیهوده انجام نشود. در این نوع معماری از اسراف پرهیز می‌شود. معماری ایرانی شامل حیاط، باغچه و شبستان و کلاه فرنگی و .... است.

کَلَمات جَدید

Vocabulary

تَعریف: definition

باهوش: clever

مالیدَن: to rub

فریب دادَن: to cheat

حیله‌گر: crafty

صابون: soap

ضَرَر: damage

فَرزَند: child

دِلبَر: mistress

یار: sweetheart

زِشت: ugly

بانَمَک: cute

مُحاسِبات: calculation

دَقیق: exact

ایوان: porch

مُعَرِّف: reagent

اِسراف: profusion

پَرهیز: avoid

شَبِستان: bedchamber

کُلاه فَرَنگی: pergola

حَیاط: yard

مُحاسِبه کَردَن: to calculate

تَزئینات: decorations

خودداری کَردَن: to prevent

مَعشوق: lover

آسیب: damage

ذَکاوت: intelligence

باردیگر: again

باغچه: garden

اِعطا کَردَن: to grant

نَهادَن: to set

روزِ ۵۳: مِهمانی

Day 53: Party

Conversation

گُفت‌وگو

خشایار: شما می‌خواهید به مهمانی جمعه بروید؟

پونه: نمی‌دانم هنوز تصمیم نگرفته‌ام. شما چطور؟

خشایار: بله حتماً، شنیده‌ام که برنامه‌های سرگرم‌کننده‌یِ زیادی تَدارُک دیده‌اند.

پونه: چه ساعتی شروع می‌شود؟

خشایار: ساعت شِش شروع می‌شود. به نظر من شما باید بیایید.

پونه: درموردش فکر می‌کنم. چه کسانی می‌آیند؟

خشایار: همه‌یِ افراد شرکت.

پونه: خیلی خوب است.

خشایار: در این مهمانی دی جِی، غذا و نوشیدنی‌های مختلف است.

پونه: عالی است!

Grammar Lessons

دَستورِ زبان

جُمله‌ی ساده: جُمله‌ای که در آن یک فِعل به‌کار رَفته باشد.

سارا به مدرسه رفت.

نگار درس خواند.

Proverb — ضَربُالمَثَل

سال به سال دریغ از پارسال: هر چه بگذرد، اوضاع بدتر می‌شود.

شب دراز است و قَلَندَر بیدار: وقت بسیار است، شتاب و عجله لازم نیست.

شتر در خواب بیند پنبه‌دانه: منظور انسانی است که آرزوهای دور و دراز داشته باشد.

شریک دزد و رفیق قافله: کسی که با هر دو طرف دعوا، شریک باشد.

Common Phrases — جُمله‌های رایج

اسمِ مُستعار من شَهرام است.

My nickname is shahram.

یکی از خاطره‌هایت را برایَم تعریف کن.

Tell me one of your memories.

Poetry — شعر

چون که اَسرارَت نَهان دَر دل شَوَد   آن مُرادَت زودتَر حاصِل شَوَد

دانه چون اَندَر زَمین پِنهان شَوَد   سِرِّ آن سَرسَبزیِ بُستان شَوَد

(مولانا)

When your heart becomes the grave of your secret, that desire of yours will be gained more quickly.

When the seed is hidden in the earth, its inward secret becomes the verdure of the garden.

Word of the day — کَلَمه‌ی روز

حَبس کَردَن

معنی: to imprisonment

مثال: قاضی دزد را به حبس محکوم کرد.

آجیل ها — Nuts

پِسته	گِردو	تُخمهی آفتاب گَردان	فَندُق
pistachio	walnut	sunflower	hazelnut
بَلوط	بادامِ زَمینی	بادامِ هِندی	بادام
oak	peanut	cashew	almond

گُفت‌وگو — Conversation

بهادُر: ساسان، آخر هفته یک مهمانی بزرگ ترتیب داده است.

رامین: آره! من را هم دعوت کرده است. اما نمی‌دانم به چه مناسبت است.

بهادُر: تولّدَش است.

رامین: واقعاً؟ من نمی‌دانستم.

بهادُر: باید خیلی سرگرم کننده باشد.

رامین: من باید به خرید بِرَوَم و یک کادو برای تولّدش بخرم.

بهادُر: من کادو برایش گرفته‌ام.

اِصطِلاحِ روز — Idiom of the day

چاقو دسته‌ی خودش را نمی‌بُرَد.

معنی: هیچ آدم عاقلی به خودش زیان نمی‌زند، خویشاوند به آشنا آزار نمی‌رساند.

Hawks will not pick out hawks' eyes.

خواندَن Reading

ابوریحان محمّد بن احمد بیرونی دانشمندِ بزرگ ایرانی در قرن چهارم و پنجم هجری است. ابوریحان بیرونی را بزرگ‌ترین دانشمند مسلمان و یکی از دانشمندان ایرانی می‌دانند. همچنین او به پدر علمِ انسان‌شناسی معروف است. دانشنامه‌ی علوم چاپِ مسکو، ابوریحان را دانشمند همه‌ی قرون نامیده است. در بسیاری از کشورها نام بیرونی را بر دانشگاه‌ها، دانشکده‌ها و کتابخانه‌ها نهاده‌اند و لَقَب «استاد جاوید» به او اعطا کرده‌اند.

کَلَمات جَدید Vocabulary

سَرگرم‌کُنَنده: fun

تَدارُک دیدَن: to provide

دَریغ: woe

پارسال: last year

اوضاع: situation

دراز: long

قَلَندَر: qalandar

شتاب: acceleration

عَجَله: hurry

پَنبه: cotton

رَفیق: friend

شَریک: partner

قافله: convoy

مُستَعار: nickname

خاطره: diary

نُقاط دیدَنی: sightseeing

اَسرار: secrets

نَهان: secret

مُراد: wish

حاصل شُدَن: to result

پنهان شُدَن: to hide

بُستان: garden

اَندَر: inside

دانشنامه: encyclopedia

تَرتیب دادَن: to arrange

مُناسبَت: events

کادو: gift

زیان: loss

خویشاوند: relative

آزار دادَن: to harassment

قَرن: century

مُسَلمان: muslim

علم: science

انسان‌شناسی: anthropology

مَحکوم: sentenced

روزِ ۵۴: تاریخ

Day 54: Date

Conversation

گُفت‌وگو

سارا: پیمان تو می‌دانی امروز چه تاریخی است؟

پیمان: اجازه بده تقویم را نگاه کنم ... پانزدهم اسفند است.

سارا: چقدر زود گذشت! من فکر می‌کردم دهُم باشد.

پیمان: بله، کم کم به تعطیلات نزدیک می‌شویم، تو سفر نمی‌روی؟

سارا: البته، با خانواده بیست و نهم می‌رویم اصفهان. تو چطور؟

پیمان: ما هم بیست و ششم به شیراز می‌رویم.

سارا: چه مدت آن‌جا می مانید؟

پیمان: یک هفته، بعد از آن به بندرعباس می‌رویم.

سارا: دقیقاً چه روزی برمی‌گردید؟

پیمان: دهم فروردین!

سارا: سفر خوبی داشته باشید.

Grammar Lessons

دَستورِ زَبان

تاریخ

اِمروز چه تاریخی (روزی) است؟	امروز پنجم مِهر است.
امروز چندم است؟	امروز دهم است.

ضَربُ‌المَثَل — Proverb

زبانِ سُرخ، سر سبز می‌دهد بر باد: نسنجیده سخن گفتن، پشیمانی می‌آورد.

زمستان رفت، روسیاهی به زغال ماند: شرایط سخت می‌گذرد، ولی بدی ها به یاد می‌ماند.

جُمله‌های رایج — Common Phrases

ساعت من عقب است.

My watch is slow.

زمان خیلی کُند می‌گذرد.

Time lies heavy on my hands.

ساعت من جلو است.

My watch is fast.

شعر — Poetry

نَفَسِ باد صَبا مُشک فِشان خواهَد شُد عالَمِ پیر دِگَرباره جَوان خواهَد شُد

(حافِظ)

Musk-diffusing, the breath of the morning breeze shall be: Again the world old young shall be.

کَلَمه‌ی روز — Word of the day

حُضار

معنی: audience

مثال: حُضار برای سخنرانی او دست‌زدند.

trees	دِرَخت‌ها

درختِ صنوبَر	درختِ گِردو	درختِ کاج	درختِ نارَوَن
fir tree	walnut tree	pine tree	elm tree

درختِ راش	درختِ بیدِ مجنون	درختِ نَخل	درختِ سِدر
beech tree	weeping willow	palm tree	cedar tree

Conversation — گُفت‌وگو

عرفان: شنیده‌ام می‌خواهی یک نمایشگاه عکس برگزار کنی.

کوروش: بله، دوست دارم از کارهایم یک نمایشگاه بزنم.

عرفان: کجا این نمایشگاه را برگزار می‌کنی؟

کوروش: سالن آریا در خیابان ۱۷.

عرفان: چه تاریخی؟

کورش: از ۱۵ مِهر تا ۱۵ آبان.

عرفان: باید جالِب باشد، حتماً برای دیدن عکس‌ها می‌آیم.

Idiom of the day — اِصطلاحِ روز

چراغِ هیچ‌کس تا صبح نسوزَد.

معنی: روزهای خوش و خوشبختی‌های انسان دائمی و پایدار نیست.

The morning sun never lasts a day.

خواندَن
Reading

شهر ری یکی از قدیمی‌ترین شهرهای ایران و جهان و از شهرهای استان تهران است. تاریخِ سکونت در این شهر به سه هزار سال پیش از میلاد برمی‌گردد. در آن زمان اقوام آریایی شهر ری که در زمان خود بزرگ‌ترین شهر در جهان بود را راه‌اندازی کردند. رِی در لغت به معنای شهرِ سلطنتی است. ساکن و اهل ری را رازی می نامیدند. شهر ری در دوره‌ای پایتخت ایران بوده است. این شهر اکنون بخشی از شهر تهران و در جنوب آن قراردارد. فاصله‌ی شهر ری تا مرکز شهر تهران کمتر از چهارده کیلومتر است.

کَلَمات جَدید
Vocabulary

نَسَنجیده: unconsidered
زُغال: coal
مَنفور: hated
بَرکِنار کَردَن: to oust
نَفَس: breath
مُشک : musk
عالَم: world
دِگرباره: again
بَرگُزار کَردَن: to held up
چِراغ: lamp

هیچ‌کَس: nobody
خوشبَختی: happiness
دائِمی: permanent
پایدار: stable
سُکونَت: residence
راه‌اَندازی کَردَن: to start-up
لُغَت: word
مَعنا: meaning
سَلطَنَتی: royal
ساکِن: resident

دوره: period
کیلومِتر: kilometer
کَم‌تَر اَز: less than
مُرتَکِب شُدَن: to commit
قَوانین: rules
مُسَلَّح: armed
مُجَوِّز: license
نِقاب: mask
فاجِعه: tragedy
دَست زَدَن: to clap

روزِ ۵۵: درَ مدرِسه

Day 55: In School

Conversation

گُفت‌وگو

مزدک: چطوری مُبین؟

مُبین: دیشب زیاد نخوابیدم.

مزدک: من هم تا دیروقت بیدار بودم. من تمام هفته امتحان داشتم.

مُبین: تو بعد از فارغ‌التحصیلی به شهرتان برمی‌گردی؟

مزدک: فکر کنم برگردم، بعد از فارغ‌التحصیلی برمی‌گردم خانه و تلاش می‌کنم کار پیدا کنم.

مُبین: می‌دانی کجا می‌خواهی کار کنی؟

مزدک: نه، امّا می‌خواهم یک مترجم فارسی بشوم.

مُبین: خوب است، من هم دوست دارم مترجم بشوم، اما فکر نمی‌کنم فارسی من به اندازه‌ی کافی خوب باشد.

مزدک: نگران نباش، فارسی تو بهتر از هم‌کلاسی‌های من است.

مُبین: حالا کجا می‌خواهی بروی؟

مزدک: می‌خواهم بروم کتابخانه، فردا امتحان دارم.

مُبین: من هم می‌آیم.

Grammar Lessons

دَستورِ زَبان

احتمالاً، احتمال دارد، به احتمال زیاد

احتمالاً او به مهمانی نرود.

به احتمال زیاد امروز او را ببینم.

احتمال دارد او مریض باشد.

احتمالاً من آن‌جا بمانم.

به احتمال زیاد زنده بماند.

احتمال دارد استاد نیاید.

Proverb — ضَربُ‌المَثَل

ریشش را در آسیاب سفید نکرده: آزموده و با تجربه است.

ریگ در کفش داشتن: حیله‌گر بودن. قصدِ فریب داشتن.

زاغ سیاهِ کسی را چوب زدن: در کار کسی دخالت کردن. کسی را تعقیب کردن.

Common Phrases — جُمله‌های رایج

او در مدرسه همیشه شاگرد اوّل است.

He/she is always a top student in school.

این نیمسال چه درس‌هایی گرفته‌ای؟

Which courses have you taked this semester?

Poetry — شعر

درختِ دوستی بِنشان که کامِ دلِ به بار آرَد

نَهالِ دُشمَنی بَرکَن که رَنجِ بی‌شُمار آرَد

(سَعدی)

plant the tree of friendship, that, to fruit, the heart's desire bringeth: up-pluck the bush of enmity, that countless troubles bringeth.

بنشان: بکار، به بار آورد: نتیجه دهد، بَرکَن: بکن، بی شمار: زیاد، آرَد: بیاورد

Word of the day — کَلَمه‌ی روز

باشُکوه

معنی: glorious

مثال: ایرانیان در عیدِ نوروز مراسمِ باشکوهی برگُزار می‌کنند.

دَر مَدرسه — At School

پَرگار	کِلاسور	مَدادرَنگی	مَداد فِشاری
compasses	loose-leaf book	color pencil	mechanical pencil
چِراغِ مُطالِعه	دَفتَر	مَدادِ شَمعی	گونیا
desk lamp	notebook	crayon	set square

گُفت‌وگو — Conversation

آرش: سلام پوریا، امتحان شما چطور بود؟

پوریا: امتحانم را خوب دادم، نمره‌ی خوبی گرفتم.

آرش: تبریک می‌گویم، من امتحانم را بد دادم. نزدیک بود رَد بشوم.

پوریا: اشکال ندارد، مهم این است که قبول شدی.

آرش: بله، چون من خوب درس نمی‌خواندم.

پوریا: می‌دانم، چون تو کار هم می‌کنی.

اِصطِلاحِ روز — *Idiom of the day*

چو بد آید هر چه آید بد شَوَد.

معنی: بدشانسی اگر بیاید مُرَتَب بدشناسی می‌آید.

When it rains, it pours.

خواندَن

Reading

محمود حسابی معروف به پرفسور حسابی فیزیکدان مشهور ایرانی بود. او در زمان حیات خود وزیر آموزش و پرورش بود. دکتر حسابی به موسیقی نیز تَسَلُّط داشت و ویولُن و و پیانو را به خوبی می‌نواخت.

مُوَفَقیَّت‌های او در رشته‌های ورزشی نیز حائِز اَهَمیَّت است. او در سن نود سالگی در بیمارستانی در ژنِو درگذشت و آرامگاه او در شهری در ایران به نام تفرش قرار دارد.

کَلَمات جَدید

Vocabulary

فارِغُ‌التَحصیلی: graduation

مُتَرجم: translator

به اَندازه‌یِ کافی: enough

نُجوم: astronomy

آزموده: experienced

با تَجرُبه: experienced

مَقصود: meaning

زاغ: crow

دِخالَت کَردَن: to interfere

تَعقیب کَردَن: to follow

مَدرَک: evidence

شاگِرد: student

شیمی: chemistry

نیمسال: semester

مَنظور: intended

نَهال: sapling

دُشمَنی: enmity

کاشتَن: to plant

اَدَبیّات: literature

کَندَن: to dig

بَدشانسی: misfortune

مُرَتَّب: ordered

ریاضی: math

پُرفِسور: professor

فیزیکدان: physicist

حَیات: life

تَسَلُّط داشتَن: to dominate

ویولُن: violin

زیست‌شِناسی: biology

پیانو: piano

نَواختَن: to play

مُوَفَقیَّت: success

حائِز: contains

رِشته: field

روزِ ۵۶: هُنر

Day 56: Art

Conversation

گُفت‌وگو

شیوا: تو سحر را می‌شناسی؟

نگین: سحر؟ همان که رشته‌ی هنر درس می‌خواند.

شیوا: بله، او یک گالری هنری از تمام کارهایش زده است.

نگین: جالب است، من قبلاً کارهای او را دیده بودم، فوق العاده زیبا بودند.

شیوا: من دیروز به گالری او رفتم.

نگین: واقعاً؟ چطور بود؟

شیوا: عالی بود، کار جواهرسازی هم انجام می‌دهد، چند نمونه از کارهای جواهرسازی هم آن‌جا بود.

نگین: چه خوب، دوست دارم گالری او را ببینم.

شیوا: اگر دوست داری می‌توانیم عصر با هم برویم.

نگین: حتماً برویم.

Grammar Lessons

دَستورِ زَبان

جُمله‌ی مُرَکَب: جمله‌ای که در آن بیشتر از یک فعل به کار می‌رود.

به خرید نرفتم چون پول نداشتم.

Proverb — ضَربُ‌المَثَل

رَگَ خواب کسی را به دست داشتن: راه نفوذ و تأثیر در کسی یافتن.

روده‌ی بزرگ، روده‌ی کوچک را خورده‌است: بسیار گرسنه بودن.

روی حرف‌های او نمی‌شود حساب کرد: حرف‌هایش بی اعتبار است. کاری از او ساخته نیست.

Common Phrases — جُمله‌های رایج

رئیسِ دانشکده‌یِ هُنر کیست؟

Who is the dean of the arts faculty?

دانشکده‌یِ علومِ انسانی کُجاست؟

Where is the faculty of humanities?

Poetry — شعر

سِتاره‌ای بِدِرَخشید و ماه مَجلِس شُد

دلِ رَمیده‌یِ ما را اَنیس و مونِس شُد

(حافظ)

The star gleamed; and the moon of the assembly became: Of our affrighted heart, the consoler and comforter became.

Word of the day — کَلَمه‌ی روز

بُخار

معنی: steam

مثال: تمام آبِ قابلمه بخار شد.

هُنَرها

Art

خاتَم کاری

میناکاری

فَرش بافی

مُشَبَّک

مُنَبَّت

خوشنِویسی

موسیقی

مِعماری

گُفت‌وگو

Conversation

فرید: فردا تولّد نگار است، دوست دارم برایش یک هدیه‌ی خوب بخرم.

تارا: چیز خاصّی در نظر داری؟

فرید: نه هنوز تصمیم نگرفته‌ام، تو پیشنهادی نداری؟

تارا: می‌توانی به بازارچه‌ی صنایعِ دستی بروی، آن‌جا کارهای هنری زیبایی است.

فرید: خوب است! نگار به صنایع دستی خیلی علاقه دارد.

تارا: من دیروز از آن‌جا یک فرش دستباف زیبا خریدم.

فرید: نگار به خوشنویسی علاقه دارد شاید آن‌جا یک تابلوی خوشنویسی پیدا کنم.

اِصطِلاحِ روز

Idiom of the day

چو فردا رِسَد فکرِ فردا کنیم.

معنی: نگرانِ آینده نیستیم. بِهتَر است درمورد آینده فکر نکنیم.

Don't cross a bridge until you come to it.

خواندَن — Reading

هنرِ ایران یکی از غنی‌ترین میراث هنری در تاریخ جهان است و دربر گیرنده‌ی بسیاری از رشته‌ها مانند: معماری، نقاشی، سُفالگری، موسیقی و خوشنویسی است. یکی از نشانه‌های تاریخی ایران که بازگوکننده‌ی هُویَّت، ذوق و هنر ایرانیان است، صنایعِ دستی است. صنایع دستی ایران جلوه‌ای از هنر، فرهنگ و تمدن کهن این سرزمین است. هنرهای سُنَّتی و صنایع دستی ایران نشان دهنده-ی ویژگی‌ها و میراث هنری و سُنَّتی مردم ایران است که بخشی یا همه‌ی مراحل تولید آن با دست انجام می‌شود.

کَلَمات جَدید — Vocabulary

گالِری: gallery
جَواهِرسازی: jewelry
مُرَکَب: compound
رَگ: vessel
نُفوذ: influence
تَأثیر: impact
یافتَن: to find
روده: gut
گُرُسنه: hungry
بی اِعتِبار: invalid
مَراحِل: levels

خاتَم کاری: inlay
میناکاری: enamels
فَرش بافی: weaving carpet
مُشَبَّک: ular retic
مُنَبَّت: carving
خوشنِویسی: calligraphy
معِماری: architecture
دَر نَظَر گِرِفتَن: to consider
بازارچه: market
صَنایعِ دَستی: handicrafts

دَست باف: handwoven
غَنی‌تَرین: richest
دَربَر گیرَنده: covering
سُفالگَری: pottery
بازگوکُنَنده: represents
هُویَّت: identity
جِلوه: effects
تَمَدُن: civilization
نشان دِهَنده: indicative
بَخشی: sectional

روزِ ۵۷: دَر پُست

Day 57: At Post Office

Conversation — گُفت‌وگو

منشی: سلام چطور می‌توانَم کمکتان بکنم؟

شهاب: من می‌خواهم این بسته را به نیویورک بفرستم.

منشی: می‌خواهید با پُست عادی آن را ارسال کنید یا پُستِ پیشتاز؟

شهاب: هزینه‌ی پست پیشتاز چقدر است؟

منشی: صد و بیست هزار تومان.

شهاب: و پست عادی؟

منشی: بیست هزار تومان.

شهاب: من می‌خواهم که هفته‌ی دیگر تحویل داده‌شود.

منشی: لطفاً این فُرم را پُر کنید. وقتی تمام شد به این باجه برگردید.

شهاب: بسیار خوب، ... من فکر می‌کنم کامل شد، آیا این صحیح است؟

منشی: بله! درست است.

شهاب: من ی¬خواهم این نامه را هم پست کنم.

منشی: آیا تمبر نیاز دارید؟

شهاب: بله.

Grammar Lessons — دَستورِ زَبان

معنی‌های متفاوت فعلِ «شُدَن»

چای سرد شد. to become

چه شده؟ نتیجه‌ی امتحان چه می‌شود؟ to happen

می‌شود کمک کنید؟ می‌شود من به مهمانی بِرَوَم؟ request and permission

Proverb — ضَربُ‌المَثَل

به ریشِ کَسی خندیدن: او را تحقیر و مسخره کردن.

به زخم کسی نمک پاشیدن: درد کسی را تشدید کردن.

به شترمرغ گفتند بپَر گفت شُتُرم؛ گفتند بار ببر گفت مرغم: کسی که به بهانه‌های مختلف حاضر به کار کردن نیست.

Common Phrases — جُمله‌های رایج

می‌خواهم این را با پست پیشتاز بفرستم.

I want to send this by express post.

می‌خواهم این را با پست سفارشی بفرستم.

I want to send this by registered mail.

Poetry — شعر

اِی دل! همه اَسبابِ جَهان خواسته گیر — باغ طَرَبَت به سبزه آراسته گیر
و آن‌گاه بَر آن سَبزه شَبی چون شَبنَم — بِنشسته و بامداد بَرخاسته گیر

(خَیّام)

The Worldly Hope men set their,
Hearts upon Turns Ashes or it prospers; and anon,
Like Snow upon the Desert's dusty Face Lighting a little
Hour or two – is gone.

Word of the day — کَلَمه‌ی روز

لاعَلاج

معنی: incurable

مثال: او یک بیماری لاعَلاج داشت.

پُست — Post Office

کُدِ مَنطَقه	صَندوقَ پُستی	نِشانیِ پُستی	تَمبر
area code	mailbox	mailing address	stamp
پاکَتَ نامه	سِفارِشی	بَسته	پیشتاز
envelope	registered	package	express

گُفت‌وگو — Conversation

شاهرُخ: تو می‌دانی اداره‌ی پُست تا چه ساعتی باز است؟

یَلدا: فکر می‌کنم تا ساعت سه، می‌خواهی به اداره‌ی پُست بِرَوی؟

شاهرخ: بله، باید یک بسته برای دوستم پُست کنم.

یلدا: اگر عَجله نداری فردا برو، الان ساعت دو و بیست دقیقه است.

شاهرخ: به نظر تو نمی‌رسم؟

یلدا: نه چون اداره‌ی پست تا این‌جا خیلی دور است.

شاهرخ: باید فردا بسته را با پست پیشتاز ارسال کنم تا زودتر به دستش برسد.

اصطلاحِ روز — *Idiom of the day*

وای به حالِت!

معنی: سزای کار بد خود را خواهی دید.

Alas for you.

خواندَن

Reading

تبریز، یکی از شهرهای بُزُرگِ ایران و مرکز استان آذربایجان شرقی، در شمال غربی ایران واقع شده است. جمعیّت تبریز نزدیک به دو میلیون نفر است و مردمان آن به زبان تُرکی آذربایجانی صحبَت می‌کنند. آب و هوای تبریز در زمستان‌ها بسیار سَرد و در تابستان‌ها خُشک و گرم است. تبریز در سال ۱۵۰۰ میلادی و در زمانی که پایتختِ ایران در زمان صفویان بود، به عنوان چهارمین شهر بزرگ جهان شناخته می‌شد. این شهر در طول تاریخ بارها ویران و تجدید بنا شده و بنای فعلی آن به دورانِ اشکانی و ساسانی برمی‌گردد.

کَلَمات جَدید

Vocabulary

بَسته: pakage

پُستِ عادی: regular mail

باجه: counter

صَحیح: correct

تَحقیر کَردَن: to cheapen

مَسخَره کَردَن: to mock

پاشیدن: to sprinkle

تَشدید کَردَن: to exasperate

بَهانه: excuse

تَجدیدِ بَنا: reconstruction

پُستِ پیشتاز: express mail

نشانی: address

مُحتَویات: contents

بیمه شُده: insured

شکَستَنی: fragile

پُستِ هَوایی: airmail

حاضِر بودَن: to be ready

اَسباب: rig, gadget

تُربَت: soil

نشانیِ بازگشت: return address

آراسته: adorned

شَبنَم: dew

مَحلّه: neighbourhood

بامداد: morning

وَسیله: device

ارسالِ کَردَن: to send

سِزا: result

جَمعیَّت: population

مَردُمان: people

ویران: dilapidated

فِعلی: present

روزِ ۵۸: هَدیه دادَن

Day 58: To Give a Gift

Conversation | گُفت‌وگو

سیما: لادن، بیا این‌جا.

لادن: تولّدت مبارک!

سیما: ممنون، من فکر نمی‌کردم یادت باشد.

لادن: من یک تقویم روی کامپیوترم دارم که چیزهایی شبیه این را به من یادآوری می‌کند.

سیما: من داشتم کتابی که دخترخاله‌ام برای تولّدم به من داده بود را می‌خواندم.

لادن: اجازه بده ببینم. من این کتاب را در خانه دارم. من هم می‌خواهم به تو یک هدیه بدهم.

سیما: گیتار! من الان یکی دارم، اما این یکی بهتر است. ممنون.

لادن: خواهش می‌کنم. می‌توانی گیتار بزنی؟

سیما: بله بَلَد هستم. وقتی جوان بودم پدرم به من یاد داد.

لادن: ممکن است الان بنوازی؟ من دوست دارم موزیک گوش کنم.

Grammar Lessons | دَستورِ زَبان

هَرچه + صفت یا قید بَرتَر

هرچه بیش‌تر بهتر.

مثال: هرچه بیش‌تر تلاش کنی بیشتر موفق می‌شَوی.

هرچه بیش‌تر کار می‌کردی بیش‌تر حقوق می‌گرفتی.

Proverb | ضَربُ‌المَثَل

دُمَش را گذاشت روی کولَش و رَفت: ناامید شد و شِکست خورد.

دیگ به دیگ می‌گوید رویَت سیاه: به دیگران ایرادی می‌گیرد که خودش هم آن ایراد را دارد.

دیواری از دیوار ما کوتاه‌تر ندیده: ما را از همه ضعیف‌تر دیده، از این رو به ما ظُلم می‌کند.

Common Phrases | جُمله‌های رایج

وقتی می‌روی مِهمانی چی می‌پوشی؟

What do you wear when you go to the party?

Poetry | شعر

از جِرمِ گِلِ سیاه تا اوجِ زُحَل   **کَردَم همه مُشکلاتِ کُلّی را حَل**

بُگشادَم بَندهایِ مُشکِل به حیَل   **هر بَند گشاده شُد به جُز بَندِ اَجَل**

(خَیّام)

Up from Earth's Centre though the Seventh Gate I rose,
and on the Throne of Saturn sate,
And many a knot unravel'd by the Road;
But not the Master-knot of Human Fate.

Word of the day | کَلَمه‌ی روز

وَعده

معنی: promise

مثال: او به من وعده داد که هم‌دیگر را ببینیم.

Jewelry
جَواهِرات

زَنجیر	**دَستبَند**	**گردَن بَند**
chain	bracelet	neck lace
گوشواره	**حَلقه**	**پا بَند**
earring	ring	foot lace

Conversation
گُفت‌وگو

شهلا: برای مادرت چی گرفتی؟

سیمین: در مورد چه چیزی صحبت می‌کنی؟

شهلا: چهارشنبه روز مادر است.

سیمین: من فکر می‌کردم چهارشنبه آینده است.

شهلا: خوب، بهتر است برای او چیزی بگیری.

سیمین: من به او یک کارت خرید خواهم داد.

شهلا: همین؟

سیمین: بله، من همیشه به او کارت هدیه می‌دهم.

شهلا: او تو را بزرگ کرده است، تو فقط یک کارت به او می‌دهی؟

سیمین: کارت خوب است. او می‌داند که من او را دوست دارم.

Idiom of the day
اصطِلاحِ روز

چوب در لانه‌ی زنبور نکن.

معنی: آشوب ایجاد نکن. دعوا و بحث ایجاد نکن.

Let sleeping dogs lie.

خواندَن
Reading

اهواز، مرکز استان خوزستان و یکی از شهرهای بزرگ ایران است. این شهر سومین شهر وسیع ایران بعد از تهران و مشهد است.

کارون که پُرآب‌ترین رودِ ایران است در این شهر قراردارد. این رود با سرچشمه گرفتن از کوه‌های بختیاری وارد شهرِ اهواز شده و شهر را به دو بخش شرقی و غربی تقسیم کرده و جلوه‌ی زیبایی به شهر می‌دهد.

وجود کارخانجات بزرگ صنعتی، تأسیسات اداری و صنعتی شرکت‌های نفتِ جنوب و شرکت ملّی حفاری ایران، اهواز را به یکی از مهم‌ترین مراکز صنعتی ایران بَدَل کرده است.

کَلَمات جدید
Vocabulary

یادآوَری کَردَن: to notify

شَبیه: similar

گیتار: guitar

شِکَست خوردَن: to fail

کول: piggyback

دیگ: pot

دیوار: wall

ایراد: objection

ضَعیف: weak

اوج: top

زُحَل: saturn

کُلّی: general

حَل کَردَن: to solve

اَجَل: death

حیَل: gimmick

لانه: nest

آشوب: chaos

هَرج و مَرج: chaos

وَسیع: extensive

مَراکِز: centers

پُرآب‌تَرین: most watery

سَرچِشمه: source

تَقسیم: division

کارخانجات: factories

تَأسیسات: installations

اداری: administrative

صَنعَتی: industrial

نَفت: oil

مِلّی: national

حَفّاری: excavation

روزِ ۵۹: پَرداخت کَردَن

Day 59: To Pay

Conversation

گُفت‌وگو

مشتری: ببخشید. ممکن است صورت حساب غذای ما را بیاورید؟

منشی: بسیار خوب، از غذا راضی بودید؟

مشتری: خیلی خوب بود، ممنون.

منشی: این غذا را می‌خواهید با خود ببرید؟

مشتری: بله، ممکن است آن را در یک کیسه‌ی پلاستیک بگذارید؟

منشی: حتماً، مشکلی نیست. بفرمایید.

مشتری: ممنون، صورت حساب ما چقدر است؟

منشی: ۴۵ هزار تومان می‌شود.

مشتری: بفرمایید.

ممنون، ممنون، دوباره تشریف بیاورید.

Grammar Lessons

دَستور زَبان

چند و خیلی + ضمیر شخصی

چند نفر از ما = چندتامون	خیلی از ما = خیلی هامون
چند نفر از شما = چندتاتون	خیلی از شما = خیلی‌هاتون
چند نفر از آن‌ها = چندتاشون	خیلی از آن‌ها = خیلی‌هاشون

Proverb ضَربُ‌المَثَل

دست به دامن کسی شدن: به کسی پناه بردن.

دست راست و چپ را نشناختن: بسیار کودن و اَبلَه بودن.

دل دادن و قلوه گرفتن: بامحبّت با یکدیگر سخن گفتن.

Common Phrases جُمله‌های رایج

قِیمت‌ها دارند بالا می‌روند.

Prices are going up.

Poetry شعر

دِلا چو غُنچه شِکایَت زِ کارِ بَسته مَکُن

که بادِ صبُح نسیمِ گِرِه‌گُشا آوَرد

«**حافِظ**»

O heart! complain not of thy work enfolded like the rose-bud: For the knot-loosening breeze, the morning wind hath brought.

Word of the day کَلَمه‌ی روز

پولدار

معنی: wealthy

مثال: پدر من خیلی پولدار است.

اَرزها

Currencies

دُلار　یورو　کرون　یِن　دینار

تومان　ریال　روپیه　پوند　لیره

گُفت‌وگو

Conversation

مشتری: ممکن این خریدهای من را حساب کنید؟

صندوقدار: بله حتماً ... ۱۵۰ هزار تومان می‌شود.

مشتری: ممکن است از کارت اعتباری استفاده کنم؟

صندوقدار: بله بفرمایید.

مشتری: موجودی حسابم کَم است. امکان دارد مقداری از خریدهایم را بر گردانم؟

صندوقدار: بله مشکلی نیست.

اِصطِلاحِ روز

Idiom of the day

سَر به سَر کسی گذاشتن

معنی: با کسی شوخی کردن، کسی را دست انداختن.

Do not pick on me

Reading — خواندَن

دَربَند یک مکان تفریحی در تهران است. دربند در شمالِ شهر تهران قرار دارد. خیابان دربند یکی از زیباترین خیابان‌های شهر تهران است. مردم تهران روزهای تعطیل به این خیابان می‌روند و از مناظر زیبای آن لذّت می‌بَرَند. این منطقه بسیار خوش آب و هوا است.

خیابان دربند رستوران‌ها و کافه‌های زیادی دارد. یک تندیس در میدان دربند قرار دارد که نام آن تندیس، کوهنَوَرد است.

Vocabulary — کَلَمات جَدید

چِک: to check

حِقارت: humility

کیسه: bag

حَقیقَت: truth

مُستَطیل: rectangle

پِلاستیک: plastic

صورَت حِساب: bill

تَشریف آوَردَن: to come

پَناه بُردَن: to harbor

کودَن: dull

نور: light

اَبلَه بودَن: to be stupid

قُلوه: kidney

وَقیح: flagrant

هَنجار: norm

مُشتاقانه: intensively

سِپِهر: heaven

تَعَمُّق: contemplation

چِشیدَن: to taste

نوبَت: shift

خوشدِلی: gaiety

نَوازِش: caress

واقعیِّت: truth

جور: oppression

شوخی کَردَن: to kidding

دَست اَنداختَن: to mock

یاقوت: ruby

یادِگاری: memento

تَفریحی: pleasure

یِکسان: equal

روزِ ۶۰: دَر فُرودگاه

Day 60: In the Airport

Conversation

گُفت‌وگو

منشی: بعدی لطفاً، می‌توانم کمکتان کنم؟

آرزو: یک بلیط برای اصفهان می‌خواهم.

منشی: یک‌طرفه یا دوطرفه می‌خواهید؟

آرزو: دوطرفه.

منشی: برای چه موقع می‌خواهید؟

آرزو: هواپیمای بعدی کِی پرواز می کند؟

منشی: در حدود دو ساعت دیگر.

آرزو: من یک بلیط برای آن هواپیما می‌خواهم.

منشی: بسیار خوب، اجازه بدهید موجودی را چک کنم. متأسفم. بلیط‌ها برای آن هواپیما فروخته شده است.

آرزو: بعد از آن چطور؟

منشی: اجازه بدهید ببینم. بله، یک صندلی هنوز موجود است.

Grammar Lessons

دَستورِ زَبان

کَلَماتِ سؤالی

کُجا	کجا زندگی می‌کنید؟
کی (چه کَسی)	کی ما را به شما مُعَرِّفی کرده است؟

Proverb

ضَرب‌ُالمَثَل

درِ دروازه را می‌توان بست، دَهان مردم را نمی‌توان بست: منظور سخن چینی کردن مردم و طَعنه زدن آن‌ها است.

در کارِ خیر، حاجَت هیچ استخاره نیست: در انجامِ کارِ خیر، تَردید نباید کرد.

Common Phrases

جُمله‌های رایج

ما در تایلند تَوَقُّف داریم. آن‌جا هواپیما عوض می‌کنیم.

We have a stop over in Thailand. We'll change planes there.

Poetry

شعر

امشب مِی جامِ یک مَنی خواهَم کَرد — خود را به دو جامِ مِی غَنی خواهَم کَرد
اوّل سه طَلاقِ عَقل و دین خواهَم کَرد — پَس دُختر رَز را به زَنی خواهَم کَرد

(خیّام)

You know, my Friends, how long since in my,
House For a new Marriage I did make Carouse:
Divorced old barren Reason from my Bed,
And took the Daughter of the Vine to Spouse.

Word of the day

کَلَمه‌ی روز

دُشوار

معنی: difficult, hard

مثال: من برای رسیدن به هدفم راه دشواری را باید طی کنم.

Countries | کشوَرها

بِرزیل	شیلی	کُلُمبیا	اِکوادُر
Brazil	Chile	Colombia	Ecuador
ایرلَند	سوئیس	رومانی	نیوزلَند
Ireland	Switzerland	Romania	New Zealand

Conversation | گُفت‌وگو

مسافر: ببخشید پرواز شیراز از کدام گِیت است؟

منشی: اجازه بدهید نگاه کنم، پرواز شما چه ساعتی است؟

مسافر: ساعت هفت و سی دقیقه.

منشی: گیتِ شماره‌ی ۹ است.

مسافر: این پرواز رأس ساعت حرکت می‌کند؟

منشی: نه! حدود پنج دقیقه تأخیر دارد.

مسافر: می‌دانید هزینه‌ی اضافه بار چقدر است؟

منشی: برای هر کیلو اضافه بار ۲۳۰۰ تومان باید پرداخت کنید.

Idiom of the day | اِصطِلاحِ روز

چوبِ دیگران را خوردن.

معنی: به خاطر کارهای دیگران مُجازات شدن.

Adam ate the apple, and our teeth still ache.

خواندَن

Reading

میرزا محمّد تقی‌خان فراهانی که به امیرکبیر معروف است از صدراعظم‌های ایران در زمان ناصرالدین‌شاه قاجار بود. اصلاحات امیرکبیر اندکی پس از رسیدن او به مقامِ وزارت آغاز شد و تا پایان وزارت کوتاه او ادامه یافت. مدّت وزارت امیر کبیر ۳۹ ماه (سه سال و سه ماه) بود.

امیرکبیر بنیان‌گذار دارُالفُنون بود که برای آموزش دانش و فنّاوری‌های نو در تهران تأسیس شد. هم‌چنین انتشار روزنامه‌ی وقایعُ اتفاقیه از جمله کارهای او محسوب می‌شود.

کَلَمات جَدید

Vocabulary

دَروازه: gate

چَرب زَبانی: lard - bolubility

غیبَت: absence

سُخَن چینی: gossip

نَعره: slogan

عُموم: public

حاجَت: wish

استخاره: divination

چراغ قُوّه: torch

پیوسته: uninterrupted

رَوانشِناسی: psychology

پیمان: agreement - oath

پیشکش کَردَن: to offer

ریشه: tassel - stub

زیستَن: to exist - be

غَنی: rich

بَرچَسب: ticket - tally

پوشش: shroud - shield

زَنبیل: basket

ذوب کَردَن: to found - to melt

فَنّاوَری: technology

رُطوبَت: moisture

عَرش: height – heaven

رَنج آوَر: painful

زَوال: chute - fall

اضافه بار: extra baggege

دوردَست: far - remote

مُجازات: punishment

دولتمَند: wealthy - rich

رَدیف: row – rank

نگهدارَنده: preservative

وزارَت: ministry

روزِ ۶۱: کُمَک کَردَن

Day 61: To Help

Conversation — گُفت‌وگو

کتایون: ممکن است یک لُطفی به من بکنی؟

کیوان: حتماً!

کتایون: من کیفم را پیدا نمی‌کنم. می‌توانی به من کمک کنی؟

کیوان: بله حتماً، من اتاق نشیمن را می‌گردَم.

کتایون: آیا آن را پیدا کردی؟

کیوان: نه اینجا نیست. آخرین بار کِی آن را دیده ای؟

کتایون: صبح که به کتابخانه رفتم آن را داشتم.

کیوان: آیا فکر می‌کنی مُمَکن است آن‌جا جا گذاشته باشی؟

کتایون: شاید. من با کتابخانه تماس می‌گیرم و از آن‌ها می‌پُرسم کسی آن را پیدا کرده است.

کیوان: صبر کن! آیا این است؟

کتایون: بله، آن کیف من است. ممنون برای اینکه کمک کردی تا آن را پیدا کنم.

Grammar Lessons — دَستور زَبان

کَلَماتِ سُؤالی

کِی: مثال: کی کلاس شروع می‌شود؟

چه: مثال: چه چیزی برای سفر لازم داریم؟

Proverb — ضَرب‌ُالمَثَل

- ✓ **در باغِ سبز نشان‌دادن:** با وَعده و وَعید فریب دادن.
- ✓ **در حوضی که ماهی نیست قورباغه سپهسالار است:** در جایی که آدم شایسته ای نیست، آدم ناشایست مدیر می‌شود.

Common Phrases — جُمله‌های رایج

چیزی نظرم را جَلب کرد.

There is one thing I noticed.

یک لطفی در حَقَّم می‌کنی؟

Would you do me a favor?

راه‌حلی برای این مشکل داری؟

Do you have any solution for this problem?

همه چیز خوب پیش می‌رود.

Things are going great.

Poetry — شعر

عَلاجِ ضَعفِ دلِ ما کرشمه‌یِ ساقیست

بَرآر سَر که طَبیب آمَد و دَوا آوَرد

«حافظ»

The Saki's smile is our feeble heart's remedy;
Bring forth thy hand. For the physician hath come; and the remedy, hath brought.

Word of the day — کَلَمه‌ی روز

وَفادار

معنی: loyal

مثال: سگ به صاحب خود وفادار است.

Tools — آَبزارها

تَبَر	اَرّه دَستی	میخ	پیچ
ax	handsaw	nail	bolt
سوهان	اَنبُردَست	سُمباده	نَوار مِتر
file	pliers	sandpaper	tape measure

Conversati — گُفت‌وگو

فروشنده: شما کمکی نیاز ندارید؟

مهناز: بله! من به دنبال یک کیف دستی می‌گردم.

فروشنده: همه‌ی کیف‌های ما این قسمت هستند. چه نوع کیفی می‌خواهید؟

مهناز: یک کیف نسبتاً متوسط با رنگ روشن.

فروشنده: این چطور است؟

مهناز: کمی بزرگ است.

فروشنده: این یکی چطور است.

مهناز: خوب است. قیمت آن چند است؟

فروشنده: پنجاه هزار تومان.

مهناز: بسیار خوب. همین را می‌خرم.

Idiom of the day — اِصطِلاحِ روز

کاسه کوزه‌ها را سرِ کسی شکستن!

معنی: فردی را مُقَصِّر جلوه‌دادن و همه‌ی مشکلات را به عهده‌ی او گذاشتن.

خواندَن
Reading

برج آزادی یکی از نمادهای شهر تهران است. این برج بیش از چهل سال پیش توسط معمارِ ایرانی، حسین اَمانت ساخته شده‌است. برج آزادی در گذشته برج شَهیاد نام داشت و برای یادبود جشن‌های ۲۵۰۰ ساله‌یِ شاهنشاهی ایران طراحی شده بود.

میدان آزادی که برج آزادی در آن قراردارد، بزرگ‌ترین میدانِ شهر تهران است. برج شَهیاد، پس از انقلاب ایران در سال ۱۹۷۹ میلادی به نام «برج آزادی» معروف شده‌است.

کَلَمات جَدید
Vocabulary

وَعده و وَعید: promises

حوض: pond

قورباغه: frog

شایِسته: competent

گِرو گُذاشتَن: to pledge

ناشایِست: improper

هَمه‌کاره: versatile

مَجال: opportunity

جَلب کَردَن: to entice

حَق: right

اِبراز داشتَن: to evince

مُتوَسِط: average

پیش رَفتَن: to progress

صَبوح: morning wine

صَنَم: idol

آن‌گاه: then

فَرُّخ: graceful

پیش‌آوَر: bring forward

کَثیف: dirty

سینک: sink

یادبود: commemoration

وان: bathtub

تُوالت: toilet

کوزه: jug

مُقَصّر: guilty

جِلوه دادَن: to display

آیین‌نامه: regulation

بَرفَراز: over - upon

بَرعُهده گُذاشتَن: to responsible

بُرج: tower

قَوی بودَن: to be strong

نِسبَتاً: partly

روزِ ۶۲: خَراب شُدَنِ کامپیوتِر

Day 62: Computer problem

Conversation | **گُفت‌وگو**

الف: لپ تاپم خیلی کُند شده‌است.

ب: پس باید یک لپ تاپ جدید بخری.

الف: اگر پول داشتم خریده بودم.

ب: چرا کُند شده است؟

الف: سؤال خوبی است!

ب: آیا آن را به یک تعمیرگاه کامپیوتر بُرده‌ای؟

الف: اگر پول داشتم بُرده بودم.

ب: پس باید آن را تَحَمُّل کنی.

الف: گاهی وقت‌ها می‌خواهم آن را از پنجره به بیرون پَرت کنم!

Grammar Lessons | **دَستور زَبان**

کَلَماتِ سؤالی

چی — **مثال: روی دیوار چی نوشته شده‌است؟**

چِطور — **مثال: چطور می‌توانم در این سایت عضو بشوم؟**

Proverb

ضَربُ‌المَثَل

- ✓ خون کسی به جوش آمدن: به اوج خشم و عَصَبانیت رسیدن.
- ✓ دارَندگی و برازَندگی: ثروتمندان، درخور شَأن خود زندگی می‌کنند.
- ✓ دایه‌یِ مهربان‌تر از مادر: آن که بیش از حد و نابه‌جا محبّت می‌کند.

Common Phrases

جُمله‌های رایج

چند وقت یکبار با اینترنت کار می‌کنید؟

How often do you work with the Internet?

اطلاّعاتی که می‌خواهید در اینترنت موجود است.

The information you want is available on the Internet.

Poetry

شعر

با تو به خَرابات اَگر گویَم راز — بِه زانکه به مِحراب کُنَم بی تو نَماز

ای اوَّل و ای آخِرِ خَلقان هَمه تو — خواهی تو مَرا بسوز و خواهی بِنَواز

(خَیّام)

And this I know: whether the one True Light Kindle to
Love, or Wrath-consume me quite,
One Flash of It within the Tavern caught
Better than in the Temple lost outright.

Word of the day

کَلَمه‌ی روز

مُتَّهَم

معنی: accused

مثال: وکیل در دادگاه از مُتّهم دفاع کرد. مُتّهم از زندان فرار کرد.

Around the Office — وَسیله‌هایِ کار

ماشین‌حِساب	دَفتَر یادداشت	کِشو	پاک کُن
calculator	diary	drawer	Eraser
کابینِت	بیمه	کِلیپسِ کاغَذ	تَراش
filing cabinet	insurance	paper clips	pencil sharpener

Conversation — گُفت‌وگو

فرامرز: من با شرکت در مورد خرابی کامپیوتر تماس گرفتم.

بهادر: خوب آن‌ها چی گفتند؟

فرامرز: گفتند باید هاردَم را عَوَض کنم.

بهادر: واقعاً؟ حالا قیمت هارد چند است؟

فرامرز: حدود ۲۰۰ هزار تومان.

بهادر: چقدر گران! خوب می‌خواهی چه کار کنی؟

فرامرز: باید یک هارد خوب برایَش بخرم.

بهادر: می‌توانی به فروشگاهِ کامپیوتر در خیابان ولیعصر بروی. آن‌جا به راحتی یک هارد خوب پیدا می‌کنی.

Idiom of the day — اصطِلاحِ روز

فوت و فَنِّ چیزی را بَلَد بودن.

معنی: به کاری کاملاً آگاه بودَن، در کاری مُتخَصِّص بودن.

Know the ins and outs of something.

خواندَن
Reading

شیراز یکی از شهرهای بزرگ ایران است. این شهر مرکز استان فارس است.

شیراز دارای آب و هوای مُعتدل است.

این شهر در دوران‌های مختلف پایتخت ایران بوده‌است. شهر شیراز دارای مکان‌های تاریخی زیادی است. آرامگاه سعدی و حافظ در شیراز قرار دارد.

شهر شیراز دارای باغ‌های زیبایی است، مانند باغ ارَم، باغ جهان‌نما و... .

کَلَمات جَدید
Vocabulary

کُند: slow

پَرت کَردَن: to throw

جوش: boil

خَشم: anger

بَرازَندِگی: graceful

ثِروَتمَندان: rich

دَرخور: worthy

شَأن: dignity

دایه: nurse

مُتخَصِّص: expert

فَن: technique

عَصَبانیَّت: anger

مُحتَرَمانه: deferential

بیش اَز حَد: more than

وَحدَت: unity - unification

نابه‌جا: inappropriate

مَحرَمانه: secret

مُحَبَّت: love

وِرّاجی کَردَن: to verbalize

آگاه بودَن: to be aware

بِه: better

مِحراب: sanctuary

خَلقان: peoples

مُجَسَّم کَردَن: depict - epitomize

مُساعِد: adjutant

هارد: hard

عَوَض کَردَن: to change

به راحَتی: easily

مَحکوم کَردَن: to convict

روزِ ۶۳: تَماسِ تِلِفُنی

Day 63: Call

Conversation — گُفت‌وگو

رزیتا: اَلو؟

مهران: سلام، رامین؟

رزیتا: ببخشید، فکر می‌کنم شماره را اشتباه گرفته‌اید.

مهران: شماره‌یِ ۲۲۲۴۵۶۷ است؟

رزیتا: بله، دنبال چه کسی هستید؟

مهران: رامین ناظِری.

رزیتا: ببخشید، شماره را دُرُست گرفته‌اید، اما رامین الان این‌جا نیست.

مهران: شما می‌دانید او کجا رفته است؟

رزیتا: او رفته مغازه، خواروبار بخَرَد. می‌خواهید برایش پیغام بگذارید؟

مهران: نه، من دوباره با او تماس می‌گیرم.

رزیتا: بسیار خوب، خداحافظ.

Grammar Lessons — دَستورِ زَبان

حرف ربطِ «که» برای بیان زمان:

یک سال است که این‌جا زندگی می‌کنیم. چند وقت است که اینجا زندگی می‌کنی؟

یک هفته است که بیمار هستم. هفته‌ی قبل که به مدرسه رفتم استاد نبود.

Proverb / ضَرب‌المَثَل

✓ حساب به دینار، بخشش به خَروار: در حساب باید دقیق بود و در بخشش سخاوتمند.

✓ حساب کسی را کَف ِدستش گذاشتن: از کسی انتقام گرفتن، تلافی کردن.

✓ خروس بی‌محل بودن: کاری را بی موقع و نَسَنجیده انجام دادن، حرف بی‌جا زدن.

Common Phrases / جُمله‌های رایج

موبایل شما همیشه روی پیغامگیر است.

Your cell phone is always on answering machine.

هر وقت شماره‌اش را می‌گیرم اِشغال است.

Whenever I dial her number, it is busy.

Poetry / شعر

دَمی با غَم به سَر بُردَن جَهان یِک سَر نِمی‌اَرزَد

به مِی بِفروش دَلق ِما کَز این بِهتَر نِمی‌اَرزَد

«حافظ»

A world altogether, to pass life a single moment in grief is not worth:
For wine, sell our ragged religious garment; for more than this it is not worth.

Word of the day / کَلَمه‌ی روز

وَقف کَردَن

معنی: to endow

مثال: او تمام زندگی خود را وقف فرزندانش کرده بود.

266

وَسایِلِ الکترونیکی			Electronic devices

جاروبَرقی	تِلویزیون	اُتو	سِشُوار
vacuum cleaner	television	iron	hairdryer

ظَرفشویی	لِباسشویی	یَخچال	قَهوه ساز
dish washing	laundry	refrigerator	coffee maker

Conversati / **گُفت و گو**

لیدا: سلام ندا، من لیدا هستم.

ندا: سلام لیدا، چطوری؟

لیدا: خوب هستم.

ندا: من دیروز با تو تماس گرفتم پیغام من را دریافت کردی؟

لیدا: بله، من داشتم دوش می‌گرفتم وقتی که تماس گرفتی. من پیغام تو را دیدم
و سعی کردم با تو تماس بگیرم، امّا فکر کنم تلفنت خاموش بود.

ندا: من می‌خواستم به تو یادآوری کنم که هَفته‌ی آینده مراسمِ عروسیِ دوستم
است. تو با من می‌آیی به مراسم؟

لیدا: هفته‌ی آینده است؟

ندا: بله، فراموش کرده بودی؟

لیدا: نه، من برای آن‌ها هدیه هم خریده‌ام!

Idiom of the day / **اِصطلاحِ روز**

دیگر شورَش درآمده است.

معنی: شرایط خیلی بد شده است.

This is the limit.

خواندَن

Reading

کاخِ گلستان در شهر تهران قراردارد. این کاخ دارای چند عمارَت است.

ساختمان‌های آن در زمان‌های مختلف ساخته شده‌اند. کاخ گلستان در گذشته محل سکونت پادشاهان بوده است.

این کاخ یکی از مناطق گردشگری در شهر تهران است. کاخ گلستان در سال ۲۰۰۷ میلادی در فهرست میراث جهانی یونسکو ثبت شده است.

کَلَمات جَدید

Vocabulary

وَرشکَسته: bankrupt

پِیغام: message

خوش‌رو: glad

طُلوع: sunrise

دینار: dinar

خوشی: cheer

بَخشِش: forgiveness

خَروار: hundredweight

وَسیع: vast

خوف: scare

ذَرّه: particle

طَریق: way - road

سخاوَتمَند: bounteous

وَرَق: sheet

انتِقام گِرِفتَن: to wreak

خوشنِویس: calligraphist

تَلافی کَردَن: to retaliation

خُروس: rooster

ظَواهِر: appearances

طَبَقه بَندی: division

وُضوح: clarity

حُکم: sentence

تَذَکُّر دادَن: to warn

بی‌موقِع: untimely

بی‌جا: displaced

قَطع شُدَن: to disconnect

یِکباره: suddenly

دام: trap

ظرافَت: elegance

گام: step

طَرح‌ریزی: schematization

وَگَرنَه: otherwise

روزِ ۶۴: به باشگاه رَفتَن

Day 64: Go to the gym

Conversation — **گُفت‌وگو**

بِهراد: امروز می‌خواهی چه کاری انجام بدهی؟

آرتا: تمام هفته درس می‌خواندم، دوست دارم ورزش کنم.

بهراد: من هم همینطور، بیا برویم باشگاه.

آرتا: فکر خوبی است. می خواهی آن‌جا چه کاری انجام دهیم؟

بهراد: ما می‌توانیم بسکتبال بازی کنیم.

آرتا: من بازی بسکتبال را دوست دارم. تو خوب بَلَدی؟

بهراد: نه زیاد، اما بازیَش را دوست دارم. من قبلاً وقتی مدرسه می‌رفتم بازی می‌کردم.

آرتا: می‌دانم چه می‌گویی. من قبلاً فوتبال زیاد بازی می‌کردم. فکر می‌کنی بتوانیم آن‌جا فوتبال بازی کنیم؟

بهراد: نه آن‌جا فضای کافی ندارد. من فکر می‌کنم که بهتر است بیرون بازی کنیم، اما امروز هوا خیلی سَرد است.

آرتا: پس صبر می‌کنیم تا هوا کمی گرم‌تر شَوَد.

Grammar Lessons — **دَستور زَبان**

قِید

قید کلمه‌ای است که چگونگی انجام یافتن فعل را نشان می‌دهد، یا معنی کلمه-ی دیگری را به زمان، مکان، حالت و ... مرتبط می‌کند.

مثال: هَرگِز، هَنوز، اَلبَته، مَثَلاً، اَحیاناً، اِتِفاقاً

ضَربُ‌المَثَل — Proverb

- با دُمَش گِردو می‌شکَنَد: از اتفاق افتاده خیلی شاد و خُرسَند است.
- تا نباشد چیزَکی، مردم نگویند چیزها: حرف‌هایی که مردم می‌گویند معمولاً بر حقیقت مُبتَنی است.
- چرا عاقل کُند کاری که باز آرَد پشیمانی؟: در کارها باید آینده نگر و مُحتاط بود.

جُمله‌های رایج — Common Phrases

من اَغلَب به باشگاه می‌روم و ورزش می‌کنم.

I often go to the gym to work out.

شعر — Poetry

تَرکیبِ پیاله‌ای که دَر هَم پِیوَست — بشکَستَنِ آن رَوا نمی‌دارَد مَست
چَندین سَر و پای نازَنین اَز سَر و دَست — اَز مِهرِ که پِیوست و به کین که شِکَست؟

(خَیّام)

Another said "Why, ne'er a peevish Boy,
"Would break the Bowl from which he drank in Joy;
"And He that with his hand the Vessel made
"Will surely not in after Wrath destroy."

کَلَمه‌ی روز — Word of the day

دِلسَرد کَردَن

معنی: dissuade, dispirit, discourage

مثال: بازیکنان تیم از حرف‌های مربی دلسرد شدن.

وَسایلِ وَرزِشی
Sport Equipments

اِسکیتِ رویِ یَخ	کُلاهِ ایمِنی	توپِ گُلف	تَختهی دارت
ice skate	helmet	golf ball	dartboard
چوبِ بِیسبال	راکِت	توپِ فوتبال	تیر و کَمان
baseball bat	racket	soccer ball	archery

گُفتوگو
Conversation

شکوفه: وزنم خیلی زیاد شده است، باید رژیم بگیرم و ورزش کنم.

سروناز: من هم همینطور، یک باشگاه خوب نزدیک خانهی ما است.

شکوفه: مُربی های خوبی دارد؟

سروناز: بله، همسایهام که به این باشگاه میرود خیلی راضی است.

شکوفه: دوست داری باهم به این باشگاه برویم؟

سروناز: البته، می توانیم فردا به آنجا برویم و ثَبت نام کنیم.

شکوفه: خیلی خوب است.

اصطلاح روز
Idiom of the day

مثل این که برای خَر یاسین میخوانی!

معنی: کنایه از کار بیهوده است. کار بیفایده انجام دادن.

To talk to deaf ears.

خواندَن Reading

زاهدان از کلان‌شهرهای ایران و مرکز استان سیستان و بلوچستان است. نام پیشین آن «دُزْدابْ» بوده‌است که در زمان رضا شاه به «زاهدان» تغییر یافته است.
اکثر مردم این شهر به زبان بلوچی و زبان فارسی صُحبت می‌کنند. آب و هوای زاهدان در اکثر روزهای سال گرم و معتدل است. تنها در شب‌های زمستان آب و هوای این شهر کمی سَرد می‌شود.

کَلَمات جَدید Vocabulary

چِگونِگی: how
بُنیاد: basis
تَسلّی دادَن: to relieve
اَنجام یافتَن: to do
حالَت: state
بِلاعَوَض: gratuitous
توسِعه: development
بَشّاش: cheerful
مُرتَبِط ساختَن: to link
مُربّی: coach
راضی: satisfy

اَحیاناً: probably
تَنومَند: sturdy
اتِفاقاً: by the way
دُم: tail
تَهویه: ventilation
بَقّالی: grocery
تَشریفات: ceremonial
بَس بودَن: to be suffice
شِکَستَن: to break
خُرسَند: happy
دَردآوَر: painful

مُبتَنی بَر: based on
دَریچه: window
آیَنده نِگَر: futuristic
مُحتاط: cautious
پِیوَستَن: to join
رَوا داشتَن: to approve
مِهر: kindness
دَرَجه: grade
سِزاوار بودَن: to be deserve
کین (کینه): rancor

روزِ ۶۵: بازی کَردَن

Day 65: To Play

Conversation

گُفت‌وگو

عارف: دوست داری یک بازی بکنیم؟

سهند: چه بازی؟

عارف: بیا وَرَق بازی کنیم. بازی بِلَک جَک را بَلَد هستی؟

سهند: بله، آن یک بازی آسان است. من نمی‌خواهم الان این را بازی کنم.

عارف: بسیارخوب، بازی پوکر را به خاطر می‌آوری؟

سهند: فکرکنم بله، امّا باید دوباره قوانین آن را برای من توضیح بدهی.

عارف: به این تکّه کاغذ نگاه کن. تمام قوانین روی آن است.

سهند: بسیار خوب اکنون به خاطر آوردم. فکر کنم آخرین بار که بازی کردیم تو بُردی و من باختم.

عارف: بله، آن برای سر گرمی بود.

سهند: پس بیا بازی کنیم. اما اکنون نمی‌خواهم روی پول شرط‌بندی کنم.

عارف: بسیار خوب فقط برای سر گرمی بازی می‌کنیم.

Grammar Lessons

دَستور زَبان

حرفِ ربطِ «که»

می‌دانم که امروز نمی‌آید.

خیلی دوست داشتم که به خرید بروم.

به دانشگاه رفتم که استاد را ببینم.

او که آن‌جا نشسته، سارا است.

Proverb — ضَربُ‌المَثَل

- ✓ **آفتاب همیشه زیر اَبر نمی‌ماند:** حقیقت همیشه پنهان نمی‌ماند. واقعیّت روزی معلوم خواهد شد.
- ✓ **آمد ابرویش را دُرُست کند، چشمش را هم کور کرد:** کار خوبی برای کسی خواست انجام دهد اما ضرر زد.

Common Phrases — جُمله‌های رایج

شما چند وقت یکبار بچّه‌ها را پارک می‌برید؟

How often do you take the children to the park?

Poetry — شعر

زِنهار زِ جامِ مِی مرَا قوت کُنید — وین چِهره‌یِ کَهرُبا چو یاقوت کُنید

چون مُرده شَوَم به باده شویید مَرا — وَز چوبِ رَزَم تَخته‌یِ تابوت کُنید

(خَیّام)

Ah, with the Grape my fading Life provide, And wash my Body whence the Life has died,
And in a Windingsheet of Vine-leaf wrapt, So bury me by some sweet Garden-side.

Word of the day — کَلَمه‌ی روز

هِدایَت کَردَن

معنی: to conduct

مثال:استاد دانشجوها را به سمت سالن هدایت کرد.

بازی‌ها — Games

پازِل	شُعبَده بازی	طَناب بازی	فِرفِره
jigsaw puzzle	juggle	jump rope	pinwheel
چیستان	اَلاکُلَنگ	سُرسُره	تاس
riddle	seesaw	slide	dice

گُفت‌وگو — Conversation

مازیار: نظرت چیست که یک بازی بکنیم؟

پژمان: موافق هستم. چه بازی بکنیم؟

مازیار: من یک فوتبال دستی دارم. فوتبال دستی بلدی بازی کنی؟

پژمان: تا حالا بازی نکرده‌ام. فکر نمی‌کنم دوست داشته باشم.

مازیار: خوب نظرت درمورد دارت چیست؟

پژمان: من دارت خیلی دوست دارم.

مازیار: پس اجازه بده من دارت را بیاورم تا بازی کنیم.

اِصطِلاحِ روز — *Idiom of the day*

پیشِ غازی و مُعَلَّق بازی؟

معنی: برای ما که از کارهای تو آگاه هستیم دَغَل کاری نکن.

To teach grandma to suck eggs.

خواندَن

Reading

مسجد نَصیرُالمُلک در جنوب خیابان لطفعلی‌خان زند در شیراز قراردارد. این مسجد یکی از آثار تاریخی است و تَوَسُّط میرزا حسینعلی ساخته شده‌است. این مسجد به دستور نصیرُالمُلک، که از اعیان و اشراف شیراز بود، ساخته شده‌است. معماری آن کار محمد حسن معمار بوده‌است. درهای ورودی این مسجد، دو در بزرگ چوبی است که در بالای آن شعری از شوریده‌ی شیرازی نوشته شده‌است. این مسجد به خاطر پنجره‌های زیبا و رنگی که دارد بسیار معروف است.

کَلَمات جَدید

Vocabulary

وَرَق: cards

تکّه: piece

بی رَحم: cruel

ابداع کَردَن: to innovate

بُردَن: to win

بیعانه: deposit

احساس کَردَن: to feel

باختَن: to lose

شَرط بَندی: betting

مَعلوم: clear

بی‌سابِقه: unexampled

آه کِشیدَن: to sigh

کور: blind

حوصله: mood

کَهرُبا: amber

بینَوا: poor

اجبار: compulsion

یاقوت: ruby

باده: wine

پاسگاه: post

فوتبال دَستی: soccer

خویشتَن: self

قاضی: judge

مُعَلَّق: suspended

دَغَل کاری: cunning

تَوَسُّط: by

پَخش کَردَن: to spread

دَستور: command

پَراکَنده: sparse

خوشبو: rosy

مُلَقَّب: surnamed

اَعیان: rich

اَشراف: nobles

غازی: Acrobat

روزِ ۶۶: تَصادُف کَردَن

Day 66: To Accident

Conversation

گُفت‌وگو

شاهین: آرمان خوبی؟

آرمان: بله خوب هستم، امُا صبح با ماشین تصادف کردم.

شاهین: صدمه دیده‌ای؟

آرمان: نه، اما گردَنَم کمی درد دارد.

شاهین: چه اتفاقی افتاد؟

آرمان: من دقّت نکردم و خوردم به ماشین جلو که ایستاده بود.

شاهین: افرادی که در آن ماشین بودند خوب هستند؟

آرمان: بله، آن‌ها خوب هستند. سرعت من زیاد نبود.

شاهین: شما کمربند بسته بودی؟

آرمان: بله.

شاهین: آیا پلیس آمد؟

آرمان: بله، من وقتی تصادف کردم به پلیس زنگ زدم.

Grammar Lessons

دَستور زَبان

نه تنها ... بلکه

آن‌ها نه تنها حریف خود را شکست دادند بلکه مردم کشور را نیز خوشحال کردند.

Proverb ضَربُ‌المَثَل

✓ **آدم باید لقمه را به اندازه‌ی دَهانَش بگیرَد:** باید با توجه به توانایی خود کاری را انجام داد.

✓ **از سیر تا پیاز چیزی خبر داشتن:** از جزئیات چیزی کاملاً آگاه بودن.

Common Phrases جُمله‌های رایج

چه نوع ماشینی داری؟

What kind of car do you have?

ماشین را هُل بدهم؟

Shall I push the car?

نمی‌توانم ماشین را روشن کنم.

I can't get the car started.

لاستیک جلویی پنچر است.

The front tire is flat.

Poetry شعر

چو حافِظ دَر قِناعَت کوش و اَز دُنیایِ دون بُگذَر

که یِک جو مِنَّتِ دونان دو صَد مَن زَر نِمی‌اَرزَد

«**حافظ**»

Like Hafez, strive in contentment; and let go the mean world:
Because two hundred "mans" of gold, one grain of the favor of the mean is not worth.

Word of the day کَلَمه‌ی روز

هُجوم آوَردَن

معنی: to attack

مثال: دشمن به سمت قلعه هجوم آورد.

وَسایِل نَقلیه — vehicles

وانتِ کوچَک	کامیون	موشَک	کَشتی
minivan	truck	rocket	ship
تِراکتور	موتورسیکلِت	قایِق بادبانی	زیردَریایی
tractor	motorcycle	sailboat	submarine

گُفت‌وگو — Conversation

پریسان: سلام چطوری؟ چند روز بود دانشگاه نمی‌آمدی؟

مهیا: بله، هفته‌ی قبل یک تصادف بَد داشتم.

پریسان: تصادف؟ چطور؟

مهیا: سرعتم زیاد بود ناگهان از جاده خارج شدم و به یک درخت برخورد کردم.

پریسان: چه وحشتناک!

مهیا: سه روز بیمارستان بودم. امّا حالا خوبم.

پریسان: خوب است. هیچ‌وقت با سرعت زیاد رانندگی نکن، خیلی خطرناک است.

مهیا: بله، دیگر هیچوقت این کار را نمی‌کنم.

اِصطِلاحِ روز — Idiom of the day

با مَن کَل کَل نَکُن.

معنی: با من جر و بحث و مشاجره نکن.

Don't mess up with me.

Reading — خواندَن

جنگل ناهارخوران در استان گلستان و جنوب شهر گرگان قراردارد. این جنگل در واقع یک پارک طبیعی است که شامل فضاهای جنگلی در اطراف یک جاده است. این جاده شهر گرگان و جنگل را به هم مُتَّصِل می‌کند.

در حال حاضر این جاده به یکی از خیابان‌های اصلی شهر گرگان تبدیل شده است. که بسیار پر رفت و آمد و شلوغ است. جاده‌ی ناهارخوران یک جاده‌ی بسیار زیبا برای پیاده‌رَوی و تفریح است. جنگل ناهارخوران در هر چهار فصل بسیار زیبا است.

Vocabulary — کَلَمات جَدید

صَدَمه: injury

خیساندَن: to soak

لُقمه: morsel

مَدیون: debtor

عادِلانه: square

مُرَدَّد بودَن: to be uncertain

سیر شُدَن: to be full

دارا بودَن: to own

جُزئیّات: details

دُخانیات: tobacco

تَراویدَن: to leakage

طَویل: long

دَر ضِمن: meantime

ظاهِر: appearance

خیال‌باف: whimsical

باطِن: inside

هُل دادَن: to push

کَمبود: leakage

پَنچَر: flat tyre

کَهکِشان: galaxy

جَرّ و بَحث: argue

مُشاجِره: argue

فاکتور: invoice

طَرزِ فِکر: ideology

دَرَجه بَندی: gradation

دِرَنگ کَردَن: to wait

عَرَق کَردَن: to sweat

عَلاقه‌مَند: interested

به شُماررَفتَن: to be included

روزِ ۶۷: زَبان‌هایِ دُنیا

Day 67: World Languages

Conversation

گُفت‌وگو

آرشام: چه کاری انجام می‌دهی؟

آرژَنگ: من هنوز دانشجو هستم.

آرشام: چه دانشگاهی می‌روی؟

آرژَنگ: دانشگاه تهران.

آرشام: چه دانشگاه خوبی. چه رشته‌ای می‌خوانی؟

آرژَنگ: من فیزیک می‌خوانم.

آرشام: چه مُدّت است که فیزیک می‌خوانی؟

آرژَنگ: سه سال.

آرشام: می‌توانی فارسی صُحبَت کنی؟

آرژَنگ: بله، من وقتی به دبیرستان می‌رفتم شروع کردم به یادگیری زبان فارسی.

آرشام: عجیب نیست که تو زبان فارسی خوب صُحبَت می‌کنی.

آرژَنگ: در واقع زیاد خوب نیست. من می‌توانم بخوانم اما نمی‌توانم خوب صُحبَت کنم.

آرشام: صحبت کردن با افراد دیگر خیلی مهم است.

Grammar Lessons

دَستور زَبان

پسوند «یِّه»

۱. نام سلسله: زندیّه، قاجاریِّه، صفویّه، افشاریِّه

۲. نام محل یا کشور: زعفرانیِّه، ترکیِّه

Proverb — ضَربُ‌المَثَل

✓ آب در دست داری، نخور و بیا: به این معنی است که در آمدن فوق‌العاده عجله کن.

✓ آب در کوزه و ما تشنه لَبان می‌گردیم: مقصود در کنار ما قراردارد امّا به دنبال آن می‌گردیم.

Common Phrases — جُمله‌های رایج

من استرالیایی هستم.

I'm an Australian.

اهل ایرانم. ایران در خاورمیانه قراردارد.

I'm from Iran. It's in the Middle East.

Poetry — شعر

گر بَر فَلَکَم دَست بُدی چون یَزدان
بَرداشتَمی مَن این فَلَک را زِ میان

اَز نو فَلَکی دِگر چُنان ساختَمی
کآزاده به کامِ دلِ رَسیدی آسان

(خَیّام)

Ah Love! could thou and I with Fate conspire,
To grasp the sorry Scheme of Things entire,
Would not we shatter it to bits – and then
Re-mould it nearer to the Heart's Desire!

Word of the day — کَلَمه‌ی روز

هَم‌دَردی

معنی: sympathy

مثال: سارا با او برای فوت پدرش هم‌دردی کرد.

۱۰ زَبانِ مَعروفِ دُنیا

10 known languages of the world

چینی	اِنگِلیسی	هِندی	اِسپانیایی	روسی
عَرَبی	بَنگالی	پُرتِغالی	مالایی	فَرانسَوی

گُفت‌وگو

Conversation

نگار: چقدر خوب فرانسه صحبت می‌کنی؟

فریماه: من چندین سال است که فرانسه را یاد گرفته‌ام.

نگار: کلاس رفتی یا خودت یاد گرفته‌ای؟

فریماه: کلاس می‌رفتم. حدود یک سال کلاس‌های فرانسه شرکت کردم.

نگار: دیگر چه زبان‌هایی بَلَد هستی؟

فریماه: انگلیسی و کمی هم آلمانی.

نگار: خوب است.

اِصطِلاحِ روز

Idiom of the day

دَهَن کَجی کَردن.

معنی: به حرف کسی گوش نکردن، کار خود را انجام دادن.

He makes faces.

خواندَن

Reading

کوروش دوّم به کوروش بزرگ و کوروش کبیر مشهور است. او بنیان‌گُذار و نخستین شاهِ سلسله‌یِ هخامنشی بود. کوروش بزرگ در بین سال‌های ۵۵۹ تا ۵۲۹ پیش از میلاد، بر نواحیِ گسترده‌ای از قارّه‌ی آسیا حکومت می‌کرد.

کوروش در جوانی، ابتدا علیه شاهِ ماد که پادشاه ایران بود، طُغیان کرد و سپس به هگمتانه (همدان امروزی) یورِش بُرد و آن را فَتح کرد. پس از این، کوروش سلسله‌ی هخامنشی را تأسیس کرد.

کَلَمات جَدید

Vocabulary

سلسله: series

واجِد شَرایِط: eligible

نَمایان: visible

مَرسوم کَردَن: to make it inhabit

وَجَب: span - palm

تشنه: thirsty

نَقل کَردَن: to tell

یَزدان: god

نَهی کَردَن: to interdict

بِگو مَگو: dispute

واژگون کَردَن: to subvert

سازَندگی: building

مَزیَّت: profit

بِهسازی: improvement

نگارِش: record

مَرَمَّت: repair

گیاه‌شِناسی: botanical

هنگُفت: enormous

کَبیر: great

یاوه گُفتَن: to babble

مُستَقَر شُدَن: to be set

مُسَلَّم: cretain

هولناک: terrible

شاهَنشاهی: imperial

نَواحی: areas

هُنَرکَده: Academic

یکتا: unique

وُصول کَردَن: to receipt

طُغیان: outburst

هیچ‌گاه: never

مزاح کَردَن: to jest

هَمین‌قَدر: this much

یورِش بُردَن: to attack

روزِ ۶۸: تاکسی گرِفتَن

Day 68: Taking a Taxi

Conversation

گُفت‌وگو

رانَنده تاکسی: سلام خانم، تاکسی نیاز دارید؟

ماهک: بله.

رانَنده تاکسی: چَمدان دارید؟

ماهک: فقط این دو تا ساک.

رانَنده تاکسی: بسیار خوب، من آن‌ها را می‌گُذارم صندوق عقب. کجا می‌خواهید بروید؟

ماهک: میدان وَنَک.

رانَنده تاکسی: اوّلین‌بار است به تهران می‌آیید؟

ماهک: نه، بارها آمده‌ام. من همیشه برای کار به اینجا می‌آییم. می‌دانی تا آن‌جا چقدر راه است؟

رانَنده تاکسی: نباید زیاد دور باشد. شاید در حدود ۱۵ دقیقه.

ماهک: به نظر می‌رسد ترافیک خیلی بدی است.

رانَنده تاکسی: بله، ممکن است جلوتر تصادف شده باشد.

Grammar Lessons

دَستور زَبان

میان‌وَند:

در میان دو واژه می‌آید و واژه جدیدی می‌سازد.

آ /ا: مانند: سراسر، گِرداگِرد، دَمادَم، پایاپای، پَیاپِی.

Proverb — ضَربُ‌المَثَل

صَبرِ اَیوب

زمانی که شخصی در زندگی بسیار سختی دیده باشد می‌گویید: او صبر اَیوب دارد. یعنی در مقابل سختی‌های زندگی صبور است.

Common Phrases — جُمله‌های رایج

چقدر طول می‌کِشَد ما را از این‌جا به فرودگاه بِبَرید؟

How long does it take to take us from here to the airport?

ممکن است بگویید کرایه تا هُتِل چقدر می‌شود؟

Can you tell me roughly how much the fare will be to the hotel?

Poetry — شعر

بَر آستانه‌یِ تَسلیم سَر بِنِه حافِظ

که گَر سِتیزه کُنی، روزِگار بِستیزَد

«**حافِظ**»

سِتیزه: جَنگ **سَر بِنِه: تَسلیم شو.**

Hafez! place thy head on the threshold of submission: For if thou make contention, with thee, Time contendeth.

Word of the day — کَلَمه‌یِ روز

مَسئله

معنی: question

مثال: استاد به ما یک مسئله‌ی ریاضی داد تا حل کنیم.

قَطَعاتِ خودرو
Automobile Parts

کیسه‌یِ هَوا	صَندَلی جِلو	صَندَلیِ عَقَب	تُرمُز
air bag	front seat	back seat	brake
تُرمُز دَستی	پِدالِ گاز	کاپوت	پِلاکِ ماشین
emergency brake	gas pedal	hood	license plate

گُفت‌وگو
Conversation

شیوا: من باید الان بروم، فردا صبح زود باید در شرکت باشم.

کیهان: با چی می‌خواهی بروی؟

شیوا: نمی‌دانم، فکر کنم با مترو بروم یا اتوبوس.

کیهان: نه آخر شب است، اجازه بده برایت یک تاکسی بگیرم.

شیوا: بسیار خوب.

کیهان: اَلو، ببخشید یک تاکسی می‌خواهم، به نام پناهی، کُدِ اشتراک ۴۰۰۸، خیابان بهارستان می‌رویم.

شیوا: ممنونم، لطف کردی.

کیهان: خواهش می‌کنم، تاکسی حدود پنج دقیقه دیگر می‌رسد.

اِصطِلاحِ روز
Idiom of the day

گر صبر کنی ز غوره حَلوا سازی.

معنی: با صبر کردن می توان به هدف رسید.

Rome was not built in a day.

خواندَن — Reading

یاسوج یکی از شهرهای لُرنشین و مرکز اُستانِ کُهگیلویه و بویِراَحمَد است. این شهر در جنوب غربی ایران واقع شده‌است.
شهر یاسوج دارای اقلیمی سردسیری است و دارای آب و هوایی معتدل و مُتَمایِل به سرد. در این شهر، میزان بارش برف و باران زیاد است و به خاطر بارش فراوان برف ارتفاعات شهر برای مدّت طولانی پوشیده از برف است.

کَلَمات جَدید — Vocabulary

واژه: word
مَقوله: category
هُشیار: wary
گِرداگِرد: around
هَمه ساله: perennial
هَمدَست: associate – aid
مُقَدَماتی: primary
صَبر: patience
صَبور: patient
ندا: call
مِی‌خانه: The pub

بَرخیز: get up
هَمه چیز: everything
تُرمُز: brake
کُد اشتراک: subscription code
غوره: sour
هَم‌زَمان: simultaneous
اِقلیم: climate
مَعبود: idol
سَردسیری: cold
مُقاوِمَت کَردَن: to pull off
مُتَمایِل: inclined

قَصد داشتَن: to intend
ارتفاعات: height
قُطب نَما: compass
مُغایِر بودَن: to be disagree
نَجّاری: carpentry
مَعاش: livelihood
قَلعه: castle
دَرّه: valley
مُتّعَدّد: multiple
دیدَنی‌ها: attractions
بارِش: rainfall

روزِ ۶۹: موسیقیِ موردِ عَلاقه‌یِ شُما چیست؟

Day 69: What is your favorite music?

Conversation

گُفت‌وگو

آرتین: چی گوش می‌کنی؟

فرنگیس: رادیو گوش می‌کنم.

آرتین: می‌دانم. کی می‌خواند؟

فرنگیس: فکر کنم عارِف است، درست است؟

آرتین: درست است. چطور او را می‌شناسی؟

فرنگیس: در کشور من همه او را می‌شناسند. او معروف است.

آرتین: چه نوع موزیکی معمولاً گوش می‌کنی؟

فرنگیس: من معمولاً همه چی گوش می‌کنم، امّا به موسیقی پاپ علاقه دارم.

آرتین: خواننده‌یِ محبوب تو چه کسی است؟

فرنگیس: هایِده.

آرتین: من هم او را دوست دارم. او صدای خوبی دارد.

Grammar Lessons

دَستور زَبان

معنی «ی» در زبان فارسی

نشانه‌یِ نِسبت: ایرانی، سوّمی، آبی

نشانه‌یِ مَکان: شهرداری، دادگستری

Proverb
ضَربُ‌المَثَل

جورِ مَرا بِکِش

این اصطلاح به معنای سختی را به جای شخص دیگری تحمّل کردن یا کار او را انجام دادن است.

Common Phrases
جُمله‌های رایج

سرگرمی من نَجّاری است.

My hobby is carpentry.

به خوشنویسی علاقه دارم.

I'm interested in calligraphy.

من عاشقِ شَطرَنج هستم.

I am crazy about chess.

سرگرمی موردعلاقه‌ی من نقاشی است.

My favorite hobby is painting.

دِرَختِ دوستی بِنشان که کامِ دل به بار آرَد

نَهالِ دُشمَنی بَرکَن که رَنجِ بی‌شُمار آرَد

(سَعدی)

Plant the tree of friendship, that, to fruit, the heart's desire bringeth: Up-pluck the bush of enmity, that countless troubles bringeth.

Word of the day
کَلَمه‌ی روز

دیرینه

معنی: old, chronic, ancient

مثال: چهارشنبه سوری یک مراسم دیرینه در ایران است.

Musical Instruments			ابزارهای موسیقی		

طَبل	سِنج	ویولُنِ سِل	سازهای بادی
drum	cymbals	cello	brass instruments
ساز دَهَنی	فُلوت	ویولُن	گیتار بَرقی
harmonica	flute	fiddle	electric guitar

Conversation — گُفت‌وگو

شهریار: تو چه موسیقی را دوست داری؟

فرح: من عاشق موسیقی سُنَّتی هستم.

شهریار: کدام خواننده سُنَّتی را بیش‌تر دوست داری؟

فرح: من صدای ناظری را خیلی دوست دارم.

شهریار: من هم صدای او را دوست دارم اما بیش‌تر صدای شجریان را دوست دارم.

فرح: تو هیچ موسیقی بلدی بنوازی؟

شهریار: بله، من ویولُن می‌زنم.

فرح: واقعاً، عالی است! ممکن است یک بار برای من هم بنوازی؟

شهریار: حتماً.

Idiom of the day — اصطلاح روز

آن رویِ سگِ منو بالا نیار

معنی: من را عصبانی نکن. این اصطلاح هنگام دعوا به کار می‌رود.

Don't get my monkey up.

Reading — خواندَن

خرّم‌آباد بزرگ‌ترین شهر لُرنشین و مرکز استان لُرستان است. خرّم‌آباد یک شهر کوهستانی است که در میان یک درّه قرار گرفته‌است. آثار تاریخی باقی مانده نشان می‌دهد خرّم‌آباد یکی از شهرهای مهمّ غرب ایران در دوره‌ی ساسانیان بوده است. قلعه‌ی فَلَک‌ُالاَفلاک نَماد این شهر است.

شهر خرّم‌آباد در درّه‌ای خوش آب و هوا و پُر آب واقع شده‌است. وجود چشمه‌های فراوان و آثار تاریخی مُتِعَدِّد موجب شده‌است که مجموعه‌ای از دیدنی‌های طبیعی و تاریخی در شهر به‌وجود آید.

Vocabulary — کَلَمات جَدید

موسیقیِ پاپ: Pop music

شُجاعَت: bravery

شِکایَت کُنَنده: complainant

سُتودَنی: admirable

مَسئول: responsible

زیستَن: to live

سیاحَت کَردَن: to tour

شَدید شُدَن: to be intensified

زِراعَت کَردَن: to till

ماه: moon

شَربَت: beverage

خورشید: sun

سود: profit

سوءِ تَفاهُم: misapprehension

موسِم: season

سور دادَن: to regale

زایِمان: childbirth

نامَفهوم: unclear

بی‌مَعنی: meaningless

روح: spirit

موضوع: issue

راهزَن: robber

سِفارِشی: bespoke

سَرگُذَشت: adventure

شادی کَردَن: to joy

رَده‌بَندی کَردَن: to categorize

سَرشار: profuse

سِماجَت: persistence

شَرافَتمَندانه: honorable

رَمز: mystery

سَرزَمین: land

مَحفوظ: protected

سیم: wire

روزِ ۷۰: اِستِراحَت کَردَن

Day 70: To Rest

Conversation

گُفت‌وگو

شهین: می‌خواهم بروم یک چُرت بزنم.

مهشاد: تو باید صدای تلفن را قطع کنی.

شهین: پیشنهاد خوبی است.

مهشاد: می‌خواهی یک ساعت دیگر تو را بیدار کنم؟

شهین: نه ممنون، فقط اجازه بده تا زمانی که خودم بیدار شوم، بخوابم.

مهشاد: من می‌خواهم ساعت شش شام بخورم.

شهین: بسیار خوب. من فکر می‌کنم که آن زمان بیدار شوم.

مهشاد: اگر بیدار نشدی بینی‌ات تو را بیدار خواهد کرد.

شهین: منظورت این است که بوی غذا را حس خواهم کرد؟

مهشاد: ممکن است خواب شام را ببینی.

شهین: من فکر نمی‌کنم خواب هیچ چیزی را ببینم. من واقعاً خسته هستم.

مهشاد: خوب بخوابی!

Joke

لَطیفه

روزی مُلاّ به جنگ رفت و با خود سِپَرِ بزرگی بُرد. ناگهان یکی از دشمنان سنگی به سر او زد و سرش را شِکَست.

مُلاّ سپر بزرگش را به دُشمن نشان داد و گفت: ای نادان این سپر بزرگ را نمی‌بینی و سنگ را به سر من میزنی؟

Common Phrases

جُمله‌های رایج

گوشت گوسفند دوست داری؟

Do you like mutton?

این نان بَیات شده‌است.

This bread is stale.

گوشت فاسِد شده‌است.

The meat is rotten/has gone bad.

غذای تُند دوست داری؟

Do you like spicy food?

شیر تُرش شده‌است.

The milk has soured/gone sour.

سوپ خیلی تُرش است.

The soup is very sour.

Poetry

شعر

چَندان بُخورَم شَراب، کاین بویِ شَراب   آید ز تُراب، چون رَوَم زیرِ تُراب،

گر بَر سَر خاکِ مَن رَسَد مَخموری،   از بوی شَرابِ مَن شَوَد مَست و خَراب

(خَیّام)

And, as the Cock crew, those who stood before
The Tavern shouted "Open then the Door!
You know how little while we have to stay,
And once departed, may return no more."

Word of the day

کَلَمه‌یِ روز

خَلاقیّت

معنی: creativity

مثال: خلاقیّت برای شرکت ما مهم است.

ضَربُ‌المَثَل | Proverb

✓ **شاهنامه آخَرَش خوش است:** این ضرب المثل در مورد کسانی به کار می‌رود که در کار خود با عجله نتیجه‌گیری می‌کنند و قبل از اینکه کاری به پایان برسد در مورد آن قضاوت می‌کنند.

گُفت‌وگو | Conversation

گِلاره: بیا یک سوپ سبزیجات درست کنیم.

تینا: بسیار خوب، موادَش را داریم؟

گِلاره: اجازه بده نگاه کنم. خوب گوجه و پیاز که اینجا هستند.

تینا: سیب زمینی هم در قفسه است.

گِلاره: ریحان و جعفری هم در یخچال هستند.

تینا: تو دستور تهیه سوپ را داری؟

گِلاره: نه ندارم اما یک کتاب آشپزی خوب دارم.

تینا: عالی است. کتاب را بیاور تا شروع کنیم.

اِصطلاحِ روز | *Idiom of the day*

توبه‌یِ گُرگ مَرگ است.

معنی: انسانی که ذاتاً بد است هرگز کارهای بد خود را کنار نخواهد گذاشت.

You may end him but you’ll not mend him.

ارگ راین از بزرگ‌ترین بناهای خِشتی جهان است. این ارگ در جنوب غربی شهر راین و در استان کرمان قرار دارد. این بنای تاریخی هرساله میزبان هزاران گردشگر داخلی و خارجی است.

ارگ راین یک از دژهای فرمانروایی میرزا حسین خان (راینی) و پسر او محمّد علی خان در زمان زندیّه بوده‌است. فرمانروایی پدر و پسر در این ولایت نشانه‌ی محبوبیّت آن‌ها در این سرزمین است. این ارگ در بسیاری از منابع با نام ارگ میرزا حسین خان شناخته شده‌است.

Vocabulary   کَلَمات جَدید

عَمیق: profound	فَهمیده: understanding	حِس کَردَن: to feel
عَجول: hasty	قَرَنطینه کَردَن: to quarantine	شَرم آوَر: shameful
میزبان: host	قضاوَت: judgment	سِپَر: shield
دِژ: castle	عَزل کَردَن: to dethrone	قُرعه‌کشی: lottery
فُروتَن: courteous	بَدجنس: wicked	فشُرده: massive
قاچاق: swindler	عَقَب کشیدَن: to recede	قَسَم خوردَن: to oath
فَرمانروایی: empire	توبه: repentance	فاسد: corrupt
ولایَت: province	ذاتاً: intrinsically	تُرش: sour
فَرعی: secondary	عَلی رَغم: notwithstanding	شکافتَن: to split
قَدردانی: gratitude		مَخمور: drunk
فَرو رَفتن: to sink		قَرارداد: contract
		خِشتی: adobe

روزِ ۷۱: شهر من

Day 71: My City

Conversation | گُفت‌وگو

فرشته: بَه بَه! چه هوای خوبی است! من دوست دارم این‌جا زندگی کنم.

رویا: من هم موافق هستم. رَشت شهر زیبا و خوش آب و هوایی است.

فرشته: بله، خیلی بزرگ نیست.

رویا: خیلی هم کوچک نیست.

فرشته: همیشه آب و هوای خوبی دارد.

رویا: خانه‌های زیبا دارد.

فرشته: رستوران‌های حیرت‌انگیزی دارد.

رویا: به کوه‌ها نزدیک است.

فرشته: مردم با هم مهربان و صمیمی هستند.

رویا: من هرگز اینجا را تَرک نمی‌کنم.

Joke | لَطیفه

مُلاّ مقداری چُغُندر و هَویج و شَلغَم و سَبزیجات مُختَلف خرید. آن‌ها را در خورجین ریخت و بر روی دوش خود گذاشت و سپس سوار خر شد.

یکی از دوستانش در راه او را دید و پرسید: مُلاّ چرا خورجین را بر روی خر نمی‌اندازی؟ مُلاّ جواب داد: من مرد باانصافی هستم، درست نیست که هم خودم سوارِ خر باشم و هم خورجین را روی حیوان بیندازم!

جُمله‌های رایِج

Common Phrases

جمعیّت تهران چقدر است؟

What's the population of Tehran?

زادگاهِ تو چطور شهری است؟

What kind of city is your hometown?

آیا در تهران جاهای دیدنی وجود دارد؟

Are there any places of interest in Tehran?

آیا در مرکز شهر زندگی می‌کنی؟

Do you live in the downtown?

شعر

Poetry

چون بُلبُل مَست راه دَر بُستان یافت
رویِ گُل و جامِ باده را خَندان یافت
آمَد به زَبانِ حال دَر گوشَم گُفت
دَریاب که عُمرِ رَفته را نَتوان یافت
"خَیّام"

Iram indeed is gone with all its Rose,
And Jamshyd's Sev'n-ring'd Cup where no-one knows; But
still the Vine her ancient Ruby yields,
And still a Garden by the Water blows.

یافت: پِیدا کرد بُستان: باغ باده: شَراب نتوان: نمی‌توان دریاب: بدان

کَلَمه‌یِ روز

Word of the day

ذوق

معنی: zeal, taste, penchant, verve

مثال: سارا ذوق و سلیقه‌ی خوبی در تزئین غذا دارد.

ضَربُ‌المَثَل — Proverb

- ✓ **آب اَز سَرچِشمه گِل آلود اَست:** این اصطلاح را به این دلیل به کار می‌برند که بگویند مشکل به‌وجود آمده به خاطر بی‌کفایتی و یا بی‌تدبیری مسئولین اصلی است.

- ✓ **کوه به کوه نمی‌رِسَد، آدَم به آدَم می‌رِسَد:** این عبارَت را در زمان اِنتِقام گرفتن از شخصی که قبلاً بَدی کرده‌است می‌گویند.

گُفت‌وگو — Conversation

یاسمن: محل تولّد تو کجاست؟

ارغوان: من شیراز به دنیا آمدم. پدر و مادرم اهل شیراز هستند.

یاسمن: شیراز چطور شهری است؟

ارغوان: شیراز یک شهر بزرگ و خوش آب و هوا است.

یاسمن: آیا جاهای دیدنی هم دارد؟

ارغوان: البته! جاهای دیدنی زیادی دارد. مانند: آرامگاه حافظ، آرامگاه سعدی و باغ‌های بسیار زیبا.

یاسمن: چند نفر جمعیت دارد؟

ارغوان: در حدود یک و نیم میلیون نفر است.

اِصطِلاحِ روز — *Idiom of the day*

جان کَندَن.

مَعنی: رنج بسیار تَحَمُّل کردن. مشکلات و سختی‌های زیاد داشتن.

Work one’s fingers to the bone.

خواندَن

Reading

باغ شاهزاده‌ی ماهان زیباترین باغِ تاریخی ایران محسوب می‌شود. این باغ در نزدیکی شهر ماهان و حوالی شهر کرمان قراردارد. این باغ مربوط به اواخر دوران قاجاریه است.

این باغ به دستور محمد حسن خان، حاکم کرمان ساخته شد. کوشک یا همان عمارت‌های آن بسیار زیبا است. سردَر آن، معماری زیبایی دارد که آن را از سایر باغ‌های ایرانی مُتَمایِز می‌کند. فوّاره‌های آن چشم هَر بیننده‌ای را خیره می‌کند. این فوّاره‌ها که در باغ قراردارند زیباترین فوّاره‌های باغ‌های ایرانی هستند.

کَلَمات جَدید

Vocabulary

مُوافِق بودَن: to agree

حیرَت‌اَنگیز: amazing

تَرک کَردَن: to abandon

چُغُندَر: beet

هَویج: carrot

شَلغَم: turnip

خورجین: saddlebag

دوش: shoulder

سِپَس: then

باانصاف: fair

زادگاه: birth place

بُلبُل: nightingale

سَلیقه: style

تَزئین: decorate

بی‌کِفایَت: incompetent

بی‌تَدبیر: imprudent

اِنتِقام گِرِفتَن: to vengeance

حَوالی: around

سَردار:commander

مُتَمایِز: differentiation

بینَنده: viewer

خیره شُدَن: to gaze

هَمانَند: similar

روزِ ۷۲: ویژِگی های اَخلاقی

Day 72: Features Moral

Conversation

گُفت‌وگو

سهراب: من فکر می‌کنم بدترین رئیس در دنیا را دارم.

سروناز: چرا اینطور فکر می‌کنی؟

سهراب: او خیلی بی ادب است و فریاد می‌زند.

سروناز: کار کردن با چنین رئیسی خیلی سَخت است.

سهراب: من هرگز از او کلمه‌ی لطفاً و ممنون را نشنیده‌ام.

سروناز: او اَحمق است.

سهراب: هیچ کس در شرکت شَبیه او نیست.

سروناز: نمی‌توانی گزارش او را به مدیر مسئول بدهی؟

سهراب: البته که نه. اگر این کار را بکنم کارم را از دست می‌دهم.

سروناز: بله، آن‌ها کسانی که شکایت می‌کنند را دوست ندارند.

سهراب: من کارم را ترک نمی‌کنم چون حقوق خوبی می‌گیرم.

سروناز: تو نباید پول را به خوشحالی تَرجیح بدهی.

Joke

لَطیفه

روزی شخصی از مُلاّ پرسید: ماه بهتر است یا خورشید!؟

مُلاّ گفت: ای نادان این چه سؤالی است که از من می‌پرسی؟ خوب معلوم است! خورشید روزها بیرون می‌آید که هوا روشن است و نیازی به وجودش نیست! ولی ماه شب‌های تاریک را روشن می‌کند. به همین علّت ماه خیلی بهتر است!

Common Phrases

جُمله‌های رایج

نِسبَتاً اجتماعی اَست.

He/she's quite sociable.

نسبتاً گوشه‌گیر است.

He/she's rather unsociable.

مهربان و صمیمی است.

He/she's kind and friendly.

صادق است.

He/she's honest.

آرام است.

He/she's calm.

عصبی است.

He/she's nervy.

Poetry

شِعر

هر که را با خَطِّ سَبزَت سَرِ سودا باشَد

پای اَز این دایِره بیرون نَنَهد تا باشد

«حافِظ»

Desire of passion for Thy fresh down to whomsoever, shall be: Forth from the circle he planteth not his foot, so long as he shall be.

Word of the day

کَلَمه‌یِ روز

خاطرخواه

معنی: lover

مثال: پویا خاطرخواه دختری شده‌است.

ضَربُ‌المَثَل
Proverb

- ✓ **دَست و پایِ کَسی را دَر پوستِ گِردو گُذاشتَن:** این ضرب‌المثل درمورد کسی به کار می‌رود که او را در شرایط سختی قرار می‌دهند. شخص باید برای رها شدن از آن شرایط بسیار تلاش کند.

- ✓ **دَری وَری می‌گویَد:** به جُمَلات نامفهوم و بی‌معنی و خارج از موضوع دَری وَری می‌گویند.

گُفت‌وگو
Conversation

سروش: شنیده‌ام فرید به تازگی در شرکت شما استِخدام شده‌است.

مهرنوش: بله، حدود دو هفته است به شرکت ما آمده است.

سروش: خوب است، فرید انسان خوب و قابل احترامی برای من است.

مهرنوش: البته. من زیاد او را می‌بینم. بسیار مُؤَدَّب و مهربان است.

سروش: او کمی گوشه‌گیر است، زیاد اجتماعی نیست.

مهرنوش: واقعاً؟ این‌طور به نظر نمی‌رسد.

سروش: قبلاً اینطوری بود، شاید حالا تغییر کرده باشد.

اصطِلاحِ روز
Idiom of the day

چوپانِ دروغگو.

معنی: به شخصی گفته می‌شود که بسیار دروغ می‌گوید.

Cry wolf.

خواندَن
Reading

سارى دَر شمال ايران قرار دارد و مركز استان مازَندَران است. سارى با بيش از ۶۰۰۰ سال قدمت، قديمى‌ترين شهرِ شمال ايران است. آب و هواى اين شهر مُعتَدِل و نمناک و در زمستان‌ها نسبتاً سرد و خشک است.

گيلان و مازندران تنها سرزمين‌هايى در آسياى غربى هستند، كه در زمان حمله‌ى عرب‌ها به ايران فتح نشدند. زيرا گيلان و مازندران از همه طرف محفوظ هستند و راه‌هاى نفوذ به آن‌ها بسيار سخت است.

كَلَمات جَديد
Vocabulary

شُجاعَت: bravery

شكايَت كُنَنده: complainant

سُتودَنى: admirable

مَسئول: responsible

زيستَن: to live

سياحَت كَردَن: to tour

شَديد شُدَن: to be intensify

زِراعَت كَردَن: to till

ماه: moon

سَرزَمين: land

شَباهَت: semblance

شَربَت: beverage

سيم: wire

خورشيد: sun

سود: profit

سوء تَفاهُم: misapprehension

موسِم: season

سور دادَن: to regale

زايمان: childbirth

نامَفهوم: unclear

شرافَتمَندانه: honorable

رَمز: mystery

بى‌مَعنى: meaningless

روح: spirit

موضوع: issue

راهزَن: robber

سفارشى: custom-made

سَرگُذَشت: adventure

شادى كَردَن: to joy

رَده‌بَندى كَردَن: to categorize

سَرشار: profuse

سماجَت: persistence

مَحفوظ: protected

روزِ ۷۳: نَقلِ مَکان

Day 73: Move

Conversation

گُفت‌وگو

فرزاد: ممکن است به من کمک کنی تا وسایلم را داخل ماشین بگذارم.

سپند: کدام ماشین؟

فرزاد: ماشینِ همسرم.

سپند: کدام یکی از این‌ها است؟

فرزاد: آن ماشین آبی، جلوی هوندا.

سپند: کدام یکی را اوّل بردارم؟

فرزاد: آن صندلی که آن‌جا است. امّا لطفاً دقّت کن. آن یک هدیه از طرف مادرِ همسرم است.

سپند: نگران نباش، من آن را نخواهم انداخت. اوه واقعاً سنگین است. من فکر نمی‌کنم بتوانم تنهایی آن را جابه‌جا کنم.

فرزاد: اجازه بده من کمکت کنم. نمی‌خواهم کمرت آسیب ببیند.

سپند: این وسایل را کجا می‌خواهید ببرید؟

فرزاد: من به تو زنگ نزدم؟ ما داریم به شیراز می‌رویم.

سپند: اکنون دارید نقل مکان می‌کنید؟ من فکر می‌کردم تو گفتی ماهِ آینده می‌روید.

Joke

لَطیفه

روزی مُلاّنصرالدین به دنبال جنازه‌ی یک مردِ ثروتمند می‌رفت و با صدای بلند گریه می‌کرد. یکی به او دلداری داد و گفت: «او چه نسبتی با شما داشت؟»

مُلاّ جواب داد: «هیچ! علّت گریه‌ی من هم همین است.»

Common Phrases

جُمله‌های رایِج

خانه‌ی من حیاطِ بزرگی دارد.

My house has a large yard.

ما در یک خانه‌ی سه طبقه زندگی می‌کنیم.

We live in a three-story house.

تمام خانه موکِت است.

The whole house is carpeted.

کفِ آشپزخانه کاشی است.

The kitchen floor is tiled.

به دیوارها کاغذ دیواری زده‌اند.

The walls are papered.

ما اتاق زیر شیروانی بزرگی داریم.

We have a pretty large attic.

Poetry

شِعر

هَر کسی کو دور ماند اَز اَصلِ خویش
باز جویَد روزِگار وَصلِ خویش

من به هَر جَمعیَّتی نالان شُدم
جُفتِ بَدحالان و خوش‌حالان شُدم

(مولانا)

Every one who is left far from his source wishes back the time when he was united with it.

In every company I uttered my wailful notes, I consorted with the unhappy and with them that rejoice.

Word of the day

کَلَمه‌یِ روز

مُجرِم

معنی: guilty

مثال: پلیس مجرم را دستگیر کرد و به زندان انداخت.

ضَربُ‌المَثَل — Proverb

- ✓ **مثلِ کَبک سَرَش را زیرِ بَرف می‌کُنَد:** این ضرب‌المثل در مورد کسانی به کار می‌رود که چون عیب‌های خود را نمی‌بینند و تشخیص نمی‌دهند، تصوّر می‌کنند که دیگران هم آن مَعایِب را نمی‌بینند و از آن بی اطّلاع هستند.

- ✓ **ماستش را کیسه کَرد:** این اصطلاح به معنی ترسیدن، از تهدید کسی کوتاه آمدن و یا دست از کار خود برداشتن است.

گُفت‌وگو — Conversation

سامان: سلام چطوری؟ بالاخره خانه‌ای پیدا کردی؟

تیام: سلام، آره یک خانه‌ی خوب در مرکز شهر پیدا کرده‌ام.

سامان: چه خوب، خانه‌ات چطوری است؟

تیام: سه خوابه است با یک حیاط بزرگ.

سامان: خیلی خوب است. باغچه هم دارد؟

تیام: البته، چند باغچه کوچک دارد، با همسرم تصمیم داریم در آن‌ها گُل بکاریم.

سامان: کی جابه‌جا می‌شوید؟

تیام: آخر هفته.

اصطِلاحِ روز — Idiom of the day

حادِثه خَبَر نمی‌کُنَد.

معنی: هَمیشه باید از اتّفاقات بَد پیشگیری کرد.

Accident(s) will happen.

خواندَن Reading

ارگ کریم‌خان در مرکز شهر شیراز واقع شده‌است. تاریخ ساخت آن مربوط به دوران زندیه است. چون کریم‌خانِ زند در این محل زندگی می‌کرده، به این نام شهرت یافته‌است. در دوران سلطنت پهلوی این ارگ به زندان تبدیل شُد و خسارت‌های زیادی به آن وارِد شد. اکنون این ارگ به موزه تبدیل شده‌است.

کریم‌خان زند برای ساخت این ارگ از بهترین معمارانِ زمانِ خود استفاده کرده است. و همچنین بهترین مصالح را برای ساخت آن از داخل و خارج کشور به کار بُرد. بنای ارگ کریم‌خان ترکیبی از دو سبک معماری مسکونی و نظامی است.

کَلَمات جَدید Vocabulary

نَقلِ مَکان: move

جِنازه: corpse

خوشبین: optimistic

رابِطه داشتَن: to correspond

دلداری دادَن: to sympathy

اَصل: orginal

دَست آوَرد: consequence

جُستَن: to seek

دِفاع کَردَن: to defense

رایِحه: smell

راضی کَردَن: to satisfy

وَصل کَردَن: to connect

نالان: weepy

جُفت: pair

راه یافتَن: to accede

کَبک: partridge

عِیب: fault

تَشخیص دادَن: to recognize

مَعایِب: disadvantages

بی اطّلاع: unaware

جا خوردُن: to be shocked

مَسکونی: residential

دَستکاری کَردَن: to manipulate

تَرسیدَن: to fear

تَهدید: threat

حادِثه: accident

اتّفاقات: events

دَربَر گِرِفتَن: to encompass

پیشگیری: prevention

خِسارت: damage

مَصالِح: materials

سَبک: style

نِظامی: military

روزِ ۷۴: مَزّه‌یِ غَذا

Day 74: Food Tasting

Conversation | گُفت‌وگو

ثمن: غذا چطور بود؟

فرناز: مزّه‌اش واقعاً عالی بود. تو آن را درست کرده‌ای؟

ثمن: بله. من آن را عصر درست کردم. می‌خواهی بیشتر بخوری؟

فرناز: باشد، فقط یک مقدار. واقعاً سیر شدم.

ثمن: می‌خواهید به جای آن مقداری سوپ بخوری؟

فرناز: چه نوع سوپی است؟

ثمن: گوجه و برنج. قبلاً خورده‌ای؟

فرناز: نه. اوّلین بار است. مزّه‌اش چطور است؟

ثمن: خوب است. امتحان کن. چی فکر می‌کنی؟

فرناز: خوب است. این هم خودت درست کرده‌ای؟

ثمن: بله.

فرنازه: تو واقعاً خوب آشپزی می‌کنی!

ثمن: ممنون دفعه‌ی بعد سوپ مرغ دُرُست می‌کنم.

Joke | لَطیفه

روزی مُلاّ خرش را گُم کرده بود امّا خدا را شُکر می‌کرد. دوستش پُرسید تو که خرت را گم کرده‌ای چرا خدا را شکر می‌کنی؟

مُلاّ گفت: به این خاطر که خودم بر روی آن ننشسته بودم وگرنه خودم هم با آن گُم شده بودم!!!

Common Phrases | جُمله‌هایِ رایِج

چه طعمی را دوست داری؟

What flavor do you like?

این غذا طعم خوبی ندارد.

This food doesn't taste very nice.

خوشمزه است امّا کمی شور است.

It's tasty/delicious, but it's a little salty.

بی مزّه است.

It's tasteless.

مزّه‌ی اَنبه دارد.

It tastes of mangoes.

به چاشنیِ بیشتری نیاز دارد.

It needs a little more seasoning.

Poetry | شِعر

این کُهنه رُباط را که عالَم نام است
و آرامگَه اَبلَقِ صبُح و شام است

بَزمی‌ست که وامانده‌یِ صَد جَمشید است
قَصریست که تِکیه‌گاهِ صَد بَهرام است

(خَیّام)

Think, in this batter'd Caravanserai
Whose Doorways are alternate Night and Day,
How Sultan after Sultan with his Pomp
Abode his Hour or two, and went his way.

Word of the day | کَلَمه‌یِ روز

طُلوع

معنی: rise, sunrise

مثال: طلوع خورشید بسیار زیبا است. من طلوع خورشید را دیدم.

ضَربُ‌المَثَل — Proverb

- ✓ **خَرِ مَن اَز کُرِگی دُم نَداشت:** این ضرب‌المثل از طرف شخصی بیان می‌شود که از قِضاوت و داوری دیگران ناامید شده‌است و فکر می‌کند با بی‌عدالتی مُواجِه شده‌است.

- ✓ **خاک بَر سَر:** از این اصطلاح برای تحقیر کردن شخصی استفاده می‌شود. به معنی بیچاره و ضعیف بودن نیز است. و همچنین به معنی راه‌حل است. مثلاً یک نفر که مشکلی دارد می‌گوید: چه خاکی بر سر کنم؟ یعنی چه کاری انجام بدهم تا این مُشکل را حَل کنم.

گُفت‌وگو — Conversation

گلرخ: چه بوی غذایی می‌آید! چی داری دُرُست می‌کنی؟

شهدخت: سوپ دُرُست می‌کنم. بیا کمی بچش.

گلرخ: بسیار خوب، ... طعم خوبی دارد امّا فکر کنم بهتر است کمی فلفل هم به آن اضافه کنی.

شهدخت: فلفل به آن اضافه کرده‌ام اما مقدار خیلی کمی، همسرم طعم تُند را دوست ندارد.

گلرخ: پس یک مقدار چاشنی به آن اضافه کن تا طعم بهتری پیدا کند.

شهدخت: بسیار خوب، کمی پودر سیر به آن اضافه می‌کنم.

اصطلاح روز — *Idiom of the day*

حالیش نیست.

معنی: نمی‌فَهمَد. **مثال:** او حالیش نیست من چه می‌گویم.

The spirit is willing but the flesh is weak.

خواندَن

Reading

کاخ نیاوران در شهر تهران قراردارد. این کاخ از زیبایی و جذابیّت طبیعی و تاریخی فراوانی برخوردار است. بناهای مجموعه‌ی کاخ نیاوران به دوران قاجار و پهلوی تَعَلُّق دارد. کاخ نیاوران ابتدا مکانی خوش آب و هوا جهت اقامت ییلاقی شاهان قاجار بود. در زمان حکومت پهلوی دوّم، بعضی از بناهای باغ نیاوران تخریب شد و کاخ نیاوران با سبکی مُدرن جهت سکونت شاه و خانواده‌اش ساخته شد.

مُحَوَّطه‌ی کاخ هم اکنون شامل کاخ اختصاصی نیاوران، کاخ صاحِبقِرانیه، کوشکِ احمَدشاهی و گلخانه‌ها و مدرسه‌ی اختصاصی پهلوی است.

کَلَمات جَدید

Vocabulary

رُباط: caravansary
حاشا کَردَن: to deny
اَبلَق (روزگار): time
خودداری کَردَن: to prevent
بَزم: banquet
تکان دادَن: to shake
خوشِ اِقبال: lucky
وامانده: remaining
قَصر: castle
کوشک: castle
گُلخانه: greenhouse
جَذب کَردَن: to attract
چاپلوس: bootlick
تکیه‌گاه: support
تکرار کَردَن: to repeat
قضاوَت: judgment
خواب رَفتَن: to sleep
داوَری: judgment
چِشم‌گیر: saleint
بی‌عدالَتی: injustice
مُواجه شُدَن: to face
جُدا شُدَن: to dissent
بیچاره: poor
اختِصاصی: dedicated
راه‌حَل: solution
جُبران کَردَن: to compensate
بَرخوردار بودَن: to have
تَعَلُّق داشتَن: to be belong
جُنبیدَن: to vibrate
ییلاقی: bungalow
جَدوَل: table
تَخریب کَردَن: to destroy
جَهَت: direction
مُحَوَّطه: area

روزِ ۷۵: پیشنَهاد دادَن

Day 75: To Offer

Conversation

گُفت‌وگو

سورِن: به نظر می‌رسد این‌جا رستوران خوبی باشد.

دانیال: بله، رستوران خوبی است، من همیشه به این‌جا می‌آیم.

سورِن: بیا آن طرف بنشینیم.

دانیال: بسیار خوب.

سورِن: ممکن است به من یک مِنو بدهید.

دانیال: حتماً. چی می‌خواهی بنوشی؟

سورِن: من یک لیوان آب‌جو می‌خواهم. تو چطور؟

دانیال: من فکر می‌کنم یک لیوان شَراب بخورم.

سورِن: می‌خواهی اوّل پیش غذا سفارش بدهی؟

دانیال: نه، شاید بتوانیم فقط مقداری نان سفارش دهیم.

سورِن: بسیار خوب. چی می‌خواهی بخوری؟

دانیال: مطمئن نیستم. من هنوز تصمیم نگرفته‌ام. ممکن است یک چیزی پیشنهاد کنی؟

سورِن: حتماً. من استیک و لابِستر قبلاً خورده‌ام. آن‌ها خیلی خوب بودند.

دانیال: من فکر کنم لابِستر بخورم. تو چی می‌خواهی بخوری؟

سورِن: من گرسنه نیستم. من فکر کنم فقط سالاد بخورم.

دانیال: من می‌خواهم برَوَم دستشویی. وقتی گارسون آمد تو سفارش می‌دهی؟

سورِن: حتماً. مشکلی نیست.

Joke

لَطیفه

شخصی به مُلاّ گفت: انگشترت را به من بده تا هر وقت آن را می‌بینم تو را به یاد آورم.

مُلاّ گفت: انگشتر را نمی‌دهم. اما تو هر وقت انگشتت را نگاه کردی به یاد بیاور که من انگشترم را به تو ندادم!

Common Phrases

جُمله‌های رایج

وقت شام است.

It’s time for dinner.

بیا یک غذای مُختَصَری بخوریم.

Let’s have a snack.

می‌شود یک میز دو نفره به ما بدهید؟

Could we have a table for two, please?

من معمولاً روزی سه وَعده غَذا می‌خورم.

I normally eat three meals a day.

آیا نوشابه‌یِ غیر الکی دارید؟

Do you have soft drinks?

آیا نوشابه‌یِ رژیمی دارید؟

Do you have diet drinks?

Poetry

شِعر

مَرا مِهرِ سیَه چَشمان زِ سَر بیرون نَخواهَد شُد

قَضای آسِمان اَست این و دیگرگون نَخواهَد شُد

رَقیب آزارها فَرمود و جایِ آشتی نَگذاشت

مَگر آهِ سَحَرخیزان سویِ گَردون نَخواهَد شُد

«حافظ»

As for me, out of my head, love for those dark of eye will not go: This is the sky’s decree; and other way, it will not be.

The watcher tormented, and abandoned not the place of peace:

Perchance, moving towards the sphere, the sigh of morning-risers will not be.

Word of the day

کَلَمه‌یِ روز

بیکار

معنی: unemployed

مثال: او بیکار است و به دنبال کار است.

ضَرب‌اُلمَثَل Proverb

- **لُقمان را حِکمَت آموختَن:** این ضرب‌المثل به این معنی است که شخصی بخواهد بزرگ‌تر و داناتر از خود را نصیحَت کند.
- **گهی پُشت به زین و گهی زین به پُشت:** این عبارت به این معنی است که در زندگی گاهی شرایطِ آن‌گونه است که ما انتظار داریم و به آرزویمان می‌رسیم. اما گاهی شرایط آن‌گونه که می‌خواهیم نیست و با سختی و مشکلات مواجِه می‌شویم.

گُفت‌وگو Conversation

آذین: من خیلی گرسنه هستم. یک رستوران آخر این خیابان است، غذاهای خیلی خوبی دارد.

شیرین: رستوران کَسری را می‌گویی؟ آن برای من خیلی گِران است.

آذین: خوب تو پیشنهاد بده کُجا بِرَویم؟

شیرین: یک رستوران در خیابان بَهار است، غذاهای خوب با قیمت مُناسب دارد.

آذین: بسیار خوب. من تا حالا آن‌جا نرفته‌ام.

شیرین: مطمئن باش پشیمان نخواهی شد.

آذین: امیدوارم، چون خیلی گُرسنه هستم.

اِصطِلاحِ روز Idiom of the day

حرفِ آخَر را زَدَن.

معنی: نظر قَطعی خود را اعلام کردن.

Wear the pants in the family.

خواندَن

Reading

بِاغِ فین در نزدیکی شهر کاشان قراردارد. قِدمَت این باغ و بناهای آن به دوره‌ی صَفَویه بازمی‌گردَد. باغ شامل یک حیاطِ مرکزی است که به وسیله‌ی دیوار و برج‌های استوانه‌ای شکل محصور شده‌است. وجود عناصر آب و درخت در باغ هُویَّتی زنده به این اثر فرهنگی و تاریخی بخشیده است. باغ فین یکی از مهم‌ترین باغ‌های ایرانی است که هم‌چنان پابرجاست. در طراحی باغ فین، آب، اساسی‌ترین عُنصُر است.

کَلَمات جَدید

Vocabulary

داناتَر: wiser

جُرعه: shot

جامِد: rigid

نَصیحَت: advice

جا گُذاشتَن: to misplace

تکّه تکّه کَردَن: to slab

جَمع کَردَن: to add

تَکمیل کَردَن: to supplement

لابستر: lobster

تَمایُل: tendency

ته مانده: scrap

چَشم پوشیدَن: to ignore

تولید کُنَنده: producer

جوشاندَن: to boil

قَطعی: certain

اعلام کَردَن: announce

بازگَشتَن: to return

اُستُوانه: cylinder

توصیه: recommendation

مَحصور: surrounded

تَلخ کَردَن: to embitter

پابَرجا: stable

حَلَزون: mollusk

حَساسیّت: sensitivity

جَویدَن: to chew

چاقی: overweight

حَلیم: submissive - meek

چَرخانیدَن: to whirl

تُند و تیز: peppery

حُرمَت: reverence

اَساسی‌تَرین: most basic

عُنصُر: element

حَرکَت دادَن: to move

روزِ ۷۶: قَدیمی‌ترین شَهرِ جهان

Day 76: The oldest city in the world

Conversation

گُفت‌وگو

الف: نزدیک‌ترین دستگاه اِی تی اِم کجاست؟

ب: دور نیست. آیا آن ساختمان زرد را می بینید؟

الف: آن یکی که بزرگ است یا آن یکی که کوچک است؟

ب: آن که بزرگ است.

الف: بله.

ب: نزدیک آن ساختمان است. سمتِ راست.

الف: آیا این اطراف فروشگاه است؟

ب: فکر نمی‌کنم این اطراف باشد. نزدیک‌ترین فروشگاه در خیابان سوّم است، اما احتمالاً الان بسته است.

الف: من واقعاً نیاز دارم چیزهایی را بخرم.

ب: خوب شما می‌توانید به خیابان بیست و دوّم بروید. آن‌جا مغازه‌های زیادی است که بیست و چهار ساعت شبانه روز باز هستند.

الف: می‌توانم با مِترو بِرَوَم؟

ب: بله، اما مُمکن است یک ساعت طول بِکِشَد.

Joke

لَطیفه

پدر: «بچّه جان! کار کَردَن را از این مورچه ها یاد بگیر. بیچاره‌ها دائماً کار می‌کنند؛ یک روز هم تفریح و استراحت ندارند.

بچه: «پس باباجان! چطور روزهای جمعه که ما می رَویم گردِش، آن‌ها هم آمده‌اند؟»

Common Phrases

جُمله‌های رایج

حدودِ پانصَد متر راه است.

No, it's about five hundred meters.

پیاده حدودِ پنج دقیقه راه است.

It's about five minutes' walk.

سر چهارراه بپیچ سمت راست.

Take a right at the junction/ the intersection.

روبه‌روی بانک است.

It's across from the bank.

پُشتِ مسجد است.

It's behind the mosque.

ابتدای جاده‌ی کمربندی است.

This is the beginning of the bypass.

Poetry

شِعر

دَر هَر دَشتی که لاله‌زاری بوده است
از سُرخیِ خونِ شَهریاری بوده است

هَر شاخِ بَنَفشه کَز زَمین می‌رویَد
خالی است که بَر رُخِ نگاری بوده است

(خَیّام)

I sometimes think that never blows so red The Rose as where some buried Caesar bled;
That every Hyacinth the Garden wears
Dropt in its Lap from some once lovely Head.

Word of the day

کَلَمه‌ی روز

جایگُزین

معنی: alternative

مثال: آن‌ها کتاب الکترونیک را جایگزین کتاب کاغذی کردند.

ضَربُ‌المَثَل — Proverb

- ✓ **گُرگِ باران دیده:** این اصطلاح به معنی افراد باتجربه و دانا است که در زندگی تجربه‌های زیادی را کسب کرده‌اند. البته این اصطلاح کمتر برای تعریف از طرف مقابل به‌کار می‌رود و بیشتر برای سرزنش به کار می‌رود.

- ✓ **آشِ نَخورده و دَهنِ سوخته:** این ضرب‌المثل به این معنی است که شخصی کاری را انجام نداده باشد ولی گناهکار شناخته شود.

گُفت‌وگو — Conversation

الف: ببخشید ممکن است به من کمک کنید؟

ب: بله حتماً، چه کمکی می‌توانم بکنم؟

الف: من به دنبال اداره‌ی پُست می‌گردَم، اداره‌ی پُست این شهر کجاست؟

ب: خوب من اهلِ این شهر نیستم. من مسافر هستم.

الف: می‌دانید از چه کسی بپرسم؟

ب: به نظر من بهتر است از فروشنده بپرسید.

الف: ممنون. ببخشید وقتتان را گرفتم.

ب: خواهش می‌کنم.

اِصطِلاحِ روز — Idiom of the day

خدا را چه دیدی!؟

معنی: امیدوار باش. مثال: خدا را چه دیدی! شاید به آرزویت رسیدی.

When pigs fly.

خواندَن

Reading

شوش به عنوان کُهَن‌ترین شهر جهان شناخته شده‌است. در این شهر از آغازِ حیات بشر تا کنون زندگی شهری جریان دارد. این شهر باستانی در شمالِ غرب شهر اهواز قراردارد.

شوش به خاطر موقعیّت جغرافیایی و سیاسی خاصِّ خود با نُقاط گوناگون جهان ارتباط داشت.

امروز موزه‌ای در جهان نیست که آثار مُتِعَدّدی از شوش در آن نباشد و این نشان‌دهنده‌ی ابعاد وسیعِ غارتگری آثار شوش باستان در طول چند دهه‌ی اَخیر است.

کَلَمات جَدید

Vocabulary

دائماً: always

دَستفُروش: badger - vendor

دَرک کَردَن: to perceive

شَهریار: king

دَردَسترِس: available

خَمیرمایه: leaven

بَنَفشه: violet

رُخ: face

دَفتَرچه: booklet

خَریداری کَردَن: to purchase

نگار: lover

دَر این باره: herein

دَفتَرخانه: scriptorium

داخِل شُدَن: to enter

خال: mole

جُغرافیا: geography

سیاسی: political

دلفَریب: lovely

ارتباط داشتَن: to be related

خاتَمه دادَن: to terminate

مُتَعَدّد: multiple

نشان‌دَهَنده: represents

اَبعاد: dimension

خُرده ریز: trinkets

خالص: pure

غارَتگَری: marauding

دَهه: decade

طی کَردَن: to pass

ژله: jelly - gelatin

دَر طول: during

کاغَذی: paper

روزِ ۷۷: سینَما

Day 77: Cinema

Conversation | گُفت‌وگو

فریماه: امشب می‌خواهی چه کار کنی؟

ساناز: می‌خواهم بِرَوَم یک فیلم ببینم.

فریماه: من شنیده‌ام فیلم "فروشنده" در سالنِ فردوسیِ اکران می‌شود.

ساناز: من شنیده‌ام که فیلم خوبی است. کِی شروع می‌شود؟

فریماه: ۶:۳۰ عصر. فیلمَش طولانی است. فکر کنم حدود سه ساعت باشد.

ساناز: می‌آیی؟

فریماه: بله، ساعت ۶:۱۵ در سالن تو را می‌بینم.

ساناز: می‌بینَمَت.

Joke | لَطیفه

پدر: پسرم امتحانِ ریاضی‌اَت چطور بود؟

پسر: یکی از جواب ها را غَلَط نوشتم.

پدر: عیبی ندارد. پس بقیه سؤال‌ها را درست حَل کردی؟!

پسر: «نه، بقیه‌ی سؤال‌ها را بَلَد نبودم و جواب ندادم!»

Common Phrases

جُمله‌های رایج

شنیده‌ام سینما فیلم خوبی روی پرده دارد!

I hear there is a good movie an at Cinema!

گیشه‌ی فروش بلیط از ساعت دَه صُبح باز است.

The box office is open from 10 A.M.

دوبله شُده‌ی این فیلم را دیده‌ای؟

Have you seen the dubbed version?

Poetry

شعر

گشت بیمار، که چون چَشمِ تو گَردَد نَرگِس

شیوه‌یِ تو نَشُدَش حاصِل و بیمار بِماند

اَز صِدایِ سُخَنِ عِشق نَدیدَم خوش‌تَر

یادِگاری که دَر این گُنبَدِ دَوّار بِماند

«حافظ»

That, like Thy eye, it might become, the narcissus became sick: Its habit was not gained by it; and, sick, it remained.
More pleasant than the sound of love's speech, naught I heard: A great token, that, in this revolving dome remained.

Word of the day

کَلَمه‌یِ روز

فیلم‌نامه

معنی: screenplay

مثال: کارگردان فیلم‌نامه را به بازیگر داد.

ضَربُالمَثَل — Proverb

- دَعوا سَرِ لَحافِ مُلاّ بود: چیزی را که چند دزد در نظر دارند از کسی بدُزدند و برای این کار حَواس او را با دعوای ظاهری بین خودشان پَرت می‌کنند و در این میان کَسِ دیگری که با دزدان هم‌کاری دارد آن را می‌زدَد.
- یِک کَلاغ چِهل کَلاغ کَردَن: این ضرب‌المثل هنگامی به کار می‌رود که شخصی در مورد موضوعی اِغراق کند.

گُفت‌وگو — Conversation

داریوش: من سینما رفتن را خیلی دوست دارم. همیشه آخر هفته‌ها سینما می‌روم.

نرگس: نمی‌دانستم عاشق سینما هستی؟ چطور فیلم‌هایی را دوست داری؟

داریوش: من فیلم‌های ترسناک را خیلی دوست دارم. اما همه نوع فیلمی نگاه می‌کنم.

نرگس: من اصلاً نمی‌توانم فیلم ترسناک نگاه کنم. اگر نگاه کنم تا مُدّت‌ها خواب بَد می‌بینَم.

داریوش: تو چطور فیلمی دوست داری؟

نرگس: من عاشقِ فیلم‌های عاشقانه و دِرام هستم.

اِصطِلاحِ روز — *Idiom of the day*

خَر تو خَر شُد.

معنی: هَرج و مَرج، بی نظمی و شلوغی زیاد.

When the shit hits the fan.

خواندَن
Reading

آبادان در جنوبِ غربی ایران و در اُستانِ خوزستان قراردارد. این شهر از مناطقِ بازَرگانی ایران است. آبادان دارای یکی از بزرگ‌ترین و قدیمی‌ترین پالایشگاه‌های نفت جهان است.

آبادان یکی از قدیمی‌ترین شهرهای ایران است که دارای جاذبه‌های تاریخی، گردشگری و تجاری است. بهترین روزهای عَزیمت به آبادان اَوایلِ فَرورَدین است. مکان‌های دیدنی و طبیعی آبادان شامل، ساحل زیبای رودخانه‌های اَروَند و بَهمَنشیر است که می‌توان از آن‌ها برای ماهی‌گیری و تفریح نیز استفاده کرد.

کَلَمات جَدید
Vocabulary

اِکران شُدَن: to display

غَلَط: false

جَشنواره: festival

پَرتاب کَردَن: to throw

جوی: stream

بِرکه: lake

جایِزه: award

نَمایِش دادَن: to display

لَحاف: quilt

حَواس: attention

نادُرُست: false

ظاهِری: outward

هَیَجان اَنگیز: exciting

اِغراق: exaggeration

ظاهِربین: superficial

حَواس پَرت کَردَن: to distract

دیار: country

دوره گرد: badger

پالایِشگاه: refinery

ماهی‌گیری: fishing

دَماسَنج: thermometer

تَمجید کَردَن: to praise

رَهبَری کَردَن: to lead

تَرسناک: scary

رِضایَت‌بَخش: satisfactory

خَنده‌دار: funny

مُستَنَد: documentary

دِلهُره: presentiment

بازیگَر: actor

روزِ ۷۸: عیدِ نوروز

Day 78: New Year Festival

Conversation | گُفت‌وگو

بهناز: تقریباً نوروز است. تو آخر هفته چه‌کار می‌کنی؟

عسل: کار خاصّی نمی‌کنم، فقط کار. چرا می‌پُرسی؟

بهناز: من هنوز خریدهایم را تمام نکرده‌ام. می‌خواهی با من آخر هفته به خرید بیایی؟

عسل: من دوست دارم بیایم، اما مطمئن نیستم بتوانم. چرا نمی‌آیی چهارشنبه به جایَش برویم؟

بهناز: چهارشنبه خوب نیست. من فکر می‌کنم مغازه‌ها خیلی شلوغ هستند.

عسل: بسیار خوب. پس سعی می‌کنیم آخر هفته برویم.

بهناز: بله. خوب است.

Joke | لَطیفه

معلّمی در کلاس در حال درس دادن بودن که ناگهان بر سر دانش آموزی فریاد زد و گفت: «تو نمی توانی سر کلاس من بخوابی!»

دانش آموز در حالی که چشمان خود را می‌مالید جواب داد:

«درست است آقای معلم چون شما خیلی بُلند حرف می‌زنید»

Common Phrases

جُمله‌های رایج

دُنبالِ چَرخ دستی می‌گردم.

I'm looking for a shopping trolley.

ممکن است بگویید صندوق کجاست؟

Could you tell me where the cashier is?

من مشتریِ دائمی اینجا هستم.

I'm a regular customer here.

پوشاک مردانه در کدام طبقه است؟

Which floor is man's wear on?

Poetry

شِعر

مَگذار که غُصّه دَر کِنارَت گیرَد
واَندوهِ مَحال روزِگارَت گیرَد

مَگذار کِتاب و لَبِ آب و لَبِ کِشت
زان پیش که خاک دَر حِصارَت گیرَد

(خَیّام)

Ah, make the most of what we yet may spend,
Before we too into the Dust descend;
Dust into Dust, and under Dust to lie,
Sans Wine, sans Song, sans Singer, and — sans End!

Word of the day

کَلَمه‌ی روز

سُقوط

معنی: fall

مثال: مسافران می‌ترسیدند که هواپیما سقوط کند .

ضَربُالمَثَل — Proverb

- ✓ **حَرفَش را به کُرسی نِشاند:** هنگامی که شخصی برای اثبات حرف‌های خود پافشاری کند و حرفش را به دیگران تحمیل کند می‌گویند: «حرفش را به کرسی نشاند.»
- ✓ **کَلَکَش را کَندَند:** این ضرب‌المثل هنگامی به‌کار می‌رود که شخصی را از بین ببرند یا ضرری به او رسانند و از جایی بیرونَش کنند. در این موارِد گفته می‌شود: کلکش را کندند.

گُفت‌وگو — Conversation

صدف: برنامه‌ات برای عید نوروز چیست؟

سایه: هنوز تصمیم قطعی نگرفتم. اما با خانواده به مسافرت می‌رویم.

صدف: ما یک مراسم عروسی داریم. باید برای مراسم لباس بخرم.

سایه: عروسی کی؟

صدف: عروسیِ برادرم. روز پنجُم فَروَردین است. من هنوز خریدهایم را انجام نداده‌ام.

سایه: خوب من شنیده‌ام فروشگاه آریا پیراهن‌های جدیدی آورده است. آن‌جا رفته‌ای؟

صدف: نه نرفته‌ام. پس آخر هفته می‌روم. کاش بتوانم یک پیراهن زیبا پیدا کنم.

اِصطِلاحِ روز — *Idiom of the day*

خواستَن تَوانِستَن اَست!

معنی: آن‌چه را انسان بخواهد می تواند بدست آورد.

Where there’s a will there’s a way.

خواندَن

Reading

باغ عفیف‌آباد از آثار تاریخی شهر شیراز است. این باغ هم‌اکنون در اختیار ارتش ایران است و به یکی از بزرگ‌ترین موزه‌های سلاح خاورمیانه تبدیل شده‌است.

باغ عفیف‌آباد یک نمونه‌ی کامل از هُنرِ گُل‌کاری ایرانی است و در یکی از مناطق اَعیان‌نشین شیراز قراردارد. این باغ در سال ۱۸۶۳ میلادی ساخته شده‌است. این مجموعه شامل یک کاخ سلطنتی، موزه‌ی سلاح‌های قدیمی و یک باغ ایرانی است که برای بازدید عموم آماده هستند.

کَلَمات جَدید

Vocabulary

- **اَندوه**: grief
- **مَحال**: impossible
- **نابود کَردَن**: to destroy
- **هِنگامی‌که**: when
- **اِثبات کَردَن**: to prove
- **نابود کَردَن**: to destroy
- **پافِشاری**: insistence
- **تَحمیل کَردَن**: to force
- **اَز بِین بُردَن**: to destroy
- **روزمَرّه**: routine
- **رونَق یافتَن**: to thrive
- **رویارویی**: encounter
- **زایِشگاه**: maternity
- **زَجر دادَن**: to torture
- **زَحمَت کِشیدَن**: to toil
- **آرِزو داشتَن**: to wish
- **آزمودَن**: to examine
- **آماده ساختَن**: to prepare
- **ابراز داشتَن**: to evince
- **اِحاطه**: surround
- **اِحسان**: goodness
- **اِدغام**: merger
- **اَز یاد بُردَن**: to forget
- **اِستِحمام**: bathe
- **اِشتیاق**: aspire
- **اِطمینان**: assure
- **اِفتِتاح**: inaugurate
- **اِکتِشاف**: explore
- **اَنبوه**: mass
- **اِجتِماع**: community

روزِ ۷۹: دَرخواست کَردَن

Day 79: To Request

Conversation | **گُفت‌وگو**

مهرناز: پویا ممکن است یک لُطفی به من بکنی؟

پویا: حتماً، چه کمکی می توانم بکنم؟

مهرناز: یک ظرف در کابینِت بالا است می‌خواهم آن را برایَم بیاوری؟

پویا: بسیار خوب، الان می‌آورم.

مهرناز: ممکن است یک لُطف دیگری هم بکنی؟

پویا: البته.

مهرناز: این دستمال را بگیر و داخل آن کابینت را تمیز کن.

پویا: بسیار خوب.

مهرناز: ممنون. ببخشید قَدِّ من به آن‌جا نمی‌رسد. همیشه باید از چهارپایه استفاده کنم.

Joke | **لَطیفه**

پدر: پسرم! مگر به تو قول نداده بودم که اگر قبول شدی، برایَت یک دوچرخه بخرم؟ پس چرا قبول نشدی؟ تو در یک سال گذشته، چه می‌کردی؟

پسر: پدرجان! داشتم دوچرخه سواری یاد می‌گرفتم!

Common Phrases

جُمله‌های رایج

مَن دَر ناز و نِعمَت بُزُرگ شده‌ام.

I was brought up in the lap of luxury.

من تک فرزند هستم.

I am an only child.

Poetry

شعر

قومی مُتِفَکِّرَند اَندَر رَهَ دین

قومی به گُمان فِتاده دَر راهِ یَقین

می‌تَرسَم از آن که بانگ آیَد روزی

کِای بی‌خبران راه نه آنَست و نه این

(خَیّام)

Alike for those who for TO-DAY prepare,
And those that after a TO-MORROW stare,
A Muezzin from the Tower of Darkness cries
"Fools! Your reward is neither Here nor There"!

Word of the day

کَلَمه‌ی روز

خِدمَتکار

معنی: server, maid

مثال: او تمام خدمتکارها را اخراج کرد.

ضَربُ‌المَثَل — Proverb

- **چوب توی آستین کَردَن:** هر زمان کسی با شخصی که قوی‌تر از خود باشد مبارزه کند، به او می‌گویند: طرف قوی است، چوب توی آستینت می‌کند.
- **کُلاه گُذاشتَن:** این اصطلاح برای افرادی که فریب خورده‌اند به کار می‌رَوَد. شخصی که به خاطر عدم تَوَجّه ضَرَر می‌کند در اصطلاح گفته می‌شود: کلاه سرش رفته است یا کلاه سرش گذاشته‌اند.

گُفت‌وگو — Conversation

مهناز: می‌شود یک کمکی به من بکنی؟

پگاه: چه کمکی؟

مهناز: می‌خواهم این میز را جابه‌جا کنم.

پگاه: باشه، امّا به نظرم این میز برای ما خیلی سنگین باشد.

مهناز: فکر نمی‌کنم.

پگاه: خوب من این طرف را می‌گیرم تو هم آن‌طرفش را بگیر.

مهناز: سنگین است. بهتر است از یک نفر دیگر هم کمک بگیریم.

اِصطِلاحِ روز — Idiom of the day

خودِ خودَش است.

معنی: همان چیزی است که من دنبالَش هستم.

Just the ticket.

خواندَن

Reading

اراک یکی از کَلان‌شهرهای ایران و مرکز استان مرکزی است. اراک نسبت به بسیاری از شهرهای ایران، شهر جوانی است. این شهر در دوران قاجار پایه‌ریزی شده‌است و در حدود دو قرن قدمَت دارد. بانی شهر اراک یوسف‌خان گُرجی بود. شهرِ اراک دارای زمستان‌های سرد و مَرطوب و تابستان‌های گرم و خُشک است. کوه‌های اطراف شهر، تالاب مِیقان و دَشتِ فَراهان بَر آب و هوای آن تَأثیر گذاشته‌اند. شهر در میان پای‌کوه‌های رشته‌کوه زاگرس قراردارد. شهر اراک از شهرهای اَمن از نظر لرزه‌خیزی است که احتمال وقوع زلزله بالای ۵ ریشترِ در آن بسیار کم است.

کَلَمات جَدید

Vocabulary

یَقین: certainty

بی‌حال شُدن: to be languish

بانگ: cry

تَرَقّی: promote

قوم: people

بیگانه: alien

بوییدَن: to smell

مُتفَکّر: thinker

پاشیدَن: to spray

دین: religion

تَحریف: distort

بَلعیدَن: to devour

آستین: sleeve

پُرخوری: gorge

پایه‌ریزی کَردَن: to establishment

تالاب: pond

تَأثیر گُذاشتَن: to influence

لَرزه‌خیزی: seismicity

وُقوع: occurrence

فشار دادَن: to push

اِخراج کَردَن: to fire

تَبلیغ: propaganda

پوست کَندَن: to peel

پاک: clear

تَرمیم: reform

اَنبار: stock

اَندیشه: thought

باز داشتَن: to prevent

بَرّاق کَردَن: to shine

تَحت تَأثیر: influence

دُکمه: button

دَشت: field

روزِ ۸۰: عَکس گرِفتَن

Day 80: Taking Photos

Conversation | گُفت‌وگو

الف: ببخشید، آقا، ممکن است از ما عکس بگیرید؟

ب: حتماً، این یک دوربین خیلی خوب است.

الف: مَمنون، والدینم آن را به من دادند.

ب: چطور استفاده می‌شود؟

الف: این دُکمه را فِشار دهید.

ب: بیایید یکم نزدیک‌تر. صبر کنید،نه! خیلی نزدیک است، یِکم بِرید سمت چپ، همین جا! بایستید.

الف: لازم است دُکمه را برای سه ثانیه نگِه دارید.

ب: بسیار خوب فهمیدم، آماده هستید؟

الف: بله.

ب: لبخند...

Joke | لَطیفه

دانش آموز: آقای فروشنده! فروشنده: بله پسرم!

دانش آموز: تقویم امسال را دارید؟ فروشنده:بله کدام یکی را می‌خواهی؟

دانش آموز: لُطفاً هَر کُدام که تعطیلی بیشتری دارد را بدهید!

Common Phrases

جُمله‌های رایج

عَکس رَنگی می‌خواهید؟

Do you want a color photograph?

کِی این فیلم را ظاهر می‌کنید؟

When will you develop this film?

من خوش عکس نیستم.

I'm not very photogenic.

ممکن است این عکس را برای من قاب کنید؟

Can you frame this photo for me?

Poetry

شِعر

یِک چَند به کودَکی به اُستاد شُدیم　　یِک چَند به اُستادی خود شاد شُدیم

پایان سُخَن شِنو که ما را چه رَسید　　اَز خاک دَرآمَدیم و بَر باد شُدیم

(خَیّام)

Myself when young did eagerly frequent Doctor and Saint,

and heard great Argument

About it and about: but evermore

Came out by the same Door where in I went.

Word of the day

کَلَمه‌یِ روز

مَنظَره

معنی: view

مثال: باغ منظره‌ی زیبایی داشت و ما خیلی لذّت بُردیم.

ضَربُ‌المَثَل — Proverb

- ✓ **کُلاهَش پَس مَعرِکه اَست:** این ضرب‌المثل زمانی به‌کار می‌رود که شخصی در کاری عقب باشد یا احتمال شکستش در امری قطعی باشد، در این موارد گفته می‌شود: کلاهش پس معرکه است. یعنی شرایط طوری است که احتمال مُوفقیَّت ندارد.
- ✓ **قُمپُز دَرکَردَن:** این عبارت برای شخصی به‌کار می‌رَوَد که از خودش تعریف کند و مُدام دروغ بگویَد و دروغ‌هایی به خودش نسبت دهد. این‌جا است که دیگران می‌گویند: او قمپز دَرمی‌کُنَد. یعنی حرف‌هایش حقیقت ندارد و باور نکن.

گُفت‌وگو — Conversation

عکاس: چه نوع عکسی می‌خواهید؟

مشتری: عکس سیاه و سفید می‌خواهم.

عکاس: این عکس را برای کُجا نیاز دارید؟

مشتری: برای گواهینامه‌ی رانندگی می‌خواهَم.

عکاس: بسیار خوب. ... لطفاً بنشینید روی صندلی و به دوربین نگاه کنید.

مشتری: بسیار خوب.

عکاس: می‌توانید عکستان را ببینید. اگر راضی نیستید می‌توانم دوباره بگیرم.

مشتری: نه همین خوب است، ممنون.

اِصطِلاحِ روز — *Idiom of the day*

خود را به دَردسَر انداختن.

معنی: زَحمت و دَردسَر ایجاد کردَن برای خود.

Jump in at the deep end.

خواندَن
Reading

دِنا بلندترین کوه از رشته‌کوه‌های زاگرُس در باختَر ایران است. این کوه، مرکز فَلات ایران است. دِنا از ۲۰ کیلومتری شرقِ شهر یاسوج آغاز می‌شود و تا ۷۰ کیلومتری شمال غرب آن ادامه پیدا می‌کند. دنا دارای ۴۰ قلّه‌ی بالای ۴۰۰۰ متر است که بلندترین قله آن، بیژن۳، ۴۴۰۹ متر ارتفاع دارد و در ۳۵ کیلومتری شمال غربی یاسوج قراردارد. شهر سی‌سَخت مرکزِ شهرستان دنا در دامنه‌ی این کوه قرار گرفته است. با توجه به طول زیاد و ارتفاعات گوناگون، بارش سالانه در این کوه مُتِغَیّراست و رودهای مُتِعَدّدی از آن سرچشمه می‌گیرند.

کَلَمات جَدید
Vocabulary

باختَر: west

جانشین: substitute

فَلاّت: plateau

خاوَر: east

تَفَحُّص: disquisition

تَرغیب: encourage

جدال: dispute

غَضَب: wrath

جَهانگردی: tourist

عاری: free

فاصِله: space

شایِعه: rumor

خَراب‌کاری: subvert

ادامه پِیدا کَردَن: to continue

قُلّه: peak

ساکِن بودَن: to be stable

شَهادَت: witness

درَخشان: bright

رَأی دادَن: to vote

قَرار گرِفتَن: to stay on

سالانه: yearly

صُعود: to rise

مُتغَیِّر بودَن: to be variable

تَعظیم: bow

رِقابَت کَردَن: to compete

ساکِت: silent

سُست: lazy

فَعّال: active

فُرو ریختَن: to collapse

ثابِت بودَن: to be stable

روزِ ۸۱: مُشکلاتِ تَماس

Day 81: Connection Problems

Conversation | گُفت‌وگو

هُدا: اَلو؟

پیام: سلام هُدا من پیام هستم. فکر می‌کنی امشب چه زمانی به مهمانی بیایی؟

هُدا: ببخشید، صدای شما را خوب نمی شنوم؟

پیام: اَلو، صدای من را می‌شنوی؟گفتم امشب کِی به مهمانی می‌آیی؟

هُدا: متأسفم، من نمی‌توانم صدای شما را بشنوم.

پیام: الان می‌توانی صدای من را بشنوی؟

هُدا: نه، خیلی واضِح نیست. این‌جا خیلی سروصدا است.

پیام: ممکن است مشکل از موبایل من باشد، فکر نمی‌کنم خوب دریافت کنم.

هُدا: بسیار خوب.

پیام: ممکن است بعداً تماس بگیرم؟

هُدا: حتما.

Joke | لَطیفه

معلّم به شاگرد گفت یک کِرم بِکِش. دانش آموز یک سیب کشید.

معلّم پرسید: چرا سیب کشیدی؟

دانش‌آموز جواب داد: کِرم توی سیب قایم شده است آقای معلّم!!!

Common Phrases

جُمله‌های رایج

بوق اِشغال می‌زند.

I hear the busy tone.

بوق آزاد نمی‌زند.

I cannot hear the dial tone.

پیش شماره‌ی آن را می‌دانی؟

Do you know its area code?

مزاحِم تلفنی داریم.

We're having crank calls.

به نظر می‌رسد خَط روی خَط شده‌است.

We seem to have got a crossed line.

با من در تماس باش.

Keep in touch with me.

Poetry

شِعر

هِنگام وِداع تو زِ بس گِریه که کَردَم

دور از رُخ تو چَشمِ مَرا نور نَماندَست

«حافِظ»

At the time of farewell to Thee, from much weeping that I made, Far from Thy face! to my eye, light hath remained not.

Word of the day

کَلَمه‌ی روز

لَحن

معنی: tone

مثال: لحن صحبت‌های رئیس خیلی بَد بود.

ضَربُ‌المَثَل
Proverb

- **تیری دَر تاریکی رَها کَرد:** گاهی کسی بدونِ فکر و بدون درنظر گرفتن تَبَعات چیزی، کاری را می‌کند و انتظار نتیجه‌ای خوب دارد. به چنین عملی می‌گویند تیری در تاریکی رها کردن.
- **کَفگیرَش به تَه دیگ خورده اَست:** این عبارت را برای شخصی به کار می‌بَرَند که ثِروَت یا سَرمایه‌اش تمام شده‌باشد و یا دیگر پولی برایش نمانده باشد که خرج کند.

گُفت‌وگو
Conversation

نَریمان: این تلفن مشکل دارد؟ بوق آزاد نمی‌زند.

حَنا: نمی‌دانم، دیروز که من استفاده کردم مشکلی نداشت.

نَریمان: باید یک تعمیرکار بیاوریم تا ببیند مشکلش چیست.

حَنا: بسیار خوب، می‌توانی با موبایل من تماس بگیری.

نَریمان: ممنون، موبایل تو کجاست؟

حَنا: در اتاق خواب روی میز است.

اِصطِلاحِ روز
Idiom of the day

دَر هفت آسمان یک ستاره نداشتن.

معنی: خیلی فقیر بودن. بیچاره بودن.بی پُشتیبان و حامی بودن.

As poor as a church mouse.

Reading — خواندَن

بوشهر شهری بندری و مرکز استان بوشهر است. استان بوشهر در جنوب غرب ایران قراردارد. بیشتر مردمِ بوشهر به زبان فارسی با لَهجه‌ی مَحَلّی صُحبت می‌کنند. بندر امروزی بوشهر را نادرشاه افشار در ۱۷۳۶ میلادی دوباره رونق بخشید. نام این منطقه قبل از آن ریشهر بوده است.

بندرِ بوشهر به عِلّت عَوامِلی مانند صَیّادی، وجود نیروگاهِ اتُمی، کِشتی‌سازی و صادِرات از این بندر رونق اقتصادی گرفته است. هم اکنون ۱۸ اسفند سالروز تأسیس مدرسه‌ی سعادت، روزِ بوشهر نام دارد.

Vocabulary — کَلَمات جَدید

اَزَل: eternity

مَصرَف کَردَن: to consume

قُرعه: lottery

نامزَد کَردَن: to engage

کِشتیرانی: shipping

رَها کَردَن: to release

تَه: end

مُژده دادَن: to enunciate

مُجَهَّز: equip

مانِع: barrier

صادِرات: export

نِگَریستَن: to look

گِل‌آلود: puddle

مَأمور: officer

قُربانی: victimize

رونَق بَخشیدَن: to thrive

صَیّادی: fishing

نیروگاه: powerhouse

اَتُمی: atomic

کِشتی سازی: ship making

سالروز: anniversary

مُباشِرَت کَردَن: to steward

ناشِر: publisher

نایاب: rare

هَوادار: advocate

مَحبوب: popular

مُتَلاشی شُدَن: to be collapsed

گَپ زَدَن: to chat

ماجَرا: adventure

روزِ ۸۲: سِفارِشِ دادَنِ گُل

Day 82: Order Flowers

Conversation | **گُفت‌وگو**

فروشنده: عصر بخیر می‌توانم کُمکتان کنم؟

پژمان: می‌خواهم گُل سِفارِش بدهم.

فروشنده: برای چه کسی؟

پژمان: گُل‌ها برای همسرم هستند، اسم او آیدا است.

فروشنده: چه نوع گُلی می‌خواهید؟

پژمان: نمی‌دانم، من چیز زیادی در مورد گُل‌ها نمی‌دانم. می‌شود شما چیزی پیشنهاد بدهید؟

فروشنده: حتماً، به چه دلیلی گُل‌ها را برای او می‌فرستید.

پژمان: امروز تَولُّد او است.

فروشنده: او چه نوع گُلی را دوست دارد؟

پژمان: مطمئن نیستم. به خاطر نمی‌آورم.

فروشنده: خوب، آن‌ها برای همسرتان مناسب هستند، بنابراین من فکر می‌کنم شما باید به او گُلِ رُز بدهید.

پژمان: گُلِ رُز خوب است.

Joke | **لَطیفه**

پسر از پدرش پرسید: بابا چرا هر وقت من عاشقانه و پُراحساس آواز می‌خوانم شما زود می‌روی جلوی پنجره و به مردم کوچه نگاه می‌کنی و لبخند میزنی؟

پدرش گفت: به این خاطر که با شنیدنِ صدای تو مردم فکر نکنند که من دارم تو را کُتَک می‌زنم!

Common Phrases

جُمله‌های رایج

بایَد دَرمورد قیمت با او چانه بزنی.

You should bargain with him over the price.

امیدوارم درمورد قیمت با هم به توافُق برسیم.

I hope we reach an agreement over the price.

می‌توانم نِسیه بِبَرم؟

Can I buy this on credit?

Poetry

شعر

این کوزه چو مَن عاشقِ زاری بوده است دَر بَندِ سَرِ زُلفِ نگاری بوده است

این دَسته که بَر گردَنِ او می‌بینی دستی‌ست که بَر گردَنِ یاری بوده است

(خیّام)

I think the Vessel, that with fugitive
Articulation answer'd, once did live,
And drink; and Ah! the cold Lip I kiss'd
How many Kisses might it take - and give!

Word of the day

کَلَمه‌ی روز

گیج

معنی: astounding

مثال: من با دیدن سؤالاتِ امتحان گیج شدم.

Proverb — ضَربُ‌المَثَل

- **اَز دَماغِ فیل اُفتاده است:** این عبارت در مورد شخصی به کار می‌رود که بسیار مغرور باشد و این غرور دیگران را ناراحت کند. در این مواقع گفته می‌شود:انگار از دماغ فیل افتاده است.
- **چَشم روشَنی:** چَشم روشَنی به معنی تبریک گُفتن است. این تبریک برای کسی که از سفر بر گشته، هدیه‌ای که برای کسی می‌فرستَند، نوزادی که تازه به دنیا آمده‌است و یا شخصی که موَفّقیّتی به‌دست آورده باشد، به کار می‌بَرَند. در واقع چشم روشنی یک نوع هدیه است.

Conversation — گُفت‌وگو

فروشنده: می‌توانم کمکتان کنم؟

مشتری: من برای مراسم عروسی‌ام یک دسته‌گُل می‌خواهم.

فروشنده: دسته‌گُل عروس؟

مشتری: بَله.

فروشنده: می‌توانید این مَجَلّه را ببینید. در این مجلّه دسته‌گُل‌های زیبایی است هر کدام را بخواهید برایتان آماده می‌کنیم.

مشتری: این دسته‌گُل خوب است. قِیمت آن چند است؟

فروشنده: ۵۰ هزار تومان، برای کِی می‌خواهید؟

مشتری: فردا ساعت چهار عصر.

Idiom of the day — اصطلاح روز

دَم غَنیمَت است.

معنی: فرصت را از دست نباید داد.

Seize the moment. Take the opportunity now; don’t waste it.

خواندَن — Reading

شهر کاشان در استان اصفهان قراردارد. این شهر یک شهر تاریخی است. زبان مردُم شهر، فارسی با لَهجه‌ی کاشانی است. کاشان دارای آب و هوایی گرم و خشک و بیشتر مشاغل این شهر کشاورزی و صنایع دستی است. صنایعِ دستی مانند مِسگری، کاشی‌کاری و ابریشم‌بافی است. زمین‌های کشاورزی نیز بیشتر زیر کِشت پنبه و غلاّت است. فرش‌های دستباف کاشان نیز دارای شُهرت زیادی در سَراسَر کشور ایران و جهان است.

کَلَمات جَدید — Vocabulary

لَهجه: accent

مِسگَری: coppersmith

دَم: moment

فُرصَت: opportunity

عاشِقانه: romantic

پُراِحساس: emotional

کُتَک: beat

زار: lamentable

دَر این مَواقِع: in this case

مُوَفَقیَّت: success

سُؤالات: questions

زُلف: hair

دَسته‌گُل: bunch of flowers

تَبریک گُفتَن: to congratulate

غُرور: pride

کَمین: ambush

چانه زَدَن: to bargain

نوزاد: baby

اَبریشَم بافی: silk weaving

دَماغ: nose

قِصّه: story

نِگار: sweetheart

فیل: elephant

گُواهی دادَن: to testify

کَمین: ambush

کِردار: deed

تَوافُق: agreement

کَسب و کار: business

کَدبانو: dame

قُفل: lock

قَدیم: old

روزِ ۸۳: اِستِخدام و اِخراج

Day 83: Hiring and Firing

Conversation — گفت‌وگو

گلنار: اَلو؟

یکتا: سلام، ببخش که دیر وقت تماس گرفتم، امیدوارم خواب نبوده باشی.

گلنار: نه من داشتم کارهایم را انجام می‌دادم. هنوز به رختخواب نرفته‌ام.

یکتا: شنیده‌ای بهروز دیروز اخراج شده‌است؟

گلنار: نه، من نشنیده‌ام، تو مطمئن هستی؟

یکتا: بله، سارا امروز عَصر به من گفت. او خیلی از این قَضیه ناراحت بود.

گلنار: خیلی بَد است، بهروز آدمِ خوبی است.

یکتا: بله، می دانم.

گلنار: چرا اخراج شده است؟

یکتا: او چیزی نگفت.

گلنار: خوب، اگر دوباره با فریبا صحبَت کردی، به او بگو یک کار در شرکت ما است. اگر بهروز بخواهد می‌تواند این هفته مصاحبه داشته باشد.

یکتا: خیلی ممنون. من با او تماس می‌گیرم و به او می‌گویم.

Joke — لَطیفه

رئیسِ تیمارستان به یکی از مُراقب‌ها می‌گوید: «من در این جا از همه راضی هستم، فقط دیوانه‌ای هست که اصرار دارد من بُرج ایفِل را از او بخرم.»

مراقب می‌گوید: «خوب حالا چرا نمی گویید که از او می‌خریدش!»

رئیس تیمارستان می‌گوید: «چون پول ندارم. اگر داشتم، حتماً می‌خریدم!»

Common Phrases

جُمله‌های رایج

کارفرمایِ او کیست؟

Who is his employer?

او هفته‌یِ قبل ترفیع گرفته‌است.

He got a promotion last week.

حقوقشان بعد از کَسر مالیات، بیمه و غیره چقدر است؟

How much is your salary after deductions for tax, insurance, etc?

Poetry

شِعر

خَیّام اَگر زِ باده مَستی خوش باش　　با ماهرُخی اَگر نِشَستی خوش باش

چون عاقِبَت کارِ جَهان نیستی اَست　　اِنگار که نیستی چو هَستی خوش باش

(خَیّام)

And if the Wine you drink, the Lip you press
End in what All begins and ends in Yes;
Think then you are TODAY what YESTERDAY You were
TO-MORROW you shall not be less.

Word of the day

کَلَمه‌یِ روز

گُناهکار

معنی: guilty

مثال: من او را گناهکار می‌دانم چون به من دروغ گفت.

ضَربُ‌المَثَل | Proverb

- ✓ **شاه می‌بَخشَد وَلی شیخ‌عَلی‌خان نِمی‌بَخشَد:** این عبارت زمانی به کار می‌رود که مقام بالاتری دستور صادر می‌کند اما مقام پایین‌تر آن را اجرا نمی‌کند. در این موارد می‌گویند: شاه می‌بخشد ولی شیخ‌علی‌خان نمی‌بخشد.
- ✓ **تعارُف شاه عَبدُ‌العَظیمی:** این اصطلاح برای دعوت یا تعارف‌هایی به کار می‌رود که غیرعملی است. مثلاً فردی، شخصی را دعوت کند که به خانه‌اش برود امّا درحقیقت راضی نیست که او به خانه‌اش برود.

گُفت‌وگو | Conversation

منشی: سلام شما آقای توانا هستید؟

آقای توانا: بله، من توانا هستم. بفرمایید.

منشی: من از شرکت پارس با شما تماس می‌گیرم.

آقای توانا: سلام، بفرمایید.

منشی: ما از مصاحبه‌ی شما خیلی خُرسَند شدیم و می‌خواهیم یک موقعیَّت شُغلی به شما پیشنهاد کنیم.

آقای توانا: عالی است! من خیلی خوشحال هستم که می‌توانم به سازمان شما بپیوندم.

منشی: ما مشتاق هستیم که هرچه زودتر شما را در شرکت ببینیم.

اِصطِلاحِ روز | *Idiom of the day*

دَهَن به دَهَن شُدَن.

معنی: دعوا کردن. بَحث کردن. مُشاجِره کردن.

Argue the toss.

خواندَن

Reading

روستای زیبای زیارَت در نزدیکی شهرِ گرگان و در استان گلستان قرار دارد. این روستا توسط یک جادهِ‌ی جنگلی به یک جنگل زیبا به نام ناهارخوران می‌پیوندد. از دیدنی های این روستا چشمه‌ی آبگرم، آبشار و بافت سنتی روستا است. چشمه‌یِ آبگرم آن بدونِ طعم و بو بوده و برای بیماری های پوستی و دَرد مَفاصِل مُفید است. آبشار زیبای زیارت نیز در میان جنگل‌های آن قراردارد.

کَلَمات جَدید

Vocabulary

آبگرم: hot water

بافت: conditions

بَدَن: body

مُفید بودَن: to be useful

دَر میان: in between

پیوَند خوردَن: to conjoining

دَر نَزدیکی: around

هَرچه زودتَر: sooner

موقعیَّت: position

دَر حَقیقَت: in fact

تعارُف: compliment

مَقام: office

سُنَّتی: traditional

طَعم: taste

پوستی: skin

قَحطی: famine

مَفاصِل: joints

مُشتاق: eager

سازمان: organization

مُشاجِره کَردَن: to dispute

مُصاحِبه: interview

شُغلی: job

غیرِ عَمَلی: impracticable

قانِع: sufficient

فَریبَنده: glamorous

فَرمان دادَن: to order

فانوس: lantern

غُبار: dust

عَطر: perfume

عَصا: cane

عِبادَت: worship

عادِل: just

روزِ ۸۴: اِحساسات

Day 84: Emotions

Conversation — گُفت‌وگو

نیوشا: حالَت این روزها چطور است؟

مهراوه: نمی‌دانم، یِکم کِسِل و مُضطَرِب هستم.

نیوشا: چرا؟

مهراوه: زمان زیادی است که درخانه هستم و کاری انجام نمی‌دهم.

نیوشا: چرا بیرون نمی‌روی و یک سرگرمی پیدا نمی‌کنی؟

مهراوه: دوست دارم این کار را انجام دهم، امّا من باید مقداری پول پس‌انداز کنم.

نیوشا: سعی کن آرام باشی و یک کتاب خوب بخوانی.

مهراوه: درست است. تو چطور؟ این روزها حالت چطور است؟

نیوشا: من این روزها خیلی خوب هستم. بچه‌ام مهدکودک را تمام کرده است. من به او خیلی افتخار می‌کنم.

مهراوه: خیلی از شنیدنش خوشحال شدم. او باید بزرگ شده باشد. یک سال از زمانی که او را دیده‌ام می‌گذرد.

نیوشا: بله، او یک سال اخیر خیلی بزرگ شده است.

Joke — لَطیفه

فال‌گیر: «خانُم متأسفانه باید به شما بگویم که فردا شوهر شما می‌میرد!»

زن: «این را که خودم هم می‌دانم. لطفاً بگو آیا پُلیس من را دستگیر می‌کند یا نه؟»

Common Phrases

جُمله‌های رایج

احساس راحتی داشتن.

Feel at home.

در آرزو و حسرت چیزی بودن.

Have one's heart set on sth.

کسی را خوشحال کردن، دلگرم کردن.

Cheer sb up.

خیلی خوشحالم کردی!

You made my day!

Poetry

شِعر

سَرمَست به مِیخانه گُذَر کَردَم دوش   پیری دیدَم مَست و سَبوئی بَر دوش
گُفتَم زِ خدا شَرم نَداری ای پیر؟   گُفتا کَرَم اَز خُداست، مِی نوش خَموش

(خَیّام)

And lately, by the Tavern Door agape,
Came stealing through the Dusk an Angel Shape Bearing a
Vessel on his Shoulder; and
He bid me taste of it; and 'twas--the Grape!

Word of the day

کَلَمه‌ی روز

کَندو

معنی: hive

مثال: ما در خانه یک کَندوی زنبور عسل داریم.

ضَربُ‌المَثَل — Proverb

- ✓ **صَد رَحمَت به کَفن دُزد اَوَّلی:** این اصطلاح زمانی به کار می‌رود که جانشین شخصِ بد از خود او بدتر باشد.
- ✓ **سایه‌تان اَز سَرِ ما کَم نَشَوَد:** این اصطلاح به معنی محبّت و لطف یک شخص نسبت به دیگری است. برای مثال وقتی شخصی به یک نفر کمک می‌کند، طرف مقابل می‌گوید: سایه‌تان از سر ما کم نشود.

گُفت‌وگو — Conversation

سمن: به نظر ناراحت می‌رسی. چه شده‌است؟

مهرزاد: مادربزرگم فوت شده‌است.

سمن: از شنیدن آن خیلی ناراحت شدم. کِی این اتفاق افتاده است؟

مهرزاد: دو روز پیش.

سمن: در بیمارستان فوت شده‌است؟

مهرزاد: بله. او در خواب فوت کرده‌است.

سمن: وقتی مادربزرگم فوت کرد، من مرتّب به قبرستان می‌رفتم بر سر مَزارش.

مهرزاد: احتمالاً من هم این کار را انجام دهم.

سمن: به نظر می‌رسد تمام روز چیزی نخورده‌ای. ما باید برویم چیزی بخوریم.

اِصطِلاحِ روز — Idiom of the day

دوری و دوستی.

معنی: رفت و آمد زیاد از حَد، به کُدورت و دل‌آزُردِگی می‌انجامد.

Absence makes the heart grow fonder.

خواندَن

Reading

شاهنامه، اثر حکیم ابوالقاسم فردوسی طوسی که شامل حدود شصت هزار بیت شعر است، از بزرگ‌ترین و برجسته‌ترین حماسه‌های جهان به‌شمار می‌رود. فردوسی حدود سی سال برای سرودن آن وقت صرف کرد. محتوای این شاهکار ادبی، اسطوره‌ها، افسانه‌ها و تاریخ ایران از ابتدا تا فتح ایران توسط اعراب است. فردوسی زمانی شاهنامه را سرود که زبان پارسی دچار آشفتگی بود. زمانی که اعراب، زبانِ دانش و ادبیات در ایران را به زبانِ عربی تغییر داده‌بودند؛ فردوسی با سرودَن شاهنامه موجب زنده شدن و احیای زبان فارسی شد.

کَلَمات جَدید

Vocabulary

جانِشین: substitute

مُقابِل: front side

بَرجِسته‌ترین: most prominent

حَماسه: saga

صَرف کَردَن: to spend

شاهکار: masterpiece

اُسطوره: myth

دُچار شُدَن: to infection

آشُفتِگی: disorderliness

اِحیا: resuscitation

فانوس: lantern

صوری: formal

حِیران: amazing

بالیدَن: to glory

مِثل اینکه: it seems like

مَفاخر: figures

بَر آوُرد کَردَن: to estimate

سِتاره‌شِناسان: astronomers

نَقش: role

مُعادِلات: equations

مُطالِعات: studies

مُبتَکِر: inventive

ظُلمَت: darkness

ظِرافَت: elegance

طاقَت: patience

شَیّاد: trickster

شُکارگاه: hunting ground

روزِ ۸۵: اَدَبیات

Day 85: Literature

Conversation — گُفت‌وگو

آیناز: در چه رشته‌ای درس می‌خوانی؟

بهشاد: من دانشجوی ادبیات هستم.

آیناز: چه جالب! چه نوع شعرهایی را دوست داری؟

بهشاد: من غَزَل خیلی دوست‌دارم. مانند شعرهای حافِظ و سَعدی. اما به مَثنَوی مولانا هم علاقه-دارم.

آیناز: تو کتاب مثنوی مولانا را داری؟

بهشاد: نه کتابش را ندارم. من قبلاً از کتابخانه گرفتم و مطالعه کردم.

آیناز: من خیلی دوست دارم مثنوی را بخوانم.

بهشاد: می‌توانی کتابش را بخری. کتاب شاهنامه‌ی فردوسی هم به تو پیشنهاد می‌کنم بخوانی. ان هم فوق العاده است.

Joke — لَطیفه

روزی مُلاّ و پسرش دیدند که عدّه‌ای جنازه‌ای را با خود می‌بَرَند. پسر مُلاّ از پدرش پرسید: پدر این جنازه را کجا می‌بَرَند؟

مُلاّ گفت او را به جایی می‌برند که نه آب هست، نه نان هست و نه چیز دیگری.

پسر مُلاّ گفت: فهمیدم او را به خانه‌ی ما می‌بَرَند!

Common Phrases

جُمله‌های رایج

چرا این رشته را انتخاب کردی؟

Why did you take up this major?

شهریه چقدر است؟

How much courses?

برای تحصیل در خارج کشور بورسیه گرفته‌ام.

I have won a scholarship to study abroad.

Poetry

شعر

یِک قصّه بیش نیست غَمِ عشق وین عَجَب

کَز هَر زَبان که می‌شِنَوَم نامُکَرَّر اَست

«حافِظ»

Love's pain is but one tale-no more Wonderful this

That from every one whom I hear, the tale is not repeated.

Word of the day

کَلَمه‌یِ روز

کوچ

معنی: migration

مثال: عَشایِر در ایران از یک مکان به مکان دیگر کوچ می‌کنند.

ضَربُ‌المَثَل — Proverb

- اَگر بَرایِ مَن آب نَداشته باشَد بَرایِ تو نان دارَد: این اصطلاح زمانی به کار می‌رود که کاری برای عدّه‌ای ضَرَر و برای عدّه‌ای دیگر سود دارد.
- اَز آسمان اُفتاد: این اِصطِلاح در مورد کسانی به کار می‌رود که به زور و قُدرَت خود می‌بالَند. برای مثال می‌گویند: مثل این‌که این آقا از آسمان افتاده است!

گُفت‌وگو — Conversation

فرشاد: تو کتاب بوستان و گلستان سعدی را خوانده‌ای؟

میترا: من فقط کتاب گلستان را خوانده‌ام.

فرشاد: چطور کتابی است؟

میترا: به صورت داستان و پندهای اخلاقی نوشته شده‌است.

فرشاد: درمورد شاهنامه‌ی فردوسی هم چیزی می‌دانی؟

میترا: البته! این کتاب به صورت حماسی نوشته شده‌است. درباره‌ی افسانه‌ها و اسطوره‌های تاریخ ایران است.

فرشاد: من داستان رستم و سهراب آن را خیلی دوست دارم.

اِصطِلاحِ روز — Idiom of the day

روزه‌یِ شَک دار نَگیر.

معنی: در امور و یا کارهایی که اِحتِمال شکست و زیان است وارد نشدن.

When in doubt do nowt / nothing.

خواندَن
Reading

حَکیم ابوالفَتح عُمَر بن ابراهیم خَیّام نیشابوری مشهور به «عُمَر خَیّام» از مَشاهیر ایران و یکی از مفاخر بزرگ تاریخ است. زمان تولّد او در حدود سال‌های ۱۰۵۸ میلادی برآورد شده‌است. خَیّام از ریاضی‌دانان، ستاره‌شناسان و شاعران بِنام ایران در دوره‌ی سلجوقی است. وی در ریاضیات، علوم ادبی، دینی و تاریخی استاد بود. نقش خَیّام در حلّ معادلات درجه سوّم و مطالعات‌اش درباره‌ی اصل پنجم اُقلیدُس، نام او را به عنوان ریاضی‌دانی برجسته در تاریخ علم ثبت کرده‌است. خَیّام هم‌چنین شاعری مُبتَکِر بود. رباعیّات خَیّام به اغلب زبان‌های زنده از جمله انگلیسی ترجمه شده‌است.

کَلَمات جَدید
Vocabulary

عَشایِر: nomads

دوره: period

جانِشین: successor

مُقابِل: front side

بَرجِسته‌تَرین: most prominent

حَماسه: saga

صَرف کَردَن: to spend

شاهکار: masterpiece

اُسطوره: myth

دُچار شُدَن: to infection

ریاضی‌دانان: mathematicians

آشُفتگِی: disorderliness

اِحیا: vivify

فانوس: lantern

صوری: formal

حیرانی:perplexity

بالیدَن: to glory

مِثل اینکه: it seems like

مَفاخر: figures

بَرآوَرد کَردَن: to estimate

نَقش: role

مُعادِلات: equations

مُطالِعات: studies

مُبتَکِر: inventive

رُباعیّات: rubaiyat

اَغلَب: mostly

بِنام: namely

مَشاهیر: celebrities

مَفاخِر: prides

روزِ ۸۶: ظاهرِ اَفراد

Day 86: Appearance

Conversation

گُفت‌وگو

نسترن: فردا شب عروسی دعوت هستم.

پروانه: چه خوب! عروسی چه کسی است؟

نسترن: عروسی دوستم اِلمیرا. اگر یادت باشد به جشن تولّدم آمده بود.

پروانه: همان دختر قدبلند، که موهایش مشکی و فرفری بود؟

نسترن: نه، همان که موهای بلوند و چشمان آبی داشت.

پروانه: یادم آمد. همسرش را دیده‌ای؟

نسترن: بله، دیده‌ام. او یک پسر قدبلند با موها و چشمان مشکی است.

پروانه: از مراسم عکس بگیر و بعد به من نشان بده.

نسترن: حتماً. باید مراسم باشکوهی باشد.

Joke

لَطیفه

از مُلاّ پُرسیدند لباست کثیف شده‌است، چرا آن را نمی‌شویی؟ مُلاّ گفت چون دوباره کثیف خواهد شد، چرا زحمت بیهوده بکشم.

گفتند: چه اشکال دارد دوباره هم خواهی شُست.

مُلاّ گفت: من که برای لباس شستن خلق نشده‌ام کارهای دیگری هم دارم.

Common Phrases

جُمله‌های رایج

او چمشانِ سیاه و مُژه‌های بلند دارد.

He has black eyes and long eyelashes.

او چشمانی سبز و ابروهایی تیره دارد.

She has green eyes with thick eyebrows.

روی گونه‌اش چال دارد.

He has a dimple on his cheek.

Poetry

شعر

بَر لوح، نِشانِ بودنی‌ها بوده‌است پِیوسته قَلَم زِ نیک و بَد فَرسوده‌است

دَر روزِ اَزَل هَر آن‌چه بایِست بِداد غَم خوردَن و کوشیَدن ما بیهوده است

(خَیّام)

He Moving Finger writes; and, having writ,
Moves on: nor all thy Piety nor Wit
Shall lure it back to cancel half a Line,
Nor all thy Tears wash out a Word of it.

Word of the day

کَلَمه‌یِ روز

گِدا

معنی: beggar

مثال: مادر به گِدا لباس و غذا داد.

ضَربُ‌المَثَل Proverb

- اَز بیخ عَرَب شُد: این عبارت درمورد شخصی به‌کار می‌رود که با وجود مدارک و شواهد کافی باز هم حرف دیگران را نپذیرد و لِجاجَت کند.
- پَهلَوان پَنبه: پهلوان پنبه به فردی می‌گویند که در کاری مهارت ندارد اما اِدِّعا می‌کند که در آن کار مهارت زیادی دارد.

گُفت‌وگو Conversation

صبا: تو کِیوان را می‌شناسی؟

همایون: کیوان؟ همان پسر لاغر با پیشانی بلند که هم‌کلاسی تو است؟

صبا: بله، شنیده‌ام بازیکن والیبال است.

همایون: بله، من بازی او را دیده‌ام. خیلی خوب بازی می‌کند.

صبا: شنیده‌ام با یک تیم خارجی قرارداد بسته است.

همایون: چه خوب. قدِّ بِلَندی داشت. فکر کنم قَدَّش حدود دو متر بود.

صبا: بله، قدش دو متر ده سانت است.

اِصطِلاحِ روز Idiom of the day

زیره به کرمان بُردن.

معنی: بردن چیزی به محلّی که در آن‌جا فراوان باشد، کار بیهوده کردن.

To carry coals to new castle.

خواندَن

Reading

منطقه‌ی شمال ایران دارای طبیعتی دلپذیر و مناظری منحصربفرد است. این منطقه در تعطیلات آخر هفته میزبان انبوهی از مسافران است. بسیاری از مردمِ تهران برای رهایی از زندگی شهری و آلودگی هوا در تعطیلات آخر هفته به شمال می-روند تا از آب و هوای مُساعد و جاهای دیدنی این منطقه لذّت ببرند.

همه ساله با آغازِ تعطیلاتِ بهار و تابستان، مسافرت‌های مردم نیز به مناطقِ شمال کشور به صورت چشمگیری افزایش پیدا می‌کند که این خود مُعضَل ترافیک‌های بسیار سنگین در مسیرهای مُنتهی به شمال را به دنبال دارد.

کَلَمات جَدید

Vocabulary

لوح: tablet

نیک: good

فَرسوده: rusty

کوشیدَن: to endeavor

مَدارِک: documents

شَواهِد: evidence

لِجاجَت: obstinacy

مَهارَت: skill

اِدِّعا کَردَن: to claim

مَناظِر: sights

اَنبوه: mass

رَهایی: release

آلودِگی: contamination

مُساعِد: favorable

چَشمگیر: impressive

مُعضَل: dilemma

مُنتَهی: lead

دِلپَذیر: pleasant

شَک: doubt

شُعبَده بازی: magic trick

سوراخ: hole

سوءِ استِفاده: abuse

سِمساری: ragshop

سَرزَنِش: blame

زُلال: clear

رؤیا: dream

روزِ ۸۷: ماشین

Day 87: Car

Conversation | گُفت‌وگو

سهراب: شهاب، من خسته شدم. ممکن است چند دقیقه‌ای تو رانندگی کنی؟

شهاب: متأسفم، دوست دارم امّا بَلَد نیستم.

سهراب: واقعاً؟ گواهینامه نداری؟ من فکر می‌کردم این روزها همه دارند.

شهاب: نه، من معمولاً از مترو و اتوبوس استفاده می‌کنم.

سهراب: دوست داری گواهینامه بگیری؟

شهاب: بله، می‌خواهم سال آینده ماشین بخرم.

سهراب: چطور می‌خواهی یاد بگیری؟ می‌خواهی به تو یاد بدهم؟

شهاب: نه ممنون، یک آموزشگاه رانندگی در نزدیکی خانه‌ام است. آن‌جا ثبت نام می‌کنم.

Joke | لَطیفه

مُلاّ در بیابانی درحال رفتن بود. عدّه‌ای را دید که درحال خوردن غذا بودند. مُلاّ هم رفت و در کنار آن‌ها شروع به خوردن غذا کرد.

یکی از آن‌ها از مُلاّ پرسید: شما با کدام یک از ما آشنا هستی؟

مُلاّ غذا را نشان داد و گفت: با ایشان.

Common Phrases

جُمله‌های رایج

ماشینَت چه مُدلی است؟

What kind of car do you have?

کارت ماشین و گواهینامه لطفاً

Your driver’s license and registration, please.

محدودیت سرعت ۶۵ کیلومتر در ساعت است.

The speed limit is 65.

Poetry

شعر

نیکی و بَدی که دَر نَهادِ بَشَر است

شادی و غَمی که دَر قَضا و قَدَر است

با چَرخ مَکُن حَواله کَاندَر رَهِ عَقل

چَرخ اَز تو هِزار بار بیچاره‌تَر است

(خَیّام)

And that inverted Bowl they call the Sky,
Whereunder crawling coop'd we live and die,
Lift not your hands to It for help for It As impotently
moves as you or I.

Word of the day

کَلَمه‌یِ روز

سَنگین

معنی: heavy

مثال: جَعبه خیلی سنگین بود من نتوانستم آن را بُلند کنم.

ضَربُ‌المَثَل — Proverb

- ✓ **آبِشان اَز یِک جوی نِمی‌گُذَرَد:** این عبارت هنگامی به کار می‌رود که بین دو یا چند نفر توافق و سازگاری وجود نداشته باشد.
- ✓ **سَر کیسه کَردَن:** این عبارت به معنی این است که تمام موجودی و مال یک نفر را گرفته باشند. در این مواقع گفته می‌شود: او را سرکیسه کرده‌اند.

گُفت‌وگو — Conversation

هستی: فردا چه ساعتی کلاس داریم؟

سحر: ساعت ۱۰:۳۰ صبح. می‌خواهی باهم برویم؟

هستی: تو ماشین داری؟ کِی گواهینامه گرفتی؟

سحر: بله، تازه یک ماشین خریدم امّا حدود یک سال است گواهینامه گرفتم.

هستی: مبارک باشد! ماشین را بیمه کرده‌ای؟

سحر: نه هنوز، فردا بعد از کلاس می‌رَوَم دفتر بیمه برای بیمه‌ی ماشینم.

هستی: خوب است. پس من فردا منتظر تو می‌مانم.

اِصطِلاحِ روز — *Idiom of the day*

سخن را سَنجیده بزن.

معنی: قبل از حرف زدن فکر کن.

Think before you speak.

خواندَن

Reading

کشور ایران سرزمینی با طبیعتِ بسیار زیبا و مُتَنَوّع است. بیشتر سرزمین این کشور پهناور را کوه‌های بلند و دشت‌های وسیع پوشانده است. رشته کوه‌های البرز با قلّه‌ی دماوند که بلندترین قلّه‌ی ایران با ارتفاع ۵۶۷۱ متر است، در شمال ایران قرار دارد.

در کوه‌ها و دشت‌های ایران غارهای فراوان و چشمه‌های آبگرم وجوددارد. غار عَلی‌صَدر که بزرگ‌ترین غار آبی جهان است، از جمله‌ی این مکان‌های دیدنی است. شمال ایران با بیش از هفتصد کیلومتر ساحلِ دریای خزر (دریای کاسپین) مزارع چای و برنج، باغ‌های میوه، کوه‌ها و جنگل‌های سرسبز را در خود جای داده‌است.

کَلَمات جَدید

Vocabulary

قَضا و قَدَر: fate

حَواله: draft

تَوافُق: agreement

غار: cave

مَزارِع: farms

جای دادَن: to place

بُلَند کَردَن: to pick up

پَهناوَر: universes

آبی: water

اَز جُمله: including

سَرسَبز: flourishing

گُواهینامه: certificate

دَفتَر بیمه: insurance office

بیمه کَردَن: to insure

سازگاری: compatibility

مَحدودیَّت: restriction

رُؤسا: presidents

دیدار: visit

جَوانی: youth

دود: smoke

دَهقان: farmer

دِلواپَسی: worry

خوش باوَر: credulous

خَزان: autumn

حَنجَره: larynx

حَدس زَدَن: to guess

حاکِم: governor

جای دادَن: to putting up

روزِ ۸۸: خَبَرهایِ خوب

Day 88: Good News

Conversation — گفتگو

صهبا: هفته‌ی گذشته چطور بود؟ شنیده‌ام مسافرت بودی.

پوریا: عالی بود، با یک تور گردشگری به تخت جمشید و پاسارگاد رفتیم.

صهبا: عالی است، آرامگاه کوروش هم رفتید؟

پوریا: البته، بعضی شب‌ها بیرون چادر می‌زدیم. هوا خیلی خوب بود.

صهبا: با هواپیما رفتید یا اتوبوس؟

پوریا: تا شیراز با هواپیما رفتیم. ادامه‌ی مسیر را با اتوبوس رفتیم.

صهبا: خوب است، هم‌سفرهایت چطور بودن؟ با دوستانت رفته بودی؟

پوریا: خوب بودن. نه فقط یکی از دوستانم آمده بود بقیه را نمی‌شناختم. امّا در سفر دوستان خوبی پیدا کردم.

Joke — لَطیفه

روزی یکی از همسایه‌های مُلاّ خواست خَرِ مُلاّ را امانت بگیرد. به همین خاطر به در خانه‌ی مُلاّ رفت.

مُلاّنصرالدین گفت: خر ما در خانه نیست. در همان لحظه خر شروع کرد به سروصدا کردن. همسایه گفت: شما که گفتید خر خانه نیست.

مُلاّ عصبانی شد و گفت: عجب آدمی هستی. حرف من را قبول نداری ولی صدای خر را قبول داری.

Common Phrases

جُمله‌های رایج

مَحل تحویل بار بعد از پرواز کجاست؟

Where is the baggage claim area?

از فرودگا تا شهر ۵ کیلومتر راه است.

The airport is about two kilometers distant from the city.

Poetry

شعر

مَن بَنده‌یِ عاصیَم رِضایِ تو کُجاست؟

تاریک دِلَم نور و صَفایِ تو کُجاست؟

ما را تو بِهِشت اَگَر به طاعَت بَخشی

این بِیع بُوَد، لُطف و عَطایِ تو کُجاست؟

(خَیّام)

Oh Thou, who Man of baser Earth didst make, And ev'n
with Eden didst devise the Snake:
For all the Sin wherewith the Face of Man
Is blacken'd — Man's Forgiveness give — and take!

Word of the day

کَلَمه‌یِ روز

داوطَلَب

معنی: volunteer

مثال: من داوطلب شدم و برای همه بلیط سینما گرفتم.

ضَربُ‌المَثَل Proverb

- ✓ سبیلَش را چَرب کَرد: این اصطلاح برای رشوه دادن به کار می‌رود. وقتی به کسی رشوه می‌دهند می‌گویند: سبیلش را چرب کرده‌اند.
- ✓ شَمشیر اَز رو بَستَن: این عبارت به معنی با شخصی به صورت آشکار مبارزه کردن است.

گُفت‌وگو Conversation

نسیم: سلام، چطوری؟ خبرهای خوب را شنیده‌ای؟

عرفان: سلام، خبرهای خوب درمورد چه کسی؟

نسیم: در مورد من! من دیروز در شرکت ترفیع گرفته‌ام.

عرفان: عالی است! خیلی خوشحال شدم.

نسیم: قرار است از فردا من مدیر بخش مالی باشم.

عرفان: تو در کارهایت خیلی پُشتکار داری. من پُشتکارت را تحسین می‌کنم.

نسیم: نظر لطف تو است.

اِصطِلاحِ روز *Idiom of the day*

سُرنا از تَه نِمی زنند.

معنی: کسی که می‌خواهد کاری را انجام دهد ولی بلد نیست.

Don’t put the cart before the horse.

Reading — خواندَن

برج میلاد نام برج مخابراتی چندمنظوره است که در شمال غربی تهران قراردارد. این برج با ارتفاع ۴۳۵ متر، بلندترین برج ایران، و ششمین برج بلند مخابراتی جهان و نوزدهمین سازه‌یِ بلند جهان است. این برج سیزده هزار متر زیربنا دارد.

برج میلاد، میان تپّه‌ای با مساحت تقریبی شصت و دو هکتار در شمال محلّه‌ی قدیمی گیشا قراردارد. این برج به دلیل بلندی بسیار و شکل ظاهری متفاوتش، تقریباً از همه جای تهران قابل دیدن است و از این رو، یکی از نمادهای پایتخت ایران به شمار می‌آید.

Vocabulary — کَلَمات جَدید

مُخابِرات: telecommunications

چَندمَنظوره: multipurpose

سازه: structures

زیربَنا: foundation

مَساحَت: area

تَقریبی: approximate

نوزدَهُمین: nineteenth

نیَّت: purpose

میان: among

مَحَلّه: neighbourhood

سُرنا: hornpipe

مالی: financial

پُشتِکار: perseverance

تَحسین کَردَن: to admire

آشکار: revealed

عاصی: rebellious

وِلایَت: province

ششُمین: sixth

تَرفیع گِرِفتَن: to promotion

رِشوه دادَن: to tamper

امانَت گِرِفتَن: to borrow

بَیع: to sell

عَطا: to give

طاعَت: obedience

ویژه: particular

ویرایِش: edition

روزِ ۸۹: بَرنامه‌یِ هَفته

Day 89: Week’s Schedule

Conversation — گُفت‌وگو

شایگان: این هفته برنامه‌ی تو چیست؟

فرنوش: من شنبه و دوشنبه کلاسِ زبان فارسی دارم. سه‌شنبه هم کلاس گیتار دارم.

شایگان: آخر هفته چطور؟

فرنوش: آخر هفته‌ها معمولاً با دوستانم می‌رویم پیک‌نیک یا مهمانی. تو چطور؟

شایگان: من سه‌شنبه و چهارشنبه کلاس کامپیوتر دارم بقیّه‌ی روزها در یک رستوران کار می‌کنم.

فرنوش: آخر هفته ها چطور؟

شایگان: آخر هفته‌ها هم کار می‌کنم.

Joke — لَطیفه

روزی مُلاّنصرالدین به عدّه‌ای رسید که مشغول غذا خوردن بودند. رفت جلو و گفت: سلام ای انسان‌های خَسیس.

یکی از آن‌ها گفت: چرا به ما می‌گویی خسیس؟ خدا می‌داند که هیچ یک از ما خسیس نیست. مُلاّنَصرالدین گفت: پس من از حرفی که زدم توبه می‌کنم. بعد مُلاّ نشست در کنار آن‌ها و شروع کرد به غذا خوردن.

Common Phrases

جُمله‌های رایج

من و دوستان نزدیکم دور هم جمع می‌شویم و معمولاً شَطرَنج بازی می‌کنیم.

My close friends and I often get together and play chess.

من هیچ سرگرمی ندارم. آن‌قدر گرفتارم که نمی‌توانم سرگرمی داشته باشم.

I don’t have a hobby. I’m too busy to have a hobby.

Poetry

شِعر

با مُحتَسِبَم عِیب مَگویید که او نیز

پِیوَسته چو ما دَر طَلَبِ عِیشِ مُدام اَست

حافِظ مَنشین بی مِی و مَعشوق زَمانی

کَاَیّامِ گُل و یاسَمَن و عید صیام اَست

«حافظ»

To the Muhtaseb, utter not my crime; for he also Is ever like me in desire of the drinkers of wine.

Hafez! sit not a moment without wine, and the Beloved
‘Tis the season of the rose, and of the Jasmine, and of the celebration of

Word of the day

کَلَمه‌ی روز

خِسارَت

معنی: damage

مثال: خانه‌های شهر به خاطر سیل خیلی خسارت دیده‌اند.

Proverb | ضَربُ‌المَثَل

✓ **صَفحه گُذاشتَن:**

عبارت بالا از اصطلاحات بسیار مَعمول است که در شوخی و جدی استفاده می‌شود. صفحه گذاشتن به معنی غِیبَت کردن و در مورد شخص غایب صحبت کردن است. که معمولاً کاری را به او نسبت می‌دهند که ممکن است حقیقت نداشته باشد. در این مواقع می‌گویند: پشت سرش صفحه گذاشته‌اند. یعنی حرفی که در مورد او گفته می‌شود صحّت ندارد.

Conversation | گُفت‌وگو

فریدون: خیلی وقت است تو را ندیده‌ام. چه کار می‌کنی این روزها.

کامران: راستش کارهایم زیاد است. از شنبه تا چهارشنبه در دانشگاه کلاس دارم. آخر هفته‌ها هم معمولاً با دوستانم می‌روم خارج از شهر.

فریدون: آخر هفته‌ها کجا می‌روید؟

کامران: ساحل، جنگل، کوه ... اگر بخواهی می‌توانی این هفته با ما بیایی.

فریدون: حتماً.

Idiom of the day | اِصطِلاحِ روز

شبانه روز کار کردن.

معنی: بسیار تلاش کردن. زیاد کار کردن.

Work all the hours God sends.

خواندَن — Reading

نقش‌جهان در مرکز شهر اصفهان، مجموعه‌ای تاریخی است که شامل میدان نقش‌جهان (با نام قدیمی میدانِ شاه) و بناهای تاریخی شامل عالی‌قاپو، مسجدِشاه (اصفهان) و سَردَرِ قِیصَریّه است. علاوه بر این، بر روی این بناها ۲۰۰ حجره دو طبقه‌ای پیرامون میدان نقش جهان واقع شده‌است که عموماً جایگاه عَرضه‌ی صنایع دستی اصفهان است.

میدان نقش‌جهان، میدانی به شکل مستطیل به درازای ۵۰۷ متر و پهنای ۱۵۸ متر در مرکز شهر اصفهان، یکی از بزرگ‌ترین میدان‌های جهان است.

کَلَمات جَدید — Vocabulary

زُهره: vesper

مَه: moon

پَدید آمَدَن: to emerge

مِی فُروش: vintner

مَعمول: usual

جِدّی: serious

غِیبَت کَردَن: to backbite

غایِب: absent

حُجره: cell

جایِگاه: place

دِرازا: length

پَهنا: width

مَجموعه: collection

پیرامون: about

عُموماً: generally

صِحَّت: accuracy

دورِ هَم: together

خَسیس: miser

حَسود: jealous

تیغ: blade

تَعلیم: teaching

تَقاضا کَردَن: to request

تَصویر: image

تَرَقّی: progress

بِلافاصله: immediately

بَرَنده: winner

باطِل: null

بَقیّه: other

روزِ ۹۰: خانه یا آپارتِمان

Day 90: House or Apartment

Conversation — گُفت‌وگو

شهیاد: شما آپارتمان دارید یا خانه؟

گیسو: ما یک خانه‌ی ویلایی داریم.

شهیاد: چه خوب، من قبلاً یک خانه‌ی ویلایی داشتم امّا برای من خیلی بزرگ بود.

گیسو: ما چهار نفر هستیم. قبلاً که در آپارتمان زندگی می‌کردیم برایِمان کوچک بود، امّا این‌جا به اندازه‌ی کافی بزرگ است و هر کدام یک اتاق داریم.

شهیاد: خانه‌ی بزرگ تمیز کردنش خیلی سخت است.

گیسو: آپارتمان کوچک هم جا به اندازه‌ی کافی برای وسیله‌ها ندارد.

شهیاد: خوب هر کدام مَزیَّت و مَعایِب خود را دارند.

Joke — لَطیفه

روزی زن مُلاّ درحالِ شستن لباس بود که ناگهان کلاغی صابون را برداشت و بالای درخت بُرد. زن مُلاّ، مُلاّ را صدا زد و گفت: کلاغ صابون را بُرد. مُلاّ گفت: می‌بینی که لباس بچه کلاغ از ما سیاه‌تر است، پس او بیشتر به این صابون نیاز دارد.

Common Phrases

جُمله‌های رایج

از چی ساخته شده است؟

What is it made of?

این‌جا سطل زباله است؟

Is there a trash bin here?

این‌جا پِریزِ بَرق است؟

Is there an electrical outlet here?

Poetry

شعر

بِشنو از نِی چون حکایَت می‌کند　　از جدایی‌ها شکایت می‌کند

کز نِیِستان تا مَرا بُبریده‌اند　　از نَفیرَم مَرد و زَن نالیده‌اند

(مولانا)

Listen to this reed how it complains, telling a tale of separations
Saying, "Ever since I was parted from the reed-bed, man and woman have moaned in (unison with) my lament.

Word of the day

کَلَمه‌یِ روز

بَلا

معنی: disaster

مثال: سِیل و زِلزِله بلایای طبیعی هستند.

Proverb — ضَربُ‌المَثَل

- ✓ شُتُر دیدی، نَدیدی: هنگامی که شخصی مطلبی را بداند و نخواهند که به دیگران خبر بدهد، به او می‌گویند: شتر دیدی، ندیدی. به این معنی که این راز را برایِ کَسی نگو.
- ✓ پَته‌اَش رویِ آب اُفتاد: هرگاه راز کسی فاش شود می‌گویند: پته‌اش روی آب افتاد. یعنی اسرارش فاش شُد.

Conversation — گُفت‌وگو

گلبرگ: شنیده‌ام دنبال آپارتمان می‌گردی؟

سیامک: بله، اما دیروز پیدا کردم.

گلبرگ: آپارتمانت چطور است؟

سیامک: دو تا اتاق خواب دارد. آشپزخانه کابینت و ظرفشویی دارد. دیوارها کاغذ دیواری دارند.

گلبرگ: طبقه‌ی چندم است؟

سیامک: طبقه‌ی چهارم.

Idiom of the day — اِصطِلاحِ روز

کَنگَر خوردَن و لَنگَر اَنداختَن.

معنی: به طنز درمورد کسی که زمان زیادی در جایی یا منزل شخصی بمانَد، می‌گویند.

Outstay ones welcome.

خواندَن
Reading

قلعه‌رودخان در جنوب غربی شهرِ فومَن در استان گیلان قراردارد. برخی از کارشناسان، تاریخ ساخت قلعه را در دوران ساسانیان می‌دانند. دیوار قلعه ۱۵۰۰ متر طول دارد و در آن ۶۵ برج قرارگرفته است. این قلعه در دورانی دیگر تجدید بَنا شده و از پایگاه‌های مهمِّ مبارزاتی بوده‌است. قلعه‌رودخان از دو بخش ارگ (محل زندگی حاکم و حرمسرای وی) و قورخانه (محلِّ فعالیّت های نظامی و زندگی سربازان) تشکیل شده‌است. ارگ در قسمت غربی این بنا قراردارد و جنس آن از آجُر است.

کَلَمات جَدید
Vocabulary

سَطل: bucket
طول: length
شومینه: fireplace
مَزایا: advantages
جارو: broom
آجُر: brick
زُباله: garbage
ویلا: dacha
کُلبه: hut
پِریز: outlet
وَسیله: device
کارشِناسان: experts
نیمکَت: bench
مَزیَّت: advantage
اُتاق خواب: bedroom
جُدایی: separation
پایِگاه: base
نشِیمَن: living room
نِیِستان: canebrake
دودکِش: chimney
آشپَزخانه: kitchen
بُریدَن: to cut
مُبارِزاتی: campaign
پادَری: welcome mat
قَفَسه‌یِ کِتاب: bookcase
جِنس: gender
حَمام: bathroom
نَفیر: horn
کاناپه: sofa
نُفوذ کَردَن: to permeate

روزِ ۹۱: جشنِ تَوَلُّد

Day 91: Birthday Party

Conversation | **گُفت‌وگو**

اردشیر: ببخشید، می‌توانم اسم شما را بپرسم؟

باربد: برای چی؟ اسم من باربد است.

اردشیر: چهره‌ی شما برای من خیلی آشنا است، فکر می‌کنم قبلاً شما را دیده‌ام.

باربد: فکر نمی‌کنم، چون من اهل این اطراف نیستم.

اردشیر: شما با نگار دوست نیستید؟

باربد: بله هستم، شما هم دوست نگار هستید؟

اردشیر: البته، من شما را در جشن تَولّد نگار دیده‌ام.

باربد: امّا من شما را به‌خاطر نمی‌آورم.

اردشیر: من اردشیر هستم. من شما را به خوبی به یاد می‌آورم.

شما همانی هستید که در مهمانی پانتومیم بازی کرد.

اردشیر: بله، به هر حال از دیدن شما خوشبختم.

Joke | **لَطیفه**

شَخصی از مُلاّ پرسید: چند ساعت در روز استراحت می‌کنی؟ مُلاّ گفت: چند ساعت در شب و دو ساعت در روز که او می‌خوابد.

آن شخص پرسید: منظورش از او چه کسی است؟ مُلاّ گفت: همسرم.

شخص گفت: نادان پرسیدم خودت چقدر استراحت می‌کنی. مُلاّ جواب داد: نادان خودت هستی. ساعت‌هایی که همسرم در خواب است من می‌توانم استراحت کنم.

Common Phrases

جُمله‌های رایِج

من یک نقشه از مسیرهای پیاده‌رَوی این منطقه می‌خواهم؟

I would like a map of the walking trails in this region.

از کجا می‌توانم نقشه‌یِ شهر را بخرم؟

Where can I buy a map of the town?

Poetry

شعر

یارانِ مُوافِق هَمه اَز دَست شُدَند   دَر پایِ اَجَل یِکان یِکان پَست شُدَند

بودیم به یِک شَراب دَر مَجلِسِ عُمر   یک دور زِ ما پیشتَرَک مَست شُدَند

(خَیّام)

Lo! some we loved, the loveliest and the best,
That Time and Fate of all their Vintage prest,
Have drunk their Cup a Round or two before,
And one by one crept silently to Rest.

Word of the day

کَلَمه‌یِ روز

اَخم کَردَن

معنی: scowl, glower, pout

مثال: مادَر از رفتار بد او ناراحت شد و اَخم کرد.

Proverb
ضَربُ‌المَثَل

✓ **شاهنامه آخِرَش خوش اَست:**

در گذشته هر کسی که «شاهنامه» می‌خواند و به ستایش سلطان محمود غزنوی می‌رسید، تصوُّر می-کرد سلطان انسان بخشنده و بزرگی است؛ اما با پایان یافتن «شاهنامه» و فهمیدن رفتار بد سلطان محمود با فردوسی و کتابش، مُتوَجّه اشتباه خود می‌شد. این داستان بعداً به ضرب المثل تبدیل شد و به هر کس که دست به کاری که عاقلانه نیست می‌زَد و اصرار به ادامه‌ی آن داشت، می‌گفتند: شاهنامه آخرش خوش است.

Conversation
گُفت‌وگو

هاله: تو درمورد جشن تولّد پریچهر چیزی شنیده‌ای؟

کیان: بله، ولی هنوز من را دعوت نکرده‌است. منتظر هستم من را دعوت کند.

هاله: من را امروز صبح دعوت کرد.

کیان: شاید من را هم تا آخر شب عوت کند.

هاله: فکر می‌کنی مهمانی چطوری باشد؟

کیان: به نظرم که باید خیلی هیجان انگیز باشد.

Idiom of the day
اصطلاحِ روز

اجل برگشته می‌میرد؛ نه بیمار سخت.

معنی: تصوّرات و نتیجه‌گیری‌های ما از مسائِل زندگی نمی‌تواند قطعی باشد.

A creaking door hangs longest.

خواندَن — Reading

حافظیه نام مجموعه‌ای است که آرامگاه حافظ شاعر معروف ایرانی در آن قراردارد. این آرامگاه در شهر شیراز واقع شده‌است. تالار حافظیه‌یِ این مجموعه مربوط به دوران زندیه است. سبک معماری آن نیز متعلّق به دوران هخامنشی و زندیه است. برای اوّلین بار بعد از وفات حافظ، حاکم فارس بر روی مَقبَره‌ی او بنایی احداث کرد. در قمست جلوی بنا نیز حوض بزرگی را ساختند که آب چشمه‌ی رُکناباد به درون آن راه می‌یابد. بنای آرامگاه در دوران صفویه و افشاریه تعمیر شد. در دوران زندیه نیز کریم‌خان زند بارگاهی بر روی مقبره بَنا کَرد.

کَلَمات جَدید — Vocabulary

مَنظور: meaning
مَسیر: direction
تَصَوُّرات: imagery
اِبراز کَردَن: to express
تَحویل گِرِفتَن: to receive
پایان یافتَن: to end
مَسائِل: issues
آسایِش: welfare
قاطِعیَّت: assertion
مُتِعَلِّق: belong
اَخلاق: morality

بَعداً: afterwards
اِحداث: construction
عاقِلانه: wisely
راه یافتَن: to accede
بارگاه: court
قَطعی بودَن: to be certain
شیوه: style
تَعمیرات: repairs
فَراز: above
مَقصود: meaning

قاطِع: decisive
مَقبَره: tomb
مَرمَر: marble
تَخَیُّلات: imagination
خَطِّ نَستَعلیق: nasta'liq
پانتومیم: pantomime
به‌خاطر آوردن: to remember
آتَش بازی: firework
دَلقَک: clown
شَمع: candle

روزِ ۹۲: اَخلاقّیات

Day 92: Morality

Conversation | گُفت‌وگو

پریماه: صورتحساب را نگاه کن، ببین این‌جا کِیک را حساب نکرده‌اند.

فرزام: بله، کیک نوشته نشده است، مهم نیست.

پریماه: باید به صندوق‌دار بگوییم که کیک را حساب کند.

فرزام: چه لزومی دارد، خودشان اشتباه کرده‌اند. این شانس ما بود.

پریماه: نه! این اصلاً درست نیست، ما باید حتماً به آن‌ها بگوییم.

فرزام: بسیار خوب، قبول! حق با تو است.

Joke | لَطیفه

یک روز شخصی خروس مُلاّ را دزدید و در کیسه گذاشت.

مُلاّ که دزد را دیده بود او را تعقیب کرد. بعد از چند دقیقه نزد او رفت و گفت: خروس من را بده! دزد گفت: من خروس تو را ندیده‌ام.

مُلاّ دید دُم خروس از کیسه بیرون آمده است. به همین جَهَت به دزد گفت: حرف تو را باور کنم یا دم خروس که بیرون آمده است را؟

Common Phrases

جُمله‌های رایج

ببخشید چطور می‌توانم به این محل بِرَوَم؟

Excuse me! How can I get to this place?

ممکن است به من بگویید چطور به این هتل بروم؟

Would you tell me how to get to this hotel?

Poetry

شِعر

عِشقِ رُخِ یار بَر مَنِ زار مَگیر

بَر خَسته‌دِلانِ رِندِ خَمّار مَگیر

صوفی چو تو رَسمِ رَهروان می‌دانی

بَر مَردُمِ رِند نکته بِسیار مَگیر

«حافِظ»

Against me, love for the beloved's face plaint take not
Against those shattered of heart, censure altogether, take not.
Sufi! since the way of the way-farers, thou knowest,

Word of the day

کَلَمه‌یِ روز

اَقَلیَّت

معنی: minority

مثال: **اقلیّتی از مردم کشور با رئیس‌جمهور مخالف بودند.**

ضَربُ‌المَثَل — Proverb

✓ آشکِ تِمساح می‌ریزَد:

این اصطلاح در مورد گریه‌ی دروغین به کار می‌رود. به شخصی که برای تحت تأثیر قراردادن دیگران اشک می‌ریزد می‌گویند: اشک تمساح می‌ریزد.

داستانِ ضرب‌المثل: در گذشته مردم اعتقاد داشتند که خوراک تمساح به‌وسیله‌ی اشک چشمانش تأمین می‌شود. به این ترتیب که تمساح هنگام گرسنگی به ساحل می‌رود و اشک می‌ریزد. این اشک‌ها مسموم هستند و هر حشره‌ای که روی آن بنشیند می‌میرد. بنابراین تمساح از آن حشره‌ها غذای خود را تامین می‌کرده است.

گُفت‌وگو — Conversation

پرویز: خریدهایی که از طریق اینترنت انجام داده بودم رسیدند.

گیتی: واقعاً؟ بسته‌ها را باز کن.

پرویز: این‌جا را نگاه کن دوتا کیف فرستاده‌اند اما من فقط یک کیف سفارش داده-بودم.

گیتی: حتماً اشتباه کرده‌اند. باید با آن‌ها تماس بگیری و این را بگویی.

پرویز: حالا شماره‌ی شرکت را پیدا می‌کنم و تماس می‌گیرم.

اصطِلاحِ روز — *Idiom of the day*

آدم باید دستش را به زانوی خودش بگیرد و "یاعلی" بگوید.

معنی: آدم باید به توانایی خودش تِکیه کند و کارش را آغاز کند.

Paddle your own canoe.

خواندَن

Reading

آرامگاه سعدی در شیراز، به سعدیه معروف است. این آرامگاهِ زیبا در کنار باغی به نام باغ دلگُشا قراردارد. آرامگاه برخی از بزرگان ایرانی نیز در این مُحَوَّطه وجود دارد. این محل در ابتدا خانقاهِ سعدی بوده که در اواخر عُمر خود در آن زندگی می‌کرده‌است. و بعد از مرگ نیز در آن‌جا او را دَفن کرده‌اند. در سال ۱۳۳۰ بنای کُنونی تَوَسُّط محسن فروغی طراحی شده‌است. این بنا تلفیقی از معماری سنّتی و جدید ایرانی است. محوّطه‌ی باغ سعدیه به شیوه‌ی ایرانی، گُلکاری و درختکاری شده‌است و در وسطِ حیاط دو حوض واقع شده‌است.

کَلَمات جَدید

Vocabulary

دَفن کَردَن: to bury	تمساح: crocodile	بُهتان: vilify
خیانَت کَردَن: to betray	اَوایِل: early	صادِق: honest
تَلفیقی: combined	بستانکار: creditor	گاوصَندوق: safes
بِدِهکار: debtor	مَسموم: poisoned	نیکوکار: righteous
اَواخِر: late	صَندوقدار: cashier	باشرافَت: truly
اَشک ریختَن: to weep	با تَربیَت: gentle	وِجدان: conscience
دِرَختکاری: planting trees	اَمانَتداری: bailment	رَمز: code
اَکثَریَّت: majority	طَلَبکار: creditor	بَرتَری: advantage
دُروغین: false	اَنگُشت نَما: egregious	باطِل: invalid
به کار بُردَن: to use	مَفقود شُدَن: to got lost	تَأمین کَردَن: to supply

روزِ ۹۳: چه غَذایی دوست داری؟

Day 93: What food do you like?

Conversation | **گُفت‌وگو**

سِپیده: چه نوع غَذاهایی را دوست داری؟

شهداد: من عاشق غذاهای تُند هستم، مثل غذاهای هِندی.

سِپیده: من اصلاً غذای تُند نمی‌توانم بخورم.

شهداد: تا حالا غذاهای هِندی را امتحان کردی؟

سِپیده: یک‌بار امتحان کردم امّا دوست نداشتم.

شهداد: تو چه غذاهایی را دوست داری؟

سِپیده: من غذاهای ایرانی را خیلی دوست دارم.

شهداد: کدام غذای ایرانی را بیشتر دوست داری؟

سِپیده: قورمه سبزی، مادرِ من قورمه سبزی را خیلی خوب درست می‌کند.

شهداد: من هم قورمه سبزی دوست دارم امّا از بین غذاهای ایرانی کباب را بیش‌تر دوست دارم.

Joke | **لَطیفه**

یک روز مُلاّ به بازار رفته بود تا یک خَر بخرد. عِدّه‌ی زیادی از روستاییها در آن‌جا بودند. در همین هنگام مردی که از آن‌جا عبور می‌کرد به سمت مُلاّ رفت تا او را اذیَّت کند. مرد به مُلاّ گفت: در این بازار جز روستایی‌ها و خر چیز دیگری پیدا نمی‌شود. مُلاّ پرسید: شما روستایی هستید؟ مرد پاسخ داد: نه! مُلاّ گفت: پس مُشَخَّص شد که چه چیزی هستید.

Common Phrases

جُمله‌های رایِج

اسم این خیابان چیه؟

What is the name of this street?

اسم این شهر چیه؟

What is the name of this town?

اسم این ناحیه چیه؟

What is the name of this district?

حالا کجا هستیم؟

Where are we now?

از این‌جا خیلی دور است؟

Is it far from here?

لطفاً یک نقشه این‌جا بکشید.

Please draw a map here.

Poetry

شعر

مَرو به خانه‌یِ اَربابِ بی‌مُروَّتِ دَهر

که گَنجِ عافیَت دَر سَرایِ خویشتَن است

بِسوخت حافِظ و دَر شَرطِ عشقبازیِ او

هنوز بَر سَرِ عَهد و وَفایِ خویشتَن است

«حافظ»

Go not to the house of the Lords void of liberality of the age; For the corner of ease in the dwelling of one's self is.

Hafez consumed; and in the condition of love and of life staking, Yet, at the head of covenant and of fidelity of himself is.

Word of the day

کَلَمه‌یِ روز

تَفتیش کَردَن

معنی: to inspection

مثال: مأموران فرودگاه چمدان‌ها را تفتیش کردند.

Proverb — ضَربُ‌المَثل

✓ آب زیرِ کاه:

این اصطلاح برای کسانی به کار می‌رود که در زندگی مَکّار و حیله‌گرند و با چهره‌ای خوب، به عنوان یک دوست برنامه‌های شوم خود را اجرا می‌کنند.

داستان ضرب المثل: در گذشته افرادی که به خاطر ضعف و ناتوانی، توانایی جنگیدن و مبارزه کردن نداشتند از این حیله استفاده می‌کردند. به این صورت که در مسیر دشمن یک چاه حَفر می‌کردند و روی آن را با کاه می‌پوشاندند. وقتی دشمن از آن‌جا عبور می‌کرد متوجه نمی‌شد و به داخل آن گودال یا چاه می‌افتاد.

Conversation — گُفت‌وگو

سورِن: امروز می‌خواهم آشپزی کنم. چه غذای دوست داری درست کنم؟

کیانا: من کباب خیلی دوست دارم، کباب بَلَد هستی درست کنی؟

سورِن: البته، اجازه بده ببینم مَوادَش را در خانه داریم. اوه! گوشت به اندازه‌ی کافی نداریم.

کیانا: خوب ماکارانی درست کن! من عاشق ماکارانی هستم.

سورِن: ماکارانی هم نداریم!

کیانا: به نظرم بهتر است اوّل برویم خرید.

Idiom of the day — اصطلاحِ روز

از آن بیدها نیست که با این بادها بِلَرزَد.

معنی: انسانی قوی است و در برابر سختی‌ها مقاوم است.

The Anvil fears no blows.

خواندَن — Reading

سَرای مُشیر یا سَرای گُلشَن یک بازارِ قدیمی در شهر شیراز است. تاریخ ساخت این بازار به دوران قاجاریه بازمی‌گردد. این بازار در مجاورَتِ بازار وکیل واقع شده‌است.

یکی از زیباترین قسمت‌های این بازار حیاط بزرگی است که در وسط ساختمان‌های آن قرارگرفته است.

این حیاط زیبا دارای درختان تَنومَندِ نارنج و یک حوض بزرگ در وسط آن است.

این بازار زیبا در سال ۱۳۴۷ خورشیدی در میراث فرهنگی ایران به ثبت رسیده‌است. به علّت اینکه کاشی-کاری‌های زیبا و شیشه‌های اَلوان آن درحال فرسایِش بود، در سال ۱۳۴۸ تعمیراتی در این بازار انجام شد.

اتاق‌های اطراف حیاط بازار برای عرضه‌ی صنایع‌دستی استان فارس اختصاص یافته‌است. هم اکنون این بازار به خاطر موقعیّتی که دارد یکی از مَکان‌های گردشگری شهر شیراز است.

کَلَمات جَدید — Vocabulary

انهِدام: destruction

شوم: ominous

حیله: trick

حَفر کَردَن: to delve

کاه: straw

پوشاندَن: to cover

گودال: pit

اَلوان: colors

به عِلّتِ این‌که: because

مُجاوِرَت: neighborhood

تَنومَند: thick

وَعده‌ی غَذایی: meal course

نارِنج: orange tree

میراث فَرهَنگی: cultural heritage

عَرضه: supply

خوش طَعم: tasty

اختِصاص یافتَن: to allocated

گیاه خواری: vegetarian

مُجاوِر: adjacent

غیرِقابِلِ خوردَن: inedible

سوء تَغذیه: malnutrition

عدّه‌ای: some

روستایی: rural

دَر هَمینِ هنگام: at the same time

اَذیَّت کَردَن: to offend

جُز: except

قورمه سَبزی: a persian food

روزِ ۹۴: داروخانه

Day 94: Pharmacy

Conversation

گُفت‌وگو

پری: سلام، ببخشید من یک مادّه‌ی ضِدّعُفونی کننده می‌خواهم.

دکتر: برای چه کاری می‌خواهید؟

پری: برای ضِدّعُفونی کَردَن زخم‌هایم.

دکتر: بله حتماً، چیز دیگری نیاز ندارید؟

پری: می‌توانم داروی سُرفه را بدون نسخه‌ی پزشک بگیرم؟

دکتر: بله می‌توانید، سُرفه می‌کنید؟

پری: بله چند روزی است سُرفه می‌کنم.

دکتر: بهتر است به یک پزشک هم مراجعه کنید.

پری: متأسفانه فرصت نمی‌کنم. امّا اگر بهتر نشدم حتماً می‌روم.

دکتر: خوب است، این داروی سُرفه است، روزی سه بار بخورید.

پری: ممنون.

Joke

لَطیفه

مُلاّ با پسرش به مغازه‌ی حَلوا فروشی رفت و یک حَلوا خرید و به پسر خود داد. به پسر خود گفت تو به خانه برو. وقتی پسر از مغازه دور شد، مُلاّ به فروشنده گفت: اگر کسی از شما حَلوا بخرد و پول نداشته باشد با او چه خواهید کرد؟ فروشنده پاسخ داد: به او یک لَگد می‌زنم و از مغازه بیرونش می‌کنم. مُلاّ گفت: پس به من یک لَگد بزنید. فروشنده به او لَگدی زد و از مغازه بیرونش انداخت. مُلاّ گفت: اگر به این قیمت حَلوا می‌دهید تا یک حَلوای دیگر هم بَردارم!

جُمله‌های رایج

Common Phrases

تعطیل.

Closed.

ورود رایگان.

Free admission.

فقط پِرسُنِل.

Staff only.

ساخته شده در.

Built in.

دست نزنید.

Do not touch.

تأسیس شده در.

Founded in.

شعر

Poetry

از رَفته قَلَم هیچ دِگرگون نَشوَد وَز خوردَنِ غَم بِجُز جِگَر خون نَشوَد

گر دَر هَمه عُمرِ خویش خونابه خوری یک قَطره اَز آن که هَست اَفزون نَشوَد

(خَیّام)

With Earth's first Clay They did the Last Man's knead,
And then of the Last Harvest sow'd the Seed:
Yea, the first Morning of Creation wrote
What the Last Dawn of Reckoning shall read.

کَلَمه‌ی روز

Word of the day

خونسَرد

معنی: dispassionate, uninterested, unconcerned

مثال: مادر من همیشه خونسَرد و آرام است.

ضَربُ‌المَثَل — Proverb

✓ سَنگِ کَسی را به سینه زَدَن:

این عبارت هنگامی به کار می‌رود که شخصی یک نفر را حمایت کند. در این موارد می‌گویند: سنگ او را به سینه می‌زند و یا چرا سنگ او را به سینه می‌زنی؟

داستان ضرب‌المثل: این سنگ در واقع سنگِ زورخانه است که برای بُلند کردنَش بازوهایی قوی لازم است. در گذشته هر پهلوانی سنگ مخصوص خود را در زورخانه داشت. اگر پهلوانی سنگ دیگری را بلند می‌کرد ممکن بود آسیب ببیند. بنابراین پهلوان‌ها به اشخاص کم‌تجربه می‌گفتند؛ سنگ دیگری را به سینه نزن. یعنی با سنگ-های بزرگ تمرین نکن.

گُفت‌وگو — Conversation

سهند: ببخشید من چسب‌زخم و پانسمان لازم دارم.

دکتر: بسیار خوب، چیز دیگری نیاز ندارید؟

سهند: پوستم مدّتی است خشک شده‌است، ممکن است یک کِرِم مرطوب‌کننده‌ی خوب به من بدهید؟

دکتر: پوست بدن یا صورتتان؟

سهند: پوست صورت و دست‌هایم.

دکتر: بسیار خوب، یک کِرِم مرطوب‌کننده‌ی خوب به شما خواهم داد.

اِصطِلاحِ روز — *Idiom of the day*

از هر دست بدهی، از همان دست پس می‌گیری.

معنی: اگر کار نیک انجام دهی خوب می‌بینی و اگر کار بد انجام دهی در زندگی بد خواهی دید.

What goes around, comes around.

خواندَن

Reading

شهر باستانی بیشاپور در استان فارس قراردارد. این شهر تاریخی در دوران ساسانیان بنا شده‌است. تاریخچه‌ی ساخت این شهر در کتیبه‌ای موجود است. این شهر باستانی در گذشته معماری منحصربفردی داشته است. بیشاپور تا قرن هفتم هجری آباد بوده و پس از آن تخریب شده‌است. این شهر باستانی دارای دو بخش سلطنتی و عامّه‌نشین بوده‌است. دور تا دور شهر با دیوارهای قلعه و کوه‌ها در برابر دشمنان محافظت می‌شده‌است. شهر بیشاپور دارای آثارتاریخی مانند معبد آناهیتا، کاخ والرِیَن، ایوان موزائیک و غیره است. این شهر باستانی در حال حاضر جزء میراث ملّی ایران است و پرونده‌ی ثبت آن برای ثبت در یونسکو نیز در جریان است.

کَلَمات جَدید

Vocabulary

ضِدّعُفونی‌کُنَنده: disinfectants

لَگَد زَدَن: to kick

قُرص: pill

دِگَرگون: change

اَفزون: more

حِمایَت: protection

داروی گیاهی: herbal remedies

دَرواقِع: actually

زورخانه: gymnasium

قَوی: strong

شَربَتِ سُرفه: cough syrup

سینه: breast

عِبارَت: phrase

پَهلَوان: athlete

اَشخاص: people

بازو: arm

پُماد: ointment

مورِد: cases

بیرون انداختَن: to throw out

تَمرین: practice

کِرِمِ ضِدّآفتاب: sunscreen

مُنتَقِل کَردَن: to transfer

مَرطوب کُنَنده: humidifier

تاریخچه: history

عامّه‌نشِین: public

مَعبَد: temple

کِرِمِ دورِ چِشم: eye cream

روزِ ۹۵: دندانپزشکی

Day 95: Dentistry

Conversation

گُفت‌وگو

دندانپزشک: مشکل شما چیست؟

بیمار: یکی از دندان‌هایم که قبلاً پُر کرده بودم، درد دارد.

دندانپزشک: اجازه بدهید نگاه کنم. ... این دندان پوسیده است.

بیمار: خوب باید چه کار کنم؟

دنداپزشک: باید اوّل از دندان عکسبرداری کنیم تا مطمئن شویم مشکل چیست. بیمار: بسیار خوب. ممکن است دیگر دندان‌هایم را هم مُعاینه کنید.

دندانپزشک: بله حتماً. خوب دندان‌هایتان نیاز به جِرم‌گیری دارد.

بیمار: ممکن است یک وقت برای جِرم‌گیری به من بدهید؟

دندانپزشک: حتماً. با مُنشی هماهنگ کنید تا به شما یک وقت بدهد.

Joke

لَطیفه

روزی مُلاّ در خانه‌ای رفت و از صاحبخانه مقداری نان خواست.

دختری که در خانه بود، جواب داد: نداریم! مُلاّ گفت: یک لیوان آب بده!

دختر پاسخ داد: نداریم!

ملا پرسید: مادَرَت کجاست؟

دختر پاسخ داد: به عزاداری رفته است!

مُلاّ گفت: با این خانه‌ای که شما دارید دیگران باید برای عزاداری به خانه شما بیایند.

Common Phrases

جُمله‌های رایج

می‌توانم آدرس شما را داشته باشم؟

Could I have your address?

می‌توانم شماره تلفن شما را داشته باشم؟

May I have your telephone number?

Poetry

شعر

هَر کَسی کو دور ماند اَز اَصلِ خویش

باز جویَد روزگار وَصلِ خویش

مَن به هَر جَمعیَّتی نالان شُدَم

جُفتِ بَدحالان و خوش‌حالان شُدَم

(مولانا)

Every one who is left far from his source wishes back the time when he was united with it.
In every company I uttered my wailful notes, I consorted with the unhappy and with them that rejoice.

کو: که او **باز جوید: دوباره جستجو کند**

Word of the day

کَلَمه‌یِ روز

ناله کَردَن

معنی: to whine

مثال: بیمار به خاطر درد دندان ناله می‌کرد.

Proverb — ضَربُ‌المَثَل

- ✓ **دو قورت و نیمَش باقی اَست:**

این ضرب‌المثل درمورد شخصی به کار می‌رود که حِرص و طَمَع زیاد داشته‌باشد، و بیشتر از میزان شایستگی خود، انتظار لُطف و مُحَبَّت از طرف دیگران داشته‌باشد. همچنین شخصی، که از کار بد و نادرست خود نه تنها احساس پشیمانی نکند بلکه انتظار لطف و محبّت هم داشته باشد. در این مواقع می‌گویند: «دو قورت و نیمش باقی است.»

Conversation — گُفت‌وگو

بیمار: ممکن است برای کشیدن دندان به من یک وقت بدهید.

منشی: بله، قبلاً پزشک شما را معاینه کرده‌است؟

بیمار: بله، پزشک اینجا روکِش دندان هم انجام می‌دهد؟

منشی: بله انجام می‌دهند. برای روکِش دندان هم وقت می‌خواهید؟

بیمار: بله، اگر ممکن است یک وقت هم برای آن بدهید.

منشی: روز نُهُم شهریور می‌توانید بیاید؟

بیمار: بله می‌توانم.

Idiom of the day — اِصطِلاحِ روز

آشِ کَشک خاله‌ات است، بخوری پایَت است نخوری پایَت است.

معنی: تکلیف و وظیفه‌ای که برعهده‌ی کسی باشد. این کار را باید انجام دهی.

As you make your bed, so you must lie in it.

Reading

خواندَن

خواجوی کرمانی در سال ۶۸۹ هجری قمری در کرمان به دنیا آمده و در سال ۷۵۲ هجری قمری در شیراز درگذشته است. خواجوی کرمانی که از شاعران دوران مغول است، شعرهای زیادی را برای ستایش حاکمان استان فارس سروده‌است. از این شاعر آثار زیادی باقی مانده است.

اشعار خواجوی کرمانی بیشتر اشعار عرفانی است. برخی از تاریخ‌نگاران او را در ریاضیّات و پزشکی نیز صاحب‌نظر می‌دانند. آرامگاه این شاعر در شمال شهر شیراز قراردارد.

Vocabulary

کَلَمات جَدید

ستایِش: praise

باقی‌مانده: remaining

عِرفانی: mystic

تاریخ‌نِگاران: historians

عَصَب کُشی: root canal

صاحِب‌نَظَر: experts

کَشک: curd

خَمیر دَندان: toothpaste

تَکلیف: task

وَظیفه: duty

پانسِمان کَردَن: to dress

جِرم‌گیری: scrapes tartar

دَندانِ آسیاب: molar

دَندانِ عَقل: wisdom tooth

کِشیدَن: to come out

نَخ دَندان: dental floss

لَثّه: gum

فَک: jaw

نالیدَن: to whimper

تَب: fever

مُطمَئِن بودَن: to be sure

مُراقِبَت کَردَن: taking care

مِسواک: toothbrush

هَماهَنگ کَردَن: to coordinate

پَذیرِش: reception

عَزاداری: mourning

تَأخیر: late

روزِ ۹۶: خَراب شُدَنِ ماشین

Day 96: Car Problem

Conversation — گُفت‌وگو

رامتین: کُجا هستی بهنوش؟

بهنوش: خانه هستم، نمی‌دانم چرا ماشینم روشن نمی‌شود.

رامتین: قبلاً این مشکل برایم پیش آمده‌است؛ باتری ماشین را چک کرده‌ای؟

بهنوش: بله نگاه کردم، باتری روشن نمی‌شود.

رامتین: خوب یک تعمیرکار خبر کن.

بهنوش: با یک تعمیرکار تماس گرفته‌ام؛ امّا او گفت حدود دو ساعت دیگر می‌آید.

رامتین: چه بد! پس تو نمی‌توانی با من به مهمانی بیایی؟!

بهنوش: ماشین را فردا تعمیر می‌کنم و خودم با تاکسی می‌آیم.

رامتین: خوب است.

Joke — لَطیفه

یک روز مُلاّ با کدخدا به حمّام رفته بود. وقتی کدخدا بَدَنِ خود را می‌شُست از مُلاّ پرسید: اگر من کدخدا نبودم و فقط یک خدمتکار بودم چه ارزشی داشتم.

مُلاّ کمی فکر کرد و گفت: دَه تومان. کدخدا عصبانی شد و گفت: احمق، فقط پارچه که به تن دارم ده تومان قیمت دارد. مُلاّ گفت: خوب من هم قیمت پارچه را گفتم وگرنه خودت که ارزشی نداری!

Common Phrases

جُمله‌های رایج

می‌توانم به این نگاهی بیاندازم؟

Could I take a look at it?

می‌توانم از خودکار شما استفاده کنم؟

May I borrow your pen?

می‌توانم مجلّه‌ی شما را قرض بگیرم؟

May I borrow your journal?

Poetry

شعر

لَب بَر لَب کوزه بُردَم از غایَتِ آز   تا زو طَلَبَم واسطه‌یِ عُمرِ دراز
لَب بَر لَب مَن نَهاد و می‌گفت به راز   مِی خور که بِدین جَهان نِمی‌آیی باز

«خَیّام»

Then to this earthen Bowl did I adjourn
My Lip the secret Well of Life to learn:
And Lip to Lip it murmur'd--"While you live,
Drink! for once dead you never shall return."

غایَت: نهایت   آز: حِرص   طلبم: بخواهم

نهاد: گذاشت   خور: بخور   بدین: به این

Word of the day

کَلَمه‌ی روز

حِرص

معنی: greed

مثال: کارمند به خاطر حرص و طمع زیاد از شرکت دزدی کرد.

Proverb — ضَربُ‌المَثَل

✓ دَست کَسی را توی حَنا گُذاشتَن:

این ضرب‌المثل هنگامی به کار می‌رود که شخصی دوستش را در کاری تنها می‌گذارد. در چنین مواردی شخص نه می‌تواند پیش برود و نه می‌تواند بازگردد. مانند کسی که دستانش را در حَنا گذاشته‌اند.

در گذشته چون وسایل آرایشی و زیبایی وجود نداشت، مردان و زنان از حَنا استفاده می‌کردند. آن‌ها بر روی دست، پا، ریش و موهایشان حَنا می‌گذاشتند. معمولاً حَنا را در آب می‌ریختند و آن را به روی دست، پا و موهایشان می‌گذاشتند و چند ساعت به همان حالت می‌نشستند تا حَنا رنگ بدهد. بنابراین اگر کسی دستش در حَنا بود نمی‌توانست کاری انجام دهد.

Conversation — گُفت‌وگو

فریبُرز: از ماشین جدیدت راضی هستی؟

بهمن: متأسفانه نه! خیلی افتضاح است. از دیروز خراب شده‌است.

فریبُرز: قبل از خرید به یک تعمیرکار ماشین نشان ندادی؟

بهمن: نه! اشتباه کردم، من به فروشنده اعتماد کردم.

فریبُرز: خوب با فروشنده تماس بگیر و مشکل ماشین را بگو.

بهمن: از دیروز هرچه با او تماس می‌گیرم موبایلش خاموش است.

فریبُرز: باید بگویم که او تو را فریب داده‌است!

Idiom of the day — اِصطِلاحِ روز

اَصلِ بَد نیکو نَگَردَد هَر که بُنیادَش بَد است.

معنی: کسی که ذات بد دارد تغییر نمی‌کند.

What is bred in the bone, will never come out of the flesh.

خواندَن — Reading

حمّام وکیل در شهر شیراز قراردارد. این حمّام تاریخی در دوران زندیه به دستور کریم‌خان زند بنا شده‌است. این حمّام در فهرست آثار ملی ایران ثبت شده‌است. معماری این حمّام در زمان گذشته بسیار پیشرفته بوده‌است. کفِ حمّام سنگفرش شده‌است و سقف آن نقش‌های زیبایی دارد که از آداب و رُسوم و علایِق مردم این شهر حکایت دارد. حمّام وکیل نسبت به حالت اوّلیّه‌ی خود تغیر کرده بود، به همین دَلیل تَوَسُّطِ باستان‌شناسان، بازسازی شده‌است. این حمّام مدّتی سفره‌خانه و مدّتی موزه‌ی فرش بوده‌است. در اثر بی‌احتیاطی صَدَمات زیادی به این بنای تاریخی رسیده است. هم‌اکنون نیز این حمام به موزه تبدیل شده‌است و برای بازدید عُموم آزاد است.

کَلَمات جَدید — Vocabulary

کَف: floor

حِکایَت: story

تَغییر کَردَن: to vary

کارواش: carwash

اَرزِش داشتَن: to worth

روشَن شُدَن: to turn on

بازسازی: rebuilding

طَلَبیدَن: to want

پیشرَفته: advanced

طَلَب کَردَن: to want

سُفره‌خانه: restaurant

بی‌اِحتیاطی: carelessness

صَدَمات: injuries

عَلایِق: favorites

باستان شِناس: archaeologist

بُنیاد: foundation

آرایِشی: cosmetic

حَنا: henna

وَگَرنه: otherwise

طَمَع: greed

نَهایَت: finally

قَرض: debt

کَدخُدا: chief

ریختَن: to pour

پارچه: cloth

اعتماد کَردَن: to rely

تَعمیرکار: repairman

روزِ ۹۷: پیدا کَردَنِ شُغل

Day 97: Finding a Job

Conversation

گُفت‌وگو

لاله: من دوست دارم یک کار مناسب پیدا کنم. تو می‌دانی چطور می‌توان کار پیدا کنم؟

فردین: خوب راه‌های مختلفی وجود دارد. تو چه کاری می‌خواهی؟

لاله: می‌خواهم مُنشی باشم.

فردین: خوب، اوّلین راه این است که به مراکزِ کاریابی بروی. آن‌جا به تو کمک می‌کنند که یک کار مناسب پیدا کنی.

لاله: خوب راه دیگر چیست؟

فردین: راه دیگر این است که روزنامه بگیری، در روزنامه اطّلاعیّه‌ی کارها وجود دارد.

لاله: خوب، من از هر دو روش استفاده خواهم کرد.

Joke

لَطیفه

مُلاّ به دوست خود گفت: مدّتی است آرزوی خوردن حَلوا دارم.

دوستش گفت: چرا حَلوا نمی‌پزی؟

مُلاّ گفت: هر وقت آرد هست، روغَن نیست، هر وقت روغَن هست، شکر نیست.

دوستش گفت: هیچ‌وقت نشده است که هر سه را با هم داشته باشی؟ مُلاّ گفت: هر‌وقت هر سه با هم در خانه بوده، من خودم نبوده‌ام!

Common Phrases

جُمله‌های رایج

آرام باشید همه چیز درست خواهد شُد.

Calm down, everything will be fine.

خیلی هیجان‌زده هستم.

I am so excited.

ممکن است من را به مرکز شهر برسانید؟

Could you drop me off downtown?

Poetry

شِعر

آن‌روز که توسَنِ فَلَک زین کَردَند و آرایِشِ مُشتَری و پَروین کَردَند

این بود نَصیبِ ما زِ دیوانِ قَضا ما را چه گُنَه قِسمَتِ ما این کَردَند

(خَیّام)

I tell Thee this--When, starting from the Goal,
Over the shoulders of the flaming Foal.
Of Heav'n Parwin and Mushtari they flung,
In my predestin'd Plot of Dust and Soul.

توسَن: وحشی **فَلَک: آسمان** **نَصیب: قسمت**

قَضا: تقدیر **گُنَه: گناه** **دیوان: عدالت**

Word of the day

کَلَمه یِ روز

تَقَلُّبی

معنی: unfeigned, unfathered

مثال: شرکت آن‌ها اجناس تقلّبی به بازار وارد می‌کند.

ضَربُ‌المَثَل Proverb

✓ خِیمه شَب بازی:

این اصطلاح هنگامی به کار می‌رود که افراد حیله‌گر با زیرکی افراد ساده و زودباور را فریب می‌دهند و واقعیّت را از آن‌ها مخفی می‌کنند. این‌گونه فریبکاری‌ها را به خیمه شب بازی تشبیه می‌کنند. خیمه شب بازی نام یک نمایش است. در این نمایش عروسک‌هایی با نخ حرکت داده می‌شوند. کسانی که نخ را در دست دارند پشت پرده هستند و تماشاگران آن‌ها را نمی‌بینند. خمیه شب بازی شبیه تئاتر است با این تفاوت، که در صحنه‌ی تئاتر مردها و زن‌ها نقش بازی می‌کنند؛ امّا در خیمه شب‌بازی عروسک‌ها بازیگر هستند. به دست و پای عروسک‌ها نخ بسته‌اند و از پشت پرده آن‌ها را حرکت می‌دهند.

گُفت‌وگو Conversation

کیا: شنیده‌ام از کارت استعفا داده‌ای؟

جهان: آره، کارم را دوست نداشتم. می‌خواهم یک کار جدید پیدا کنم.

کیا: کار مناسبی پیدا نکرده‌ای؟

جهان: به یک شرکت برای مصاحبه رفته‌ام. امّا آن‌جا هم چیزی نیست که من می‌خواهم.

کیا: دنبال چطور کاری هستی؟

جهان: کاری که آینده‌ی خوبی داشته باشد.

کیا: با تلاش و جستجوی زیاد حتماً کار خوبی پیدا خواهی کرد.

اصطلاح روز *Idiom of the day*

آفتابه، خَرجِ لَحیم کَردَن اَست.

معنی: بیشتر بودن هزینه‌ی تعمیر چیزی از بَهایِ نوی آن.

Why buy a cow when milk is so cheap.

خواندَن

Reading

باغِ دلگُشا باغی زیبا و تاریخی در شهر شیراز است. تاریخ این باغ به دوران ساسانی بازمی‌گردد. باغ دلگُشا در زمان صفویه بسیار معروف بوده‌است به گونه‌ای که جهانگردان، آن زمان در نقّاشی‌ها خود این باغ را به تصویر کشیده‌اند.

در باغ دلگشا ساختمان‌های تاریخی نیز وجود دارد. معماری این ساختمان‌ها شبیه کاخ‌های دوران ساسانی در شهر تاریخی بیشاپور است. ساخت این بنا در دوران زندیه صورت گرفته است. داخل ساختمان بسیار زیبا و اتاق‌های آن، دارای آیینه-کاری و نقّاشی‌های زیبا است. یک استخر زیبا نیز در جلوی ساختمان قراردارد.

کَلَمات جَدید

Vocabulary

مَعروف: famous

به‌گونه‌ای: so that

نام بُردَن: to name

تَقَلُّبی: fake

تَسویه کَردَن: to adjust

صورَت گِرِفتَن: to happen

اِستِعفا: resignation

آفتابه: tankard

لَحیم: solder

راه: way, path

تَبلیغات: publicity

بَهاء: price

زیرَکی: subtlety

زودباوَر: credulous

مَخفی: hidden

فَریبکاری: deception

تَشبیه کَردَن: to simile

وَحشی: wild

گُناه: sin

عِدالَت: justice

زین کَردَن: to saddle

اِطّلاعیّه: notifications

رَوِش: way

خَرج کَردَن: to spend

وارِدات: importation

کاریابی: job search

مُصاحِبه: interview

روزِ ۹۸: آپارتِمانِ جَدید

Day 98: New Apartment

Conversation — گُفت‌وگو

آذر: سلام، خیلی وقت است با هم صحبت نکرده‌ایم. چه خبر؟

آناهیتا: سلام آذر، دارم وسایلم را بسته‌بندی می‌کنم.

آذر: چرا؟ می‌خواهی کُجا بروی؟

آناهیتا: یادم نمی‌آید قبلاً به تو گفته‌ام یا نه! من دارم می‌روم به یک آپارتمان جدید.

آذر: قبلاً گفته بودی دنبال یک آپارتمان جدید هستی، امّا نمی‌دانستم پیدا کرده‌ای.

آناهیتا: آره، بالأخره بعد از جستجوی زیاد یک جای مناسب پیدا کردم.

آذر: هم خانه هم داری؟

آناهیتا: نه ندارم، می‌خواهم تنها زندگی کنم.

آذر: خوب است. فرصت مناسبی است برای این‌که بتوانی تنها زندگی کردن را تجربه کنی.

Joke — لَطیفه

زن مُلاّ دل‌درد شدیدی گرفت. مُلاّ برای آوردن دکتر بیرون رفت. وقتی داخل کوچه رفت زنش از پنجره گفت: دردَم تمام شد، دکتر لازم نیست. مُلاّ به حرف او گوش نکرد و به خانه‌ی دکتر رفت و گفت: زن من دل‌درد شدیدی گرفته بود وقتی داشتم به نزد شما می‌آمدم زنم گفت که دردَم تمام شده و به دکتر نیازی نست. من هم آمدم به شما اطّلاع دهم که به آمدن شما نیازی نیست!

Common Phrases — جُملەهایِ رایِج

از عُهدەی من خارج است.

This is out of my hand.

من اصلیَّتم ایرانی است.

I'm originally from Iran.

اگر کاری از دست من برمی‌آید بگو.

Let me know if there is anything I can do.

امروز حال آن را ندارم.

I'm not really in the mood for it today.

Poetry — شعر

این قافلەیِ عُمر عَجَب می‌گذرد
دَریاب دَمی کـه با طَرَب می‌گذرد
ساقی! غَمِ فَردایِ حَریفان چه خوری؟
پیش آر پیاله را که شَب می‌گذرد

(خَیّام)

One Moment in Annihilation's Waste,
One moment, of the Well of Life to taste
The Stars are setting, and the Caravan
Starts for the dawn of Nothing Oh, make haste!

دَمی: لحظه‌ای　　دَریاب: بدان　　طَرَب: نشاط

پیش آر: جلو بیاور　　حَریفان: یاران　　پیاله: جام

Word of the day — کَلَمەیِ روز

تَفَرُّجگاه

معنی: promenade

مثال: شهر اصفهان، تفرجگاه‌های بسیاری برای گردشگران دارد.

ضَربُ‌المَثَل — Proverb

✓ دُروغِ شاخدار، شاخِ دَرآوَردَن:

دروغ‌های بزرگ که غیرقابل باور باشند را دروغ شاخدار می‌گویند. گاهی ضرب‌المثل معروف شاخ درآوردن نیز به کار می‌رَوَد. برای مِثال می‌گویند: آدم از این دروغ‌هایش شاخ درمی‌آورد. ریشه‌ی این ضرب‌المثل در علم روانشناسی است. هریک از صفت‌های خوب یا بد انسان، به یک حیوان تشبیه شده‌است. مثلاً دشمنی را به مار تشبیه کرده‌اند، مرد بی‌غِیرت را به گُراز تشبیه کرده‌اند، انسان حیله‌گر را به گُرگ تشبیه می‌کنند، و دروغ هم که یک صفت بد است را به شکل شاخ یا دُم تشبیه می‌کنند.

گُفت‌وگو — Conversation

آنیتا: سلام چطوری؟ شنیده‌ام آپارتمان جدید گرفته‌ای؟

آرتادُخت: سلام، آره، آپارتمان قبلی خیلی کوچک بود.

آنیتا: آپارتمان جدید چطور است؟ راضی هستی؟

آرتادُخت: خیلی خوب است. دوتا اتاق خواب و یک بالکن بزرگ دارد.

آنیتا: عالی است. خودت تنها زندگی می‌کنی؟

آرتادُخت: نه یک هم خانه هم دارم. تنها زندگی کردن برایَم سخت است.

اصطِلاحِ روز — Idiom of the day

آن را که حساب پاک است از مُحاسِبه چه باک است.

معنی: کسی که نیَّت خوبی داشته باشد ترسی از حساب ندارد.

Act so in the wally that need not fear those who stand on the hill.

خواندَن

Reading

رامسَر یکی از شهرهای استان مازندارن، در شمال ایران واقع شده‌است. این شهر دارای مناطق ییلاقی بسیار زیبا و خوش آب و هوا است. رامسر دارای مناطق گردشگری بسیار است. کوه‌های شهر از گیاهان مُتنَوِّع و انبوه پوشیده شده‌است و باعث شده تا منظره‌ای زیبا در شهر پدیدار شود. همچنین این شهر دارای یک ساحل بسیار زیبا است. آب‌های گرم در نزدیکی ساحل، وجود جنگل و کاخ موزه‌ی تماشاگه و آثار تاریخی و دیدنی دیگر، موجب شده که گردشگران زیادی هر ساله به این شهر زیبا سفر کنند و به آن لقب عروس شهرهای ایران بدهند.

کَلَمات جَدید

Vocabulary

بَسته‌بَندی: packing

تَفسیر کَردَن: to interpret

تَخلیه کَردَن: to vacate

پَدید آمَدَن: to rise

سالیانه: yearly

تَجرُبه کَردَن: to experience

رَقیب: competitor

اَصلیَّت: paternity

تَفَکُّر: thought

مالِکیَّت: ownership

صاحِب شُدَن: to own

تَمدید کَردَن: to extend

بَرعُهده: responsible

تَضمین کَردَن: to warrant

موجِب شُدَن: to cause

غیرِقابِلِ باوَر: unbelievable

ریشه: root

صِفَت: adjective

بی‌غِیرَت: nerveless

گُراز: hog

پَدیدار شُدَن: to appear

شاخ: horn

بالکُن: balcony

مُحاسِبه: calculation

نیَّت: intent

صاحِبخانه: land lord

روزِ ۹۹: اَخبار

Day 99: News

Conversation

گُفت‌وگو

راستین: اخبار امروز را دیده‌ای؟

تیرداد: نه، اتفاقی افتاده است؟

راستین: یک زلزله‌ی بزرگ در بَم اتفاق افتاده‌است.

تیرداد: آه! خدای من.

راستین: رئیس جمهور در اخبار درمورد آن صحبت می‌کرد.

تیرداد: کسی هم صَدَمه دیده است؟

راستین: فکر می‌کنم که گفتند در حدود ۴۰ هزار نفر کشته شده‌اند.

تیرداد: فاجعه است!

راستین: بله، من فکر نمی‌کردم که نشنیده باشی. تمام روز درباره‌ی آن صحبت می‌کردند.

تیرداد: من معمولاً تلوزیون تماشا نمی‌کنم.

راستین: اخبار تماشا نمی‌کنی؟

تیرداد: نه من معمولاً خبرها را به صورت آنلاین می‌خوانم، اما امروز فرصت نکردم کامپیوترم را روشن کنم.

Joke

لَطیفه

یک شب مُلاّ به سمت خانه می‌رفت. در راه مرد مَستی با او تصادف کرد. مُلاّ به او گفت: احمق مگر کور هستی که آدم به این بزرگی را نمی‌بینی؟

مرد مَست گفت: به جای یکی دو تا می‌بینم. مُلاّ گفت: خوب پس چرا با من تصادف می‌کنی؟ مرد مَست گفت: چون من می‌خواستم از وسط شما دو نفر عبور کنم!

Common Phrases

جُمله‌های رایج

آسانسور خراب است.

The elevator is out of order.

آسمان دارد صاف می‌شود.

The clouds are lifting.

باید از پلّه‌ها برویم.

We have to take the stairs.

تلفن آن‌ها روی پیغام‌گیر است.

Their answering machine is on.

Poetry

شعر

جامی است که عَقل آفَرین می‌زَنَدَش
صَد بوسه زِ مِهر بَر جَبین می‌زَنَدَش
این کوزه‌گر دَهر چُنین جامِ لَطیف
می‌سازَد و باز بَر زَمین می‌زَنَدَش

(خَیّام)

That ev'n my buried Ashes such a Snare
Of Perfume shall fling up into the Air, As not a True
Believer passing by
But shall be overtaken unaware.

جَبین: پیشانی دَهر: روزگار آفَرین می‌زَنَدَش: به او آفرین می‌گویَد.

Word of the day

کَلَمه‌یِ روز

آشُفته

معنی: messy, phrenetic, turbulent

مثال: کارمَند آشُفته و پریشان از اتاق رئیس بیرون آمد.

ضَربُ‌المَثَل Proverb

✓ ماست‌مالی کَردَن:

این ضرب‌المثل یعنی، کاری که ممکن است موجب دَعوا شود را به نحوی توجیه کردن، ظاهر یک قضیه را دُرُست کردن.

داستان ضرب المثل: هنگام عروسی محمدرضاشاه پهلوی، قرار بود مهمانان مِصری و همراهان عروس به وسیله‌ی راه‌آهن از جنوب به تهران وارد شوند. شهربانی دستور داده بود که دیوارهای تمام روستاها در طول مسیر ورود مهمانان را سفید کنند. در یکی از روستاها گچ برای سفید کردن دیوار وجود نداشت. کدخُدای آن روستا دستور می‌دهد که با ماست تمام دیوارها را سفید کنند.

گُفت‌وگو Conversation

سامیار: چه کاری انجام می‌دهی رادمهر؟

رادمهر: دارم روزنامه می‌خوانم.

سامیار: من از اخبار متنفرم. چیز خاصّی هم نوشته است؟

رادمهر: بله چیزهای زیادی نوشته است. من دوست دارم بدانم اطرافم چه خبر است.

سامیار: در مورد افزایش حقوق کارمندان دولت چیزی ننوشته است؟

رادمهر: نه چیزی ننوشته است. به تنها چیزی که فکر می‌کنی پول است!

سامیار: اگر پول باشد تمام مُشکلات حل می‌شود!

اِصطِلاحِ روز *Idiom of the day*

آن‌قدر سَمَن است که یاسَمَن پیدا نیست.

معنی: تعداد افراد یا چیزهای خاص و مورد توجه آن‌قدر زیاد است که دیگران به حساب نمی‌آیند.

You can’t see the wood for the trees.

خواندَن
Reading

قِشم بزرگ‌ترین جزیره خلیج فارس است که در استان هرمزگان قراردارد. به‌خاطرِ بازار پُر رونق و ورود کالاهای بسیار مهم از کشورهای حاشیه‌ی خلیج‌-فارس به این جزیره، جزیره‌ای بسیار مهم و مورد توجّه است.

جزیره‌های بزرگ اطراف قشم عبارت‌اند از: جزیره‌ی هِنگام، هُرمُز و لارک. جزیره‌های کوچکی اطراف قشم وجود دارند که فاصله کمی با ساحل جزیره دارند. این جزیره‌های کوچک هنگام جَزر و مَد به ساحل جزیره می‌پیوندند و جدا می شوند. به این جزیره ها «ناز» می‌گویند.

کَلَمات جَدید
Vocabulary

پِیغام‌گیر: answering machine

عُبور کَردَن: to cross

اَفزایِش: increase

به‌نَحوی: somehow

توجیه کَردَن: to justify

قَضیه: case

سَراسَر: throughout

هَمراهان: entourage

مَشاغِل: jobs

به این خاطِر: because of this

شَهربانی: police

گچ: plaster

اَطراف: around

موردِ تَوَجُّه: noteworthy

به حِساب آمَدَن: to be considered

دَست‌ِکم: at least

قَفَس: cage

سیلی زَدَن: to slap

شایِستگی داشتَن: to be qualified

کَمیابی: scarcity

پَخش کَردَن: to spread

پَریشان: distracted

پیشانی: forehead

لَطیف: tender

قَهر: fierce

کارمُزد: wage

روزِ ۱۰۰: هَدیه

Day 100: Gift

Conversation | گُفت‌وگو

گلناز: غزل، برنامه‌ات برای عید نوروز چیست؟

غزل: مطمئن نیستم که چه کاری انجام خواهم داد.

گلناز: خوب، اگر برنامه‌ای ندارید می‌توانید با خانواده برای شام به خانه‌ی ما بیایید.

غزل: شما خیلی لطف دارید. شما خریدهایتان تمام شده‌است؟

گلناز: نه، من هنوز دارم خریدهایم را انجام می‌دهم. فکر کنم آخر هفته بروم پاساژ برای خرید.

غزل: پاساژها واقعاً شلوغ هستند. شما باید آنلاین خرید کنید.

گلناز: حق با شما است. خانواده‌ی من عاشق کتاب خواندَن هستند. من می‌توانم تمام خریدهایم را از طریق سایت آمازون انجام دهم.

غزل: شما فکر می‌کنید برای همسرتان چه چیزی بگیرید؟

گلناز: شاید یک رُمان. او همیشه درحال خواندن رُمان است.

Joke | لَطیفه

روزی مُلاّ زیر درخت گِردو خوابیده بود. ناگهان گِردویی به شدّت به سرش برخورد کرد و سرش درد گرفت. اما مُلاّ شروع کرد به شکر کردن خدا. مردی که از آن‌جا می‌گذشت، به مُلاّ گفت: چرا خدا را شکر می‌کنی تو که سرت درد گرفته است. مُلاّ گفت: تو نمی‌دانی. اگر به جای درخت گردو زیر درخت خربُزه خوابیده بودم اکنون زنده نبودم.

Common Phrases

جُمله‌های رایج

حدس بزن چی شده‌است؟

Guess what!?

به آن دست نزن!

Don't touch it

مسخره است! نه؟

It's ridiculous, isn't it ?

بیدار شو! ساعت هفت شده‌است.

Wake up! It's seven o'clock.

Poetry

شِعر

اَفسوس که نامه‌یِ جَوانی طِی شُد
و آن تازه بَهارِ زِندِگانی دِی شُد

آن مُرغِ طَرَب که نامِ او بود شَباب
اَفسوس نَدانَم که کِی آمَد کِی شُد

(خَیّام)

Alas, that Spring should vanish with the Rose!
That Youth's sweet-scented Manuscript should close!
The Nightingale that in the Branches sang,
Ah, whence, and whither flown again who knows!

نامه‌ی جوانی طی شد: دوران جوانی گذشت و پیر شدیم.

تازه بهار زندگانی دی شد: بهار زندگی به زمستان تَبدیل شد.

Word of the day

کَلَمه‌یِ روز

کُهَنسال

معنی: old, aged

مثال: مرد کهنسال بر اثر بیماری قلبی درگذشت.

ضَربُ‌المَثَل — Proverb

✓ گهی پُشت به زین و گهی زین به پُشت:

این عبارت به این معنی است که در زندگی گاهی شرایط آن طوری است که ما انتظار داریم، و به خواسته‌هایمان می‌رسیم. امّا گاهی شرایط آن‌گونه که می‌خواهیم نیست و با سختی و مشکلات مواجِه می‌شَویم.

این ضَربُ‌المَثَل یک مصراع از شاهنامه‌ی فردوسی است که درباره‌ی زندگی رستم نوشته شده‌است.

گُفت‌وگو — Conversation

مهناز: تولّد همسرت نزدیک است، فکر کردی چه چیزی برایش بخری؟

شهرام: آره زیاد فکر کردم، می‌خواهم برایش کتاب شعر بخرم. او به شعر خیلی علاقه دارد.

مهناز: کتاب شعر؟ همین؟ فکر نمی‌کنی باید یک چیز گران‌تر بخری مانند جواهرات، یا لپ تاپ جدید؟

شهرام: شاید. هدیه گرفتن خیلی سخت است. من فکر می‌کنم همسرم همه چیز دارد. شاید بهتر باشد از خودش سؤال کنم چه چیزی لازم دارد.

اصطِلاحِ روز — *Idiom of the day*

با حَلوا حَلوا گفتن دهان شیرین نمی‌شود.

معنی: با حرف زدن کاری درست نمی‌شود، باید تنبلی را کنار گذاشت و اقدام کرد.

Wishes don’t wash the dishes.

Reading — خواندَن

بندر چابهار در جنوب استان سیستان و بلوچستان قراردارد. این بندر یک بندر اقیانوسی است که در سواحل اقیانوس هند و دریای عُمّان واقع شده‌است. این بندر از بنادر بازرگانی آزاد ایران است. این بندر دارای یک موقعیّت استراتژیک است و سرمایه‌گذاری‌های زیادی در آن انجام می‌شود. آب و هوای این شهر همیشه مُعتَدِل و بهاری است و به همین علّت چابهار نام‌گذاری شده‌است. این شهر دارای آثار تاریخی بی‌شماری است. مانند قلعه‌ی تیس، قلعه‌ی بَلوچ گت، قلعه‌ی اَنوشیرَوان و گورستان‌های تاریخی.

ساختمان قدیمی تلگرافخانه که یک ساختمان قدیمی است نیز جزء آثار تاریخی این شهر است. این ساختمان توسط انگلیسی‌ها ساخته شده‌است. ساختمان تلگرافخانه یک ساختمان سنگی است. این شهر دارای مراکز آموزش عالی و دانشگاه است.

Vocabulary — کَلَمات جَدید

پیر شُدَن: to getting old

اِقدام کَردَن: to do

دَرگُذَشت: death

گاهی: sometimes

بَر اَثَر: due to

طَرَب: cheerfulness

اِنتِظار داشتَن: to expect

مُواجِه شُدَن: to confront

سَواحِل: beaches

بی‌شُمار: much

تِلِگرافخانه: telegraph

موقعیَّت: position

دُرُست شُدَن: to be make

حَلوا: pudding

عَمَل کَردَن: to act

شِکار کَردَن: to hunt

دَرباره: about

بازَرگانی: commercial

بَندَر: seaport

کالا: commodity

کِیفیَّت: quality

مُجَدَّد: again

خاتَمه یافتَن: to end

شَواهِد: evidence

اِطّلاعیّه: notifications

سالمَند: elder

اِعلامیّه: declaration

وَفادار: loyal

مُوَجَّه: justified

فانی: mortal

گُمرُک: customs

مَستَقَر شُدَن: to settle

واژگان

Glossary

اثر /asar/: effect

اجاره کردن /ejâre kardan/:
to rent

اجازه دادن /ejâze dâdan/: to
permit

اُجاقِ گاز /ojâgh gâz/: stove

اِجبار /ejbâr/: compulsion

اجتماع /ejtemâ/: community

اجتماعی /ejtemâi/: social

اجرا کردن /ejrâ kardan/: to run

اجل /ajal/: death

اجناس /ajnâs/: products

احاطه /ehâte/: surround

احترام /etherâm/: respect

اِحتیاط کَردَن /ehtiyât kardan/: to
precaution

احداث /ehdâs/: construction

احساس کردن /ehsâs kardan/: to feel

احسان /ehsân/: goodness

اَحمَق /ahmagh/: stupid

اِحیا /ehyâ/: vivify

اَحیاناً /ahyânan/: probably

اُختاپوس /okhtâpus/:
octopus

ابتدا /ebtedâey/: first

ابداع کردن /ebdâ kardan/: to
innovate

اِبراز داشتَن /ebrâz dâshtan/: to
evince

اِبراز کَردَن /ebrâz kardan/: to evince

ابریشم بافی /abrisham bâfi/:
silk weaving

ابعاد /abâd/: dimension

ابلق (روزگار) /ablagh (rozegâr)/:
time, period

ابله بودن /ablah budan/: to be stupid

اَبلَه /ablah/: fool

اتاق خواب /otâgh khâb/: bedroom

اُتاق /otâgh/: room

اتصال /etesâl/: connection

اتفاق افتادن /etefâgh oftâdan/: to
happen

اتفاقاً /etefâghan/: by the way

اتفاقات /etefâghât/: events

اتمی /atomi/: nuclear

اتو /out/: iron

اُتوبوس /otobus/: bus

اثبات کردن /esbât kardan/: to
prove

اختراع /ekhterâ'e/: invention

اختصاصی /ekhtesâsi/: dedicated

اختصاص یافتن /ekhtesâs

yâftan/: to allocated

اخراج کَردَن /ekhrâj kardan/: to fire

اَخلاق /akhlâgh/: morality

ادارهِی پُست /edâreye post/:

post office

اداره /edâre/: office

اداری /edâri/: administrative

ادامه پیدا کردن /edâme peydâ

kardan/: to continue

ادَبیّات /adabiyât/: literature

ادّعا کردن /edeâ kardan/: to claim

ادغام /edghâm/: merger

اَدویه /adviey/: spice

ارائه کَردَن /erâe kardan/: to

present

ارتباط برقرار کردن /ertebât

bargharâr kardan/: to

communicate

ارتباط داشتن /ertebât dâshtan/: to

be related

ارتباطی /ertebâti/:

communicational

اَرتش /artesh/: army

ارتفاعات /ertefâât/: height

اُردَک ماهی /ordak mâhi/:

pike

اردو زدن /ordu zadan/: to

camping

ارزان /arzân/: inexpensive

ارزش داشتن /arzesh dâshtan/:

to worth

ارسال کردن /ersâl kardan/: to send

اَرگ /arg/: castle

از آن‌جا که /az ânjâ ke/:

since 'e

از بین بردن /az bein burden/:

to destroy

از جمله /az jomle/: including

اَز دَست دادَن /az dast dâdan/

: to loss

از طریق /az tarigh/: through

از یاد بردن /az yâd burden/: to unlearn

اَز /az/: from

استفاده کردن /estefâde
to use :kardan/
اُستُوانه /ostovâne/: cylinder
استوایی/ostovâi/: equatorial
اسرار /esrâr/: secrets
اسراف کردن /esrâf kardan/:
to lavish
اسراف /esrâf/: profusion
اُسطوره /osture/: myth
اِسکله /eskele/: quay
اسلحه /aslahe/: gun
اِسم /esm/: name
اشاره کردن /eshâre kardan/:
to point
اشاره /eshâre/: hint
اشتباه /eshtebâh/: mistake
اِشتیاق /eshtiyâgh/: aspire
اشخاص /ashkhâs/: people
اشراف /ashrâf/: nobles
اشعار /ashâr/: poetry
اشعه ایکس /ashaeye iks/: x-
ray
اشک ریختن /ashk rikhtan/: to weep

ازدواج کردن /ezdevâj
to get married :kardan/
اِزدواج /ezdevâj/: marriage
اَزَل /azal/: eternity
اساس /asâs/: basis
اساسی‌ترین /asâsitarin/: most basic
اسب سواری /asb savâri/:
horse riding
اسباب /asbâb/: rig
اَست /ast/: is
اُستاد /ostâd/: professor
اُستان /ostân/: province
استحمام /estehmâm/: bathe
استخاره /estekhâre/: divination
استخدام کَردَن /estekhdâm
to hire :kardan/
استخر /estakhr/: pool
استخوان /ostokhân/: bone
استراتژیک /esterâtezhik/: strategic
استراحت کردن /esterâhat kardan/:
to rest
استعفا/este’fâ/:resignation

announce :/e'lâm kardan/**اعلام کردن**

declaration :/elâmiye/**اعلامیّه**

rich :/ayân/ **اعیان**

exaggeration :/eghrâgh/ **اغراق**

mostly :/aghlab/ **اغلب**

to fall :/oftâdan/ **افتادن**

inaugurate :/eftetâh/ **اِفتِتاح**

honor :/eftekhâr/ **اِفتِخار**

scandal :/eftezâh/ **اِفتِضاح**

/afzâyesh **اَفزایِش دادَن**

:dâdan/

to increase

increase :/afzâyesh/ **افزایش**

more :/afzun/ **اَفزون**

to add :/afzudan/ **افزوندن**

myth :/afsâne/ **اَفسانه**

/eghâmat **اِقامَت داشتَن**

to reside :dâshtan/

residence :/eghâmat/ **اِقامَت**

/eghdâm kardan/ **اقدام کردن**

to do :

climate :/eghlim/ **اقلیم**

objects :/ashiyâ"/ **اشیاء**

:/esrâr kardan/ **اصرار کردن**

to insist

orginal :/asl/ **اصل**

:/eslâh kardan/ **اصلاح کردن**

to correct

original :/asli/ **اَصلی**

paternity :/asliyat/ **اصلیت**

overload :/ezâfe bâr/ **اضافه بار**

:/ezâfe shodan/ **اضافه شدن**

to be add

around :/atrâf/ **اطراف**

children :/atfâl/ **اَطفال**

to inform :/etelâ'e dâdan/ **اِطلاع دادَن**

:/etelâ" resâni/ **اطلاع رسانی**

information

:/etelâât/ **اطلاعات**

information

:/etelâiye/ **اطلاعیه**

notifications

assure :/etminân/ **اطمینان**

to rely :/etemâd kardan/ **اعتماد کردن**

parts :/a'zâ/ **اعضا**

to grant :/ e'tâ kardan/ **اعطا کردن**

nations :/aghvâm/ اقوام

ocean :/oghyânus/ اُقیانوس

explore :/ekteshâf/ اکتشاف

majority :/aksariyat/ اکثریت

to display :/ekrân shodan/ اکران شدن

now :/aknun/ اکنون

if :/agar/ اگر

:/electeronic/ اِلکترونیک
electronic

colors:/alvân/ اَلوان

bailment :/amânat dâri/ امانتداری

:/emperâturi/امپراطوری
empire

to :/emtehân kardan/ امتحان کردن
try

today :/emruz/ اِمروز

tonight :/emshab/ اِمشَب

:/emzâ kardan/ اِمضاء کَردَن
to sign

facilities :/emkânât/ اِمکانات

:/amniyat/ امنیت
security

security :/amniyati/ امنیتی

hope :/omid/ اُمید

hopeful :/omidvâr/ امیدوار

stock :/anbâr/ انبار

mass :/anbuh/ انبوه

/entekhâb اِنتِخاب کَردَن
to select :kardan/

expectation: /entezâr/انتظار

/entezâr انتظار داشتن
to expect :dâshtan/

criticism :/enteghâd/ انتقاد

to :/enteghâm gereftan/ انتقام گرفتن
wreak

end :/entehâ/ انتها

to do :/anjâm yâftan/ انجام یافتن

gospel :/enjil/ اِنجیل

size :/andâze/ اندازه

inside :/andar/ اندَر

grief :/anduh/ اندوه

thought :/andishe/ اندیشه

:/ensândustâne/ انسان‌دوستانه
humanitarian

:/ensânshenâsi/ انسان‌شناسی
anthropology

equity :/ensâf/ اِنصاف

safety :/imeni/ ایمِنی

email :/imeyl/ایمِیل

this :/in/ این

here :/injâ/ اینجا

this side :/intaraf/ اینطرف

porch :/ivân/ ایوان

prig :/irâdgir/ ایرادگیر

:/âb paz shode/ آب‌پَز شُده
poached

to :/âb dâdan/ آب دادَن
irrigate

:/âb madani/ آب معدنی
mineral water

:/âb va havâ/ آب وَ هَوا
weather

water :/âb/ آب

to :/âbâd kardan/ آباد کردن
build up

watercolor :/âbrang/ آبرَنگ

hot water :/âbgarm/ آبگرم

firework :/âtash bâzi/ آتَش بازی

to :/âtash zadan/ آتَش زَدَن
fire

fire :/âtash/ آتَش

revolution :/enghelâb/ انقلاب

egregious :/angoshtnemâ/ انگشت نما

ring :/angoshtar/ انگُشتَر

grapes :/angur/ اَنگور

types :/ anvâ'e/ انواع

destruction:/enhedâm/انهدام

late :/avâkher/ اواخر

early :/avâyel/ اوایل

top :/oj/ اوج

:/orzhans/ اورژانس
emergency

situation :/ozâ'e/اوضاع

times :/oghât/ اوقات

first :/aval/ اَوَّل

from :/ahle/ اَهلِ

/ahamiyat اَهَمیَّت دادَن
to importance :dâdan/

time :/ayâm/ ایام

to :/ijâd kardan/ ایجاد کَردَن
create

objection :/irâd/ ایراد

iranians :/irâniyân/ ایرانیان

station :/istgâh/ ایستگاه

آثار /âsâr/: effects

آجر /âjor/: brick

آخَر /âkhar/: end

آخَرین /âkharin/: latest

آداب وَ رُسوم /âdâb va rosum/: customs

آدرِس /âdres/: address

آدَم /âdam/: human

اذیَّت کردن /azziat kardan/: to offend

آراسته /ârâste/: adorned

آرام شُدَن /ârâm shodan/: to calm

آرامش /ârâmesh/: peace

آرامگاه /ârâmgâh/: tomb

آرایش /ârâyesh/: makeup

آرایشی /ârâyeshi/: cosmetic

آرد /ârd/: flour

آرزو داشتَن /ârezu dâshtan/: to wish

آرزو کَردَن /ârezu kardan/: to wish

آزاد بودَن /âzâd budan/: availability

آزاد /âzâd/: free

آزار دادن /âzâr dâdan/: to harassment

آزمایشگاه /âzemâyeshgâh/: laboratory

آزمودن /âzmudan/: to examine

آزموده /âzmude/: experienced

آسایش /âsâyesh/: welfare

آستین /âstin/: sleeve

آسم /âsm/: asthma

آسیا /âsiyâ/: asia

آسیاب /âsiyâb/: mill

آسیب زدن /âsib zadan/: to damage

آسیب /âsib/: damage

آش /âsh/: a iranian food

آشپزخانه /âshpazkhâne/: kitchen

آشفتگی /âshoftegi/: disorderliness

آشنا شدن /âshenâ shodan/: to familiar

آشنا /âshenâ/: familiar

آشوب /âshub/: chaos

آشکار /âshkâr/: revealed

آغاز /âghâz/: beginning

آفت /âft/: pest

آفتابه /âftâbe/: tankard

آفرین /âfarin/: well done

آفرینش /âfarinesh/: creation

آگاه بودن /âgâh budan/: to be aware

آگاه کَردَن /âgâh kardan/: to inform

آلرژی /âlerzhi/: allergy

آلودگی /âludegi/: contamination

آماده بودَن /âmâde budan/: to ready

آماده ساختن /âmâde sâkhtan/: to prepare

آماده شُدَن /âmâde shodan/: to prepare

آمپول /âmpul/: ampoule

آمَدَن /âmadan/: to come

آموختن: to learn

آموزشی: training

آموزگار: tutors

آن /ân/: that

آنجا /ânjâ/: there

آن طرف /ântaraf/: other side

آنفولانزا /ânfolânzâ/: flu

آنگاه /ângâh/: then

آواز /âvâz/: singing

آوازه /âvâze/: fame - reputat

آوردن /âvardan/: to bring

آه کشیدن /âh keshidan/: to sigh

آهسته /âheste/: slow

آهَنگ /âhang/: music

آهنَگَری /âhangari/: smithy

آینده نگر /âyandenegar/: futuristic

آیین نامه /âin name/: bylaw - regulation

آیین /âin/: religion

آیینه /âyene/: mirror

با تجربه /bâtajrobe/: experienced

با /bâ/: with

باادب /bâadab/: polite

باارزش /bâarzesh/: valuable

باانصاف /ba ensâf/: fair

بابونه /bâbune/: chamomile

باتربیت /bâtarbitat/: gentle

425

بازنشَسته /bâzneshaste/:
retired
بازو/bâzu/:arm
بازی کردن /bâzi kardan/: to
play
بازیگر /bâzi kardan/: actor
باستان شناس /bâstânshenâs/:
archaeologist
باستانی /bâstâni/: ancient
باشرافت /bâsherâfat/: truly
باشگاه /bâshgâh/: gym
باطِل /bâtel/: invalid
باطن /bâten/: inside
باعِث /bâes/: cause
باغ /bâgh/: garden
باغچه /bâghche/: garden
بافت /bâft/: conditions
باقی ماندن /bâghi mândan/:
to remain
باقی‌مانده /bâghi mânde/: remaining
بالا رَفتَن /bâlâ raftan/: to
climb
بالا /bâlâ/: top
بالکن /bâlkon/: balcony

باجه /bâje/: counter
باختَر /bâkhtar/: west
باختن /bâkhtan/: to shut out
بادگیر /bâdgir/: windward
باده /bade/: wine
بار /bâr/: bar, load
بار دیگر /bare digar/: again
بارش /bâresh/: rainfall
بارگاه /bârgâh/: court
باز داشتن /bâz dâshtan/: to prevent
باز /bâz/: open
بازارِ بورس /bâzâre burs/:
stock market
بازار /bâzâr/: market
بازارچه /bâzârche/: market
بازدید کردن /bâzdid kardan/
to visit :
بازرگانی /bâzargâni/:
commercial
بازسازی /bâzsâzi/: rebuilding
بازگشتن /bâz gashtan/: to return
بازگوکننده /bâzgukonande/: represents

to glory :/bâlidan/ بالیدن

roof :/bâm/ بام

morning :/bâmdâd/ بامداد

jolly :/bâneshât/ بانشاط

bank :/bank/ بانک

banker :/bânkdâr/ بانکدار

bank :/bânki/ بانکی

cry :/bang/ بانگ

cute :/bânamak/ بانمک

clever :/bâhush/ باهوش

must :/bâyad/ بایَد

archive :/bâyegâni/ بایگانی

sorry :/bebakhshid/ ببَخشید

child :/bache/ بَچّه

:/bahs kardan/ بَحث کَردَن
to discuss

forgiveness: بخشش

forgiveness :/bakhshesh/ بخشش

sectional :/bakhshi/ بخشی

to :/bakhshidan/ بخشیدن
forgive

bad :/bad/ بَد

wicked :/badjens/ بدجنس

:/badshânsi/ بَدشانسی
misfortune

to :/badal shodan/ بدل شدن
convert

:/badminton/ بدمینتون
badminton

body :/badan/ بدن

:/badansâzi/ بدنسازی
bodybuilding

debtor :/bedehkâr/ بدهکار

to oust :/barkenâr kardan/ بر کنار کردن

equal :/barâbar/ برابر

due to :/barasare/ بَر اَثر

brother :/barâdar/ بَرادَر

:/barâdarzâde/ بَرادَرزاده
nephew/niece

graceful :/barâzandegi/ برازندگی

to shine :/barrâgh kardan/ براق کردن

for, to :/barâye/ بَرای

to :/barâvord kardan/ برآورد کردن
estimate

advantage :/bartari/ برتری

tower :/borj/ بُرج

highlight :/barjaste/ بَرجَسته

بَرجَسته‌ترین /barjastetarin/: most prominent

برچسب /barchasb/: ticket - tally

برخوردار بودن /barkhord;r budan/: to have

برخی /barkhi/: some

برخیز /barkhiz/: get up

بَرداشت /bardâsht/: withdrawal

برداشتن /bardâshtan/: to picking up

بُردَن /burden/: to carry, to win

بررسی کردن /barrasi kardan/: to survey

برعُهده گذاشتن: to responsible

برعُهده گذاشتن /barohde gozâshtan/: to responsible

برعُهده /barohde/: responsible

برفراز: over – upon

برفراز /barfarâz/: over - upon

بَرق /bargh/: power

برکه /berke/: lake

بَرگُزار کَردَن /bargozâr kardan/: to execute

بَرگَشتَن /bargashtan/: to return

برمَلا شدن /barmalâ shodan/: to reveal

بَرنامه‌ریزی /barnâmerizi/: planning

بِرَند /berand/: brand

بَرَنده/barande/: winner

برون /borun/: outside

بریدن /boridan/: to cut

بُزُرگ شُدَن /bozorg shodan/: to grow up

بُزُرگ /bozorg/: great

بُزرگتَرین /bozorgtarin/: biggest

بزرگداشت /bozorgdâsht/: commemoration

بزرگسال /bozorgsâl/: adult

بزم /bazm/: banquet

بِزِه‌کار /bezehkar/: offenders

بس بودن /bas budan/: to be suffice

بستان /bostân/: garden

بستانکار /bestânkâr/: creditor

بستنی /bastani/: ice cream

بلند کردن /boland kardan/: to pick up

بلند /boland/: tall

بُلَندتَرین /bolandtarin/: tallest

بَله /bale/: yes

بلیط /belit/: ticket

بنا کردن /banâ kardan/: to build

بنا /banâ/: building

بَنابَراین /banâbarin/: so

بنام /benâm/: namely

بَند /band/: clause

بندَر /bandar/: port

بَندَرگاه /bandargâh/: harbor

بنفشه /banafshe/: violet

بنیاد /bonyâd/: basis

بُنیان‌گذار /bonyângozâr/: founder

بودَن /budan/: to be

بوکس /boks/: boxing

بوییدن /buidan/: to smell

به اندازه کافی /be andâze kâfi/: enough

بسته بندی /bastebandi/: packing

بَسته /baste/: pakage

بَسی /basi/: many

بسیاری /besiyâri/: many

بَشّاش /beshâsh/: cheerful

بشر دوستانه /bashardustâne/: philanthropy

بُشقاب /boshghâb/: dish

بَعد اَز /ba'd az/: after

بعد /ba'd/: next

بعداً /ba'dan/: afterwards

بَعدی /ba'di/: next

بَعضی/ba'zi/: some

بقالی /baghâli/: grocery

بَقیّه/baghiye/:other

بگو مگو /begomago/: argue

بلاعوض /belâavaz/: gratuitous

بلافاصله/belâfâsele/:immediately

بُلبُل/bolbol/:nightingale

بلد بودن /balad budan/: to know

بلعیدن /balidan/: to devour

به این خاطر /be in khâter/: because

به حساب آمدن /be hesâb âmadan/: to considered

به خاطر آوردن /be khâter âvardan/: to remember

به خاطر /be khâter/: because

به دنیا آمدن /be donyâ âmadan/: to born

به راحتی /be râhati/: easily

به سختی /be sakhti/: hardly

به سر بردن /be sar burden/: to pass

به شمار رفتن /be shomâr raftan/: to considered

به صورتی /be surati/: in a way

به کار بردن /be kâr burden/: to use

به موقع /be moghe/: on time

به نحوی /be nahvi/: somehow

به هر حال /be har hâl/: anyway

به /be/: to

بَهاء /bahâ'/: price

بَهار /bahâr/: spring

بَهانه /bahâne/: excuse

بُهتان /bohtân/: vilify

بهسازی /besâzi/: improvement

بهشت /behesht/: paradise

بی اطلاع /bietelâ/: unaware

بی اعتبار /bi etebâr/: invalid

بی تَدبیر /bi tadbir/: imprudent

بی حال شدن /bihâl shodan/: to be languish

بی رحم /birahm/: cruel

بی سابقه /bisâbeghe/: unexampled

بی شمار /bishomâr/: much

بی موقع /bimoghe/: untimely

بی نمک /binamak/: unsalted

بی وفا /bivafâ/: disloyal

بی‌احتیاطی /biehtiyâti/: carelessness

بیجا /bijâ/: displaced

بیچاره /bichâre/: poor

بیدار شُدَن /bidâr shodan/: to wake up

بیرون /birun/: out, outside

بیسبال /beysbâl/: baseball

بیش از حد /bish az had/: more than

بیهوده /bihude/: vain

پابرجا /pâbarjâ/: stable

پادَری /pâdari/: welcome mat

پادشاه /pâdeshâh/: king

پارچه /pârche/: cloth

پارسال /pârsâl/: last year

پارک /park/: park

پارکینگ /parking/: parking

پاساژ /pâsâzh/: passage

پاسگاه /pâsgâh/: post

پاشیدن /pâshidan/: to spray

پافشاری /pâfeshâri/: insistence

پاک /pâk/: clear

✓ **پاکَت نامِه /pâkatnâme/:**

envelope

پالایشگاه /pâlâyeshg;h/: refinery

پانتومیم /pântomim/: pantomime

پانسمان کردن /pânsemân kardan/: to dress

پانسِمان /pânsemân/: bandage

پایان یافتن /pâyân yâftan/: to be end

بیش اَز /bish az/: more than

بیشتر /bishtar/: more

بیعانه /beyâne/: deposit

بَیع /bay'e/: to sell

بی‌عدالتی /biedâlati/: injustice

بی‌غیرت /bigheyrat/: nerveless

بیگانه /bigâne/: alien

بی کفایت /bi kefâyat/: incompetent

بیمارِستان /bimârestân/: hospital

بیماری قلبی /bimâri ghalbi/: heart disease

بیماری /bimâri/: sickness

بی‌معنی /bimani/: meaningless

بیمه /bime/: insurance

بیمه شده /bime shode/: insured

بیمه کردن /bime kardan/: to insure

بینِ‌المِلَلی /beynolmelali/: internation

بینوا /binavâ/: poor

بیننده /binande/: viewer

بیوه /bive/: widow

end :/pâyân/ پایان

capital :/pâyetakht/پایتَخت

stable :/pâyedâr/ پایدار

base :/pâyegâh/ پایگاه

foundation :/pâye/ پایه

to :/pâyerizi kardan/ پایه‌ریزی کردن
establishment

fall :/pâiz/ پاییز

down :/pain/ پایین

to cook :/pokhtan/ پُختَن

to :/pakhsh kardan/ پخش کردن
spread

to rise :/padid âmadan/ پدید آمدن

to :/padidâr shodan/ پدیدار شدن
appear

reception :/paziresh/ پذیرش

to :/por kardan/ پُر کَردَن
write, to fill

emotional :/por ehsâs/ پراحساس

sparse :/parâkande/ پراکنده

most watery :/porâbtarin/ پرآب‌ترین

to throw :/part kardan/ پرت کردن

to :/partâb kardan/ پرتاب کردن
throw

flag :/parcham/ پَرچَم

gorge :/porkhori/ پرخوری

/pardâkht پَرداخت کَردَن
to pay :kardan/

curtain :/parde/ پَرده

nurse :/parastâr/ پرستار

to ask :/porsidan/ پُرسیدَن

professor :/perofesor/ پرفسور

bird :/parande/ پَرَنده

:/parvâz kardan/ پَرواز کَردَن
to fly

:/parhiz kardan/ پَرهیز کَردَن
to avoid

abstinence :/parhiz/ پرهیز

to jump :/paridan/ پَریدَن

outlet :/periz/ پریز

distracted :/parishân/ پریشان

doctor :/pezeshk/ پزشک

:/pazhuheshi/ پژوهشی
research

after :/pas az/ پس از

to :/pas dâdan/ پَس دادَن
give back

پنهاور /pahnâvar/: universes

پوره /pure/: purée

پوست کندن /pust kandan/: to peel

پوست /pust/: skin

پوستی /pusti/: skin

پوشاندَن/pushândan/: to cover

پوشانده /pushânde/: covered

پوشش /pushesh/: shroud - shield

پوشیدن /pushidan/: to wear

پول /pul/: money

پهلوان /pahlavân/: athlete

پهنا/pahnâ/:width

پیاده‌رَوی /piyâderavi/: walking

پیانو /piyâno/: piano

پیدا شدن /peydâ shodan/: to be found

پیر شدن /pir shodan/: to getting old

پیر /pir/: old

پیرامون/pirâmun/:about

پیراهَن /pirâhan/: shirt

پَس /pas/: so

پست پیشتاز /poste pishtâz/: express mail

پست عادی /poste âdi/: regular mail

پست هوایی /poste havâi/: airmail

پسَر /pesar/: boy

پُشت /posht/: back

پشیمان شدن /pashimân shodan/: to regret

پیک‌نیک /piknik/: picnic

پُل /pol/: bridge

پلاستیک /pelâstik/: plastic

پُلیس /polis/: police

پماد/pomâd/:ointment

پمپ بنزین /pompe benzin/: gas station

پناه بردن /panâh burden/: to harbor

پنبه /panbe/: cotton

پَنجَره/panjere/:window

پَنجشَنبه /panjshanbe/: thursday

پَنچَر /panchar/: flat tyre

پنهان شدن /penhân shodan/: to hide

پنِهان /penhân/: hidden

پیروی کردن /peyravi kardan/: to follow

پی‌ریزی کردن /peyrizi kardan/: to establish

پیش از /pish az/: before

پیش خدمت /pish khedmat/: waiter

پیش رَفتَن /pish raftan/: to progress

پیش غَذا /psh ghazâ/: appetizer

پیش /pish/: ago

پیشانی /pishâni/: forehead

پیشرفته /pish rafte/: advanced

پیشکش کردن /pish kesh kardan/: to offer

پیشگیری /pishgiri/: prevention

پیشنهاد /pishnahâd/: offer

پیغام /peyghâm/: message

پیغامگیر /peyghâmgir/: answering machine

پیکر /peykar/: body

پیگیری کردن /peygiri kardan/: to follow up

پیمان /peymân/: agreement - oath

پِیمانه /peymâne/: measure

پیوستن: to join

پیوستن /peyvastan/: to join

پیوسته /peyvaste/: uninterrupted

پیوند خوردن /peyvan khordan/: to conjoining

تا /tâ/: until

تابستان /tâbestân/: summer

تابلو /tâblo/: panel

تأثیر گذاشتن /tasir gozâshtan/: to influence

تأثیر /tasir/: impact

تأخیر /takhir/: delay

تاریخچه /târikhche/: history

تاریخ‌نگاران /târikhnegârân/: historians

تاریخی /târikhi/: historical

تازه /tâze/: fresh

تأسف خوردن /ta'asof khordan/: to sorry

تأسیس شدن /ta'sis shodan/: to established

تأسیس کردن /ta'sis kardan/: to establish

تأسیسات /ta'sisât/: installations

تحصیل کردن /tehsil kardan/

to study :

تحقیق کردن /tahghigh

:kardan/

to investigate

تحقیر کردن /tahghir kardan/:

to cheapen

تَحَمُّل کَردَن /tahamol

:kardan/

to tolerate

تحمیل کردن /tahmil kardan/:

to force

تحویل دادن /tahvil dâdan/:

to delivery

تحویل گرفتن /tahvil gereftan/:

to take

تخته /takhte/: board

تخریب کردن /takhrib kardan/: to destroy

تخفیف /takhfif/: discount

تَخلیه کَردَن /takhliye kardan/: to

vacate

تخم مرغ /tokhmemorgh/:

egg

تخیل /takhayol/: specter

تخیلات /takhayolât/: vagary

تاکسی /tâksi/: taxi

تالاب /tâlâb/: pond

تالار /tâlâr/: hall

تامین کردن /ta'min kardan/:

to supply

تاوَل /tâval/: blister

تب /tab/: fever

تَبخیر /tabkhir/: evaporation

تبدیل شدن /tabdil shodan/:

to convert

تَبدیل کَردَن /tabdil kardan/:

to convert

تبریک گفتن /tabrik goftan/:

to congratulate

تَبلیغ /tabligh/: propaganda

تَپِّه /tappe/: hill

تجدیدبنا /tajdide banâ/:

reconstruction

تجربه کردن /tajrobe kardan/: to

experience

تحت تاثیر /tahte tasir/: influence

تَحذیر /tahzir/: warning

تحریف /tahrif/: distort

ترکیبات /tarkibât/:
compounds
تُرمُز /tormoz/: brake
تَرمیم /tarmim/: reform
تَزریقات /tazrighât/:
injections
تزئینات /tazinât/: decorations
تسلُّط داشتن /tasalot dâshtan/: to
dominate
تسلی دادن /tasali dâdan/: to relieve
تَسویه کَردَن /tasviye kardan/
: chek out
تَشبیه کَردَن/tashbih kardan/: to simile
تشخیص دادن /tashkhis dâdan/: to
recognize
تشدید کَردَن /tashdid kardan/: to
exasperate
تشریف آوردن /tashrif âvardan/: to
come
تشریفات /tashrifât/: ceremonial
تَشَکُّر کَردَن /tashakor
/kardan: to thank
تشنه /teshne/: thirsty

تدارک دیدن /tadârok didan/
: to provide
تدریس /tadris/: teaching
تذکر دادن /tazakor dâdan/: to warn
تذکر /tazakor/: remark
تر /tar/: wet
تُربَت /torbat/: soil
ترتیب دادن /tartib d;dan/: to arrange
تَرجُمه کَردَن /tarjome
/kardan: to translate
ترجیح دادن /tarjih dâdan/:
to prefer
تَردُد کَردَن /taradod kardan/
: to ply
ترسناک /tarsnâk/: scary
ترسیدن /tarsidan/: to fear
تُرش /torsh/: sour
تُرشی /torshi/: pickle
ترغیب /targhib/: encourage
تَرَقّی /taraghi/: promote
ترک کردن/tark kardan/: to abandon
ترکیب /tarkib/: compound

تَعَلُّق داشتَن /ta'alogh dâshtan/: to be belong

تَعَمُّق/ta’ammogh/:contemplation

تعميرات /tamirât/: repairs

تعمير كار /tamirkâr/: repairman

تَعيين كَردَن /ta'ain kardan/: to determine

تَغذيه /taghziye/: nutrition

تغيير كردن /taghir kardan/: to vary

تفاهم /tafâhom/: agreement

تَفَحُّص /tafahos/: disquisition

تفريحى /tafrihi/: pleasure

تفسير كردن /tafsir kardan/: to interpret

تفكر /tafakor/: thought

تَقاضا كَردَن/taghâzâ kardan/: to request

تَقدير /taghdir/: fate

تَقديم كَردَن /taghdim kardan/: to propound

تَقريباً /taghriban/: almost

تقريبى /taghribi/: approximate

تقسيم /taghsim/: division

تشويق كردن /tashvigh kardan/: to encourage

تشويق /tashvigh/: encouragement

تصادف كردن /tasâdof kardan/: to accident

تصميم گرفتن /tasmim gereftan/: to decision

تصميم گيرنده /tasmim girande/: determiner

تصور كردن /tasavor kardan/: to imagine

تصورات /tasavorât/: imagery

تَصوير /tasvir/: picture

تضمين كردن /tazmin kardan/: to warrant

تعارُف /târof/: compliment

تَعَجُّب /ta'ajob/: surprise

تَعريف /tariff/: definition

تَعطيلات /tatilât/: holidays

تَعليم/ta’lim/:teaching

تعظيم /tazim/: bow

تعقيب كردن /taghib kardan/: to follow

تَقصیر /taghsir/: fault

تقلّبی/taghallobi/:fake

تقویم /taghvim/: calendar

تکان دادن /takân dâdan/: to shake

تکرار کَردَن /tekrâr kardan/: to repeat

تکلیفی /taklifi/: task

تکمیل کردن /takmil kardan/: to
supplement

تکه تکه کردن /teke teke kardan/: to slab

تکه /teke/: piece

تکیه‌گاه /tekegâh/: support

تَگَرگ /tagarg/: hail

تلاش کردن /talâsh kardan/:
to try

تلاش /talâsh/: effort

تلافی کردن /talâfi kardan/: to retaliation

تلخ کردن /talkh kardan/: to embitter

تَلخ /talkh/: bitter

تلفُن /telefon/: phone

تلفیقی /talfighi/: combined

تلگرافخانه /telgerâfkhâne/:
telegraph

تلویزیون /telviziun/:
television

تماس گرفتن /tamâs gereftan/: to contact

تَماشا کَردَن /tamâshâ kardan/: to watch

تماشاچی /tamâshâchi/:
viewer

تمام /tamâm/: all

تمایل /tamayol/: tendency

تَمبر /tamr/: stamp

تمجید کردن /tajdid kardan/: to
praise

تمدّن /tamadon/: civilization

تمدید کردن /tamdid kardan/: to
extend

تمرین/tamrin/:practice

تمساح /temsâh/: crocodile

تَمیز کَردَن /tamiz kardan/:
to clean

تَمیز /tamiz/: clean

تَنبیه کَردَن /tanbih kardan/:
to punish

تَنبیه /tambih/: punishment

تولید کننده /tolid konande/: producer

تَه مانده /tah mânde/: scrap

تَه /tah/: end

تهدید: threat

تَهویه /tahviye/: ventilation

تَهیِّه کَردَن /tahiye kardan/:
to provide

تیر و کمان /tir va kamân/:
archery

تیره /tire/: dark

تیغ /tigh/:blade

تیم /tim/: team

تئاتر /tââtr/: theater

ثابت بودن /sâbet budan/: to be
stable

ثبت کردن /sabt kardan/: to
register

ثروتمند /sevatmand/:
wealthy

ثروتمندان /servatmandân/: rich

جا خوردن /jâ khordan/: to be
shocked

جا گذاشتن /jâ gozâshtan/: to
misplace

جا /jâ/: place

تند و تیز /tond va tiz/: peppery

تُند /tond/: spicy/hot

تنوع /tanavo'/: variety

تنومند: sturdy

تنومند /tanumand/: sturdy

تنیس /tenis/: tennis

توافق /tavâfogh/: agreement

توالت /toâlet/: toilet

توانایی /tavânâi/: ability

تَوانستَن /tavânestan/: to able

توبه /tobe/: repentance

توجه کردن /tavajoh kardan/:
to attention

تَوَجُّه /tavajoh/: attention

توجیه کَردَن /tojih kardan/:
to justify

توسط /tavasot/: by

توسعه/tose'e/: development

توصیف کردن /tosif kardan/: to describe

توصیه /tosiye/: recommendation

توضیح دادن /tozih dâdan/: to explain

تولد /tavalod/: birth

تولید کردن /tolid kardan/: to produce

جَدید /jaded/: new

جذب کردن /jazb kardan/: to attract

جر و بحث /jar o bahs kardan/: argue

جراحت /jorat/: wound

جُرعه /jore/: shot

جرم‌گیری /jermgiri/: scrapes tartar

جَریان /jaryân/: current

جزئیات /joziyât/: details

جُز /joz/:except

جستجو کردن /jostojo kardan/: to search

جستن /jostan/: to seek

جَشنِ تَوَلُّد /jashne tavalod/: birthday party

جَشن /jashn/: celebration

جشنواره /jashnvâre/: festival

جعفری /jafari/: parsley

جغرافیا /joghrâfiyâ/: geography

جُفت /joft/: pair

جَلب کَردَن /jalb kardan/: to entice

جَلَسه /jalase/: meeting

جِلو /jelo/: front

جابه جا کردن /jâ be jâ kardan/: to moving

جاده /jade/: road

جاذبه /jâzebe/: gravity

جارو /jâro/: broom

جاری شدن /jâri shodan/: to flow

جالِب /jâleb/: interesting

جامد /jâmed/: rigid

جانِشین /jâneshin/: successor

جای دادن /jâi dâdan/: to place

جای گرفتن /jâ gereftan/: to place

جایگاه/jâiegâh/:place

جایز /jâyez/: allowable

جایزه /jâyeze/: award

جُبران کَردَن /jobrân kardan/: to compensate

جدا شدن /jodâ shodan/: to dissent

جدال /jedâl/: dispute

جدایی /jodâi/: separation

جدول /jadval/: table

جدی /jedi/: serious

جلوه دادن /jelve dâdan/: to display

جلوه /jelve/: effects

جماعت /jamâat/:

congregation

جمع آوری /jamâvari/:

collecting

جمع کردن /jam kardan/: to

add

جُمعه /jom'e/: friday

جمعیت /jamiyat/: population

جنازه /jenâze/: corpse

جنبیدن /jonbidan/: to vibrate

جَنجال /janjâl/: brawl

جِنس /jens/: gender

جنگیدن /jangidan/: to fight

جنوب /jonub/: south

جَو /jav/: atmosphere

جَواب دادَن /javâb dâdan/:

to answer

جَوان /javân/: young

جَوانی /javâni/: youth

جواهر /javâher/: jewel

جواهرسازی /javâhersâzi/: jewelry

جوجه کباب /joje kabâb/:

chicken barbecue

جوش /jush/: boil

جوشاندن /jushândan/: to boil

جوی /joi/: stream

جویدن /javidan/: to chew

جَهان /jahân/: world

جهانگردی /jahângardi/: tourist

جَهانی /jahâni/: global

جهت /jahat/: direction

جهنم /jahanam/: hell

چاپلوس /chaplus/: bootlick

چادر زدن /chador zadan/: to

camping

چاشنیِ غَذا /châshni ghazâ/: topping

چاقی /châghi/: overweight

چانه زدن /châne zadan/: to

bargain

چای /châi/: tea

چپ /chap/: left

چَتر /chatr/: umbrella

چراغ قوه /cherâgh ghove/: torch

چراغ /cherâgh/: lamp

lard - :/charb zabâni/ چرب زبانی
bolubility

oily :/charb/ چَرب

to whirl :/charkhânidan/ چرخانیدن

/cheshm چشم پزشک

optometrist :pezeshk/

to :/cheshm pushidan/ چشم پوشیدن
ignore

saleint :/chemgir/ چشم گیر

fountain :/cheme/ چشمه

to taste :/cheshidan/ چشیدَن

how're :/chetori?/ چِطوری؟
you

beet:/choghondar/چُغُندَر

how many :/cheghadr/ چِقَدر

to check :/chek/ چِک

how چگونگی:

how :/chegunegi/ چگونگی

:/chelokabâb/ چلوکباب
kebabs

suitcase :/chamedân/ چمدان

how much? :/chand?/ چَند؟

:/chand manzure/ چندمَنظوره
multipurpose

because :/chun/ چون

crossroads :/chehârrâh/ چهارراه

:/chehârshanbe/ چَهارشَنبه
wednesday

face :/chehre/ چِهره

what is? :/chi ast?/ چی اَست؟

potato chips :/chips/ چیپس

thing :/chiz/ چیز

what is? :/chist?/ چیست؟

what? :/chiye?/ چِیه؟

need :/hâjat/ حاجت

accident :/hâdese/ حادِثه

to deny :/hashâ kardan/ حاشا کردن

to result :/hâsel shodan/ حاصل شدن

to be :/hazer budan/ حاضِر بودن
ready

:/hazer kardan/ حاضِر کردن
to preparing

present :/hazer/ حاضِر

memory :/hâfeze/ حافظه

governor :/hâkem/ حاکم

now :/hâl/ حال

now :/hâlâ/ حالا

state :/hâlat/ حالت

contains :/hâez/ حائز

sure :/hatman/ حَتماً

even :/hatâ/ حتی

cell :/hojre/ حُجره

at least :/hadeaghal/ حداقل

:/hadeaksar/ حداکثر
maximum

to guess :/hads zadan/ حدس زدن

about :/hodud/ حدود

delete :/hazf/ حَذف

:/horufe ezâfe/ حرف اضافه
preposition

to talk :/harf zadan/ حَرف زَدَن

word :/harf/ حرف

profession :/herfe/ حِرفه

to move :/harkat dâdan/ حرکت دادن

to moving :/harkat kardan/ حَرکَت کَردَن

reverence :/hormat/ حُرمَت

opponent :/harif/ حَریف

to feel :/hes kardan/ حس کردن

/hesâbe حِساب پَس اَنداز
savings account :pasandâz/

:/hesâbe jâri/ حِسابِ جاری
current account

/hesâb kardan/ حِساب کَردَن
to calculate :

:/hesâbdâr/ حِسابدار
accountants

:/hasâsiyat/ حساسیّت
sensitivity

jealous:/hasud/حَسود

insect :/hashare/ حَشَره

excavation :/hafâri/ حفاری

to delve:/hafr kardan/حفر کردن

right :/hagh/ حَق

humility :/highârat/ حقارت

law, salary :/hoghugh/ حُقوق

truth :/haghighat/ حقیقت

story :/hekâyat/ حکایت

sentence :/hokm/ حکم

governmental :/hokumati/ حکومتی

to solve :/hal kardan/ حل کردن

mollusk :/halazun/ حلزون

pudding :/halvâ/ حَلوا

submissive - meek :/halim/ حلیم

saga :/hemâse/ **حَماسه**

bathroom :/hamâm/ **حَمام**

:/hemâyat/ **حِمايَت**

protection

:/hamle kardan/ **حَمله کَردَن**

to attack

henna :/hanâ/ **حنا**

larynx :/hanjare/ **حنجره**

:/havâs part kardan/ **حَواس پَرت کردن**

to distract

attention :/havâs/ **حواس**

draft :/havâle/ **حواله**

around:/havâli/**حوالی**

mood :/hosele/ **حوصله**

pond :/hoz/ **حوض**

life :/hayât/ **حیات**

yard :/hayât/ **حیاط**

astonished :/heyrân/ **حِیران**

:/heyratangiz/ **حِيرَتاَنگیز**

amazing

guile:/hile/**حیله**

crafty :/hilegar/ **حیله‌گر**

inlay :/lhâtam kâri/ **خاتم کاری**

to :/khâteme dâdan/ **خاتمه دادن**

terminate

/khâteme **خاتمه یافتن**

to end :dâdan/

special :/khâs/ **خاص**

diary, memory :/khâtere/ **خاطِره**

soil :/khâk/ **خاک**

mole :/khâl/ **خال**

pure :/khâles/ **خالص**

rare :/khâm/ **خام**

family :/khândân/ **خاندان**

home :/khâne/ **خانِه**

east :/khâvar/ **خاور**

:/khâvarmiyâne/ **خاوَرمیانه**

middle east

to :/khabar dâdan/ **خَبَر دادَن**

inform

to notify :/khabar kardan/ **خبر کردن**

news :/khabar/ **خَبَر**

bye :/khodâhafez/ **خُداحافظ**

:/khedmatkâr/ **خِدمَتکار**

servant

donkey :/khar/ **خر**

Right column

خشک /khoshk/: dry

خشکسالی /khoshksâli/: drought

خشم /khashm/: anger

خط نستعلیق /khate nastaligh/: nasta'liq

خط /khat/: line

خطا /khatâ/: error

خطاکار /khatâkâr/: wrongdoer

خَطَرناک /khatarnâk/: dangerous

خَفیف /khafif/: slight

خلاف کردن /khalâf kardan/: to crime

خلاف /khalâf/: contrary

خَلافکار /khalâfkâr/: criminal

خلقان /khalghân/: peoples

خَلوَت /khalvat/: privacy

خمیر دندان /khamirdandân/: toothpaste

خمیرمایه /khamirmâye/: leaven

خنده‌دار /khandedâr/: funny

خنک /khonak/: cool

خواب رفتن /khâb raftan/: to sleep

خوابگاه /khâbgâh/: dorm

خواستن /khâstan/: to ask

Left column

خراب کردن /kharâb kardan/: to destroy

خرابکاری /kharâbkâri/: subvert

خراشیدگی /khrarâshidegi/: graze

خرج تراشی /kharj tarâshi/: spend masonry

خرج کردن /kharj kardan/: to spend

خرده ریز /khorde riz/: trinkets

خرسند /khorsand/: happy

خَروار /kharvâr/: hundredweight

خروجی /khoruji/: output, exit

خُروس /khorus/: rooster

خَرید /kharid/: shopping

خریداری کردن /kharidâri kardan/: to purchase

خَریدَن /kharidan/: to buy

خزان /khazân/: autumn

خسارَت /khesârat/: damage

خَسته /khaste/: exhausted

خَسیس /khasis/: miser

خشتی /kheshti/: adobe

خواص /khavâs/: properties

خواندَن /khândan/: to read

خواننده /khânande/: singer

خواهَر /lhâhar/: sister

خواهَرزاده /khâharzâde/:
nephew/niece

خوب /khub/: good

خورجین /khorjin/:saddlebag

خودداری کردن /khoddâri kardan/: to
prevent

خودرو /khodro/: car

خودکار /khodkâr/: pen

خوراک /khorâk/: food

خوردَن /khordan/: to eat

خورشید /khorshid/: sun

خوش اقبال /khosh eghbâl/: lucky

خوش آمدید /khosh âmadid/
welcome :

خوش باور /khosh bâvar/: credulous

خوش /khosh/: good

خوشبَخت /khoshbakht/:
lucky

خوشبختی /khoshbakhti/: happiness

خوشبو /khoshbo/: rosy

خوشبین /khoshbin/: optimistic

خوش‌تیپ /khoshtip/: handsome

خوشحال /khoshhâl/: happy

خوشدلی /khoshdeli/: gaiety

خوش‌رَفتار /khoshraftâr/:
debonair

خوشرو /khoshro/: glad

خوش‌طعم /khosh ta'm/:tasty

خوشمَزه /khoshmaze/:
delicious

خوشنویس /khoshnevis/: calligraphist

خوشنویسی /khoshnevisi/:
calligraphy

خوشی /khoshi/: cheer

خوف /khouf/: scare

خون /khun/: blood

خونریزی /khunrizi/: bleeding

خویشاوَند /khishâvand/: relative

خویشتن /khishtan/: self

خیابان /khiyâbân/: avenue

خیارشور /khiyârshur/: pickles

خیال کَردَن /khiyâl kardan/: to deem

446

خیالباف /khiyâlbâf/: whimsical

خیانت کردن /khiyânat kardan/: to betray

خیر /kheyr/: good

خیره شُدَن /khire shodan/: to gaze

خیساندن /khisândan/: to soak

خیلی خوب /kheyli khub/: very well

خیلی /kheyli/: very

داخل شدن /dâkhel shodan/: to enter

داد زَدَن /dâd zadan/: to shout

دادگاه /dâdgâh/: court

دادَن /dâdan/: to give

دارا بودَن /dârâ budan/: to be contain

دارای /dârâye/: contains

دارت /dârt/: dart

دارو /dâru/: medicine

داروخانه /dârukhâne/: pharmacy

داروساز /dârusâz/: pharmacist

داروی گیاهی /dâru giyâhi/: herbal remedies

دارویی /dârui/: pharmaceutical

داستان /dâstân/: story

داشبورد /dâshburd/: dashboard

داشتَن /dâshtan/: to have

دام /dâm/: trap

داماد /dâmâd/: son-in-law

دامَن /dâman/: skirt

دامنه‌ی کوه /dâmaneye kuh/: mountain

دانا /dânâ/: wise

داناتر /dânâtar/: wiser

دانستَن /dânestan/: to know

دانش‌آموز /dânesh âmuz/: student

دانش /dânesh/: knowledge

دانشکده /dâneshkade/: college

دانشگاه /dâneshgâh/: university

دانشمند /dâneshmand/: scientist

دانشنامه /dâneshnâme/: encyclopedia

داور /dâvar/: referee

447

در قالب /dar ghâlebe/: in
format

در مورد /dar morede/: about

در میان /dar miyân/: in
between

در نزدیکی /dar nazdiki/:
around

در نظر گرفتن /dar nazar gereftan/:
to considered

دَر /dar/: at

دراز /derâz/: long

درازا/derâzâ/:length

درباره /darbâreye/: about

دربرگرفتن /darbargereftan/: to
encompass

دربرگیرنده /darbargirande/: covering

درجه بندی /darajebandi/: gradation

درجه حررات /daraje
harârat/: temperatures

دَرَجه /daraje/: degree

درختِ چنار /derakhte
chenâr/: plantain

دِرَخت /derakht/: tree

داوری /dâvari/: judgment

دایره /dâyere/: circle

دایه /dâye/: nurse

دائماً /dâeman/: always

دائمی /dâemi/: permanent

دبستان /dabestân/: primary
school

دبیرستان /dabirestân/: high
school

دچار شدن /dochâr shodan/: to infection

دخالت کردن /dekhâlat kardan/: to
interfere

دخانیات /dokhâniyât/: tobacco

دُختَر /dokhtar/: girl

در اختیار /dar ekhtiyâr/:
available

در این باره /dar in bare/: herein

در این مواقع /dar in
mavâghe/: in this case

در حقیقت /dar haghighat/:
in fact

در خور /darkhor/: worthy

در ضمن /darzemn/: meantime

در طول /dar tole/: during

درون /darun/: inside

درّه /darre/: valley

دریا /daryâ/: sea

دریچه /dariche/: window

دریغ /darigh/: woe

دژ /dezh/: castle

دست انداختن /dast andâkhtan/: to mock

دست آورد /dast âvard/: consequence

دست دادن /dast dâdan/: handclasp

دست زدن /dast zadan/: to clap, to touch

دست یافتن /dast yâftan/: to achieve

دَست /dast/: hand

دستب باف /dast bâf/: handwoven

دَستپاچه /dastpâche/: confused

دَستشویی /dastshui/: wc

دستفروش /dastforush/: badger - vendor

دستکاری کردن /dastkâri kardan/: to manipulate

دَستکِش /dastkesh/: gloves

درختکاری /derakhtkâri/: planting trees

درخشان /derakhshân/: bright

درد /dard/: pain

دردآور /dardâvar/: painful

دردسترس /dar dastras/: available

دردسر /dardesar/: trouble

دُرُست شدن /dorost shodan/: to be right

دَرصَد /darsad/: percent

درک کردن /dark kardan/: to perceive

درگذشت /dargozasht/: death

دَرمانگاه /darmângâh/: clinic

درمورد /darmorede/: about

درنگ کردن /derang kardan/: to let

درو کردن /dero kardan/: to harvest

دروازه /darvâze/: gate

درواقع /darvâghe/: actually

دروغ /dorugh/: lie

دروغگو /dorughgu/: liar

دروغین /doroughin/: false

دَفعه /daf'e/: time

دَفن کَردَن /dafn kardan/: to bury

دقایق /daghâyegh/: minuts

دقیق /daghigh/: exact

دَقیقه /daghighe/: minute

دُکمه /dokme/: button

دگرباره /degarbâre/: again

دگرگون /degargun/: change

دلالت /delâlat/: implication

دلانگیز /delangiz/: pleasing

دلبر /delbar/: mistress

دلپذیر /delpazir/: pleasant

دلخور شدن /delkhor shodan/: to upset

دلداری دادن /deldâri dâdan/: to sympathy

دلفَریب /delfarib/: lovely

دلقک /dalghak/: clown

دلمه /dolme/: jelly - gelatin

دلواپسی /delvâpasi/: worry

دلهُره /delhore/: presentiment

دلیل /dalil/: reason

دَستکَم /dastekam/: at least

دَستگاه /dastgâh/: device

دَستمال /dastmâl/: napkin

دَستور دادَن /dastur dâdan/: to order

دستور /dastur/: command

دسته گل /daste gol/: bunch of flowers

دسر /deser/: dessert

دَشت /dasht/: field

دُشمَن /doshman/: enemy

دُشمَنی /doshmani/: enmity

دعوا کردن /davâ kardan/: fighting

دعوا /davâ/: quarrel

دَعوَت کردن /davit kardan/: to invite

دغل کاری /daghal kâri/: cunning

دفاع کردن /defâ kardan/: to defense

دفتر بیمه /daftare bime/: insurance office

دفتر /daftar/: book

دفترچه /daftarche/: booklet

دفترخانه /daftarkhâne/: scriptorium

450

دم /dam/: moment

دُم /dom/: tail

دما /damâ/: temperature

دماسنج /damâsanj/: thermometer

دماغ /damâgh/: nose

دنبال کردن /donbâl kardan/: to following

دندان آسیاب /dandâne âsiyâb/: molar

دندان عقل /dandâne aghl/: wisdom tooth

دُنیا /donyâ/: world

دوباره /dobâre/: again

دوچرخه سواری /docharkhe savâri/: cycling

دوختن /dukhtan/: to sew

دود /dud/: smoke

دودکش /dudkesh/: chimney

دور /dur/: far

دوران /dorân/: during

دوردست /durdast/: far - remote

دوره گرد /doregard/: badger

دوره /dore/: period

دورهمی /dorehami/: gathering

دوست /dust/: friend

دوش /dush/: shoulder

دوغ /dugh/: dough

دولتمند /dulatmand/: wealthy - rich

دَویدَن /davidan/: to run

دَهان /dahân/: mouth

دهقان /dehghân/: farmer

دُهُل /dohol/: drum

دهه /dahe/: decade

دیار /diyâr/: country

دیدار /didâr/: visit

دیدن کردن /didan kardan/: to visit

دیدَن /didan/: to see

دیدَنی /didani/: tourism

دیدنی‌ها /didanihâ/: attractions

دیر /dir/: late

دیر /deyr/: period

دیروز /diruz/: yesterday

دیشب /dishab/: last night

دیگ /dig/: pot

دیگر /digar/: other

دیگران /digaran/: others

دین /din/: religion

دیوار /divâr/: wall

دیوانِ حافظ /divâne hâfez/: hafez poetry book

دیوانه /divâne/: crazy

دینار /dinâr/: dinars

ذاتاً /zâtan/: intrinsically

ذخیره کردن /zakhire kardan/: to save

ذُرَّت /zorrat/: corn

ذره: particle

ذرّه /zarre/: particle

ذَکاوَت /zekâvat/: intelligence

ذکر /zekr/: mention

ذوب کَردَن /zob kardan/: to found - to melt

را /râ/: object marker

رابطه داشتن /râbete dâshtan/: to correspond

رابِطه /râbete/: relation

راز /râz/: mystery

راست /râst/: right

راضی بودَن /râzi budan/: be satisfy

راضی کردن /râzi kardan/: to satisfy

راضی /râzi/: satisfy

رانَنده /rânande/: driver

راه حل /râhehal/: solution

راه یافتن /râhyâftan/: to accede

راه /râh/: way, path

راه‌اَندازی کردن /râhandâzi kardan/: to start-up

راه‌آهن /râhâhan/: rail

راه‌حل /râhehal/: solution

راهزن /râhzan/: robber

راهنما /râhnemâ/: guide

رای دادن /ray dâdan/: to vote

رایانه /râyâne/: computer

رایِحه /râyehe/: smell

رُبع /rob/: quarter

رُباط /robât/: caravansary

رباعیات /robâiyât/: rubaiyat

رتبه /rotbe/: rank

رُشد کَردَن /rosh kardan/: to grow

رضایَت‌بَخش /rezâyatbakhsh/: satisfactory

رُطوبَت /rotubat/: moisture

رعایَت کَردَن /reâyat kardan/: to observe

رفتار /raftâr/: behavior

رَفتَن /raftan/: to go

رفیق /rafigh/: friend

رقابت کردن /reghâbat kardan/: to compete

رقابت /reghâb/: competition

رقص /raghs/: dance

رَقیب /raghib/: competitor

رَگ /rag/: vessel

رمز /ramz/: code, mystery

رنج آور /ranjâvar/: painful

رنگ /rang/: tint

رَنگین کَمان /ranginkamân/: rainbow

رو به روی /ru be ruye/: in front of

روا داشتن /ravâ dâshtan/: to approve

روانشانسی /ravânshenâsi/: psychology

رُخ دادن /rokh dâdan/: to happen

رُخ /rokh/: face

رد شدن /rad shodan/: to cross

رَده‌بَندی کردن /radebandi kardan/: to categorize

ردیف /radif/: row – rank

رزرو کَردَن /rezerv kardan/: to reserve

رژلب /rozhelab/: lipstick

رژیم /rezhim/: regime

رساندَن /resândan/: to convey

رستوران /resturân/: restaurant

رسمی /rasmi/: official

رسوا کردن /rosvâ kardan/: to decry

رُسومات /rosumât/: traditions

رسید /resid/: receipt

رسیده /reside/: ripe

رشته کوه /reshte kuh/: mountains

رشته /reshte/: field

روح /ruh:/ spirit

رود /rud/ river

روده /rude/ gut

روز /ruz/ day

روزگار /ruzegâr/ time, period

روزمره /ruzmare/ routine

روستا /rustâ/ village

روستایی /rustâie/ rural

روشن شدن /rushan kardan/ to turn on

روشَن کَردَن /rushan kardan/ to light :

روش /ravesh/ way

رونق بخشیدن /ronagh bakhshidan/ to thrive

رونَق یافتن /ronagh yâftan/ to thrive

روی دادن /ruy dâdan/ to occur

روی /ruye/ on

رؤیا /royâ/ dream

رویارویی /ruyârui/ encounter

رها کردن /rah: kardan/ to release

رهایی /rahâi/ release

رهبری کردن /rahbari kardan/ to lead

رهگذر /rahzogzar/ passer-by

رؤسا /roasâ/ presidents

ریاضی /riyâzi/ math

ریاضی‌دانان /riyâzidânân/ mathematicians

ریحان /reyhân/ basil

ریختن /rikhtan/ to pour

ریش /rish/ beard

ریشه /rishe/ tassel, stub, root

ریواس /rivâs/ rhubarb

ریه /riye/ lung

رَئیسِ‌جُمهور /raisjomhur/ president

رئیس /rais/ boss

رُؤسا /ro'asâ/ presidents

زادگاه /zâdgâh/ birth place

زار /zâr/ lamentable

زاغ /zâgh/ crow

زایشگاه /zâyeshgâh/ maternity

زایمان /zâyemân/ childbirth

زباله /zobâle/ garbage

زَبان /zabân:/ language

زَجر دادن /zajr dâdan:/ to torture

زحل /zohal:/ saturn

زَحمَت کشیدن /zahmat keshidan:/
to toil

زَحمَت /zahmat:/ trouble

زخم /zakhm:/ wound

زراعت کردن /zerâat kardan:/ to till

ماه /mâh:/ moon

زَرد /zard:/ yellow

زشت /zesht:/ ugly

زغال /zoghâl:/ coal

زلال /zolâl:/ clear

زلزله /zelzele:/ earthquake

زُلف /zolf:/ hair

زِمستان /zemestân:/ winter

زمینه /zamine:/ field

زَن /zan:/ woman

زنبیل /zanbil:/ basket

زِندِگی کَردَن /zendegi
kardan:/ to live

زنده ماندن /zende mândan:/ to survive

زنده /zende:/ live

زنگ زدن /zang zadan:/ to
call

زَنگ /zang:/ bell

زوال /zavâl:/ chute - fall

زود /zud:/ early

زودباور /zud bâvar:/
credulous

زورخانه /zurkhâne:/ gymnasium

زُهره /zohre:/ vesper

زیاد /ziyâd:/ much

زیان /ziyân:/ loss

زیبا /zibâ:/ beautiful

زیر /zir:/ under

زیرا /zirâ:/ because

زیربنا /zirbanâ:/ foundation

زیردستان /zirdastân:/
subordinates

زیرکی /ziraki:/ subtlety

زیره /zire:/ caraway

زیست‌شناسی /zistshenâsi:/ biology

زیستن /zistan:/ to exist, to live, be

زین کَردَن /zin kardan:/ to saddle

455

ساکن /:sâken/: resident

سالانه /:sâlâne/: yearly

سالروز /:sâlruz/: anniversary

سالم /:sâlem/: healthy

سالمَند /:sâlmand/: elder

سالن زیبایی /:salone zibâi/:
beauty salon

سالُن /:salon/: hall

سالیان /:sâliyân/: years

سالیانه /:sâliyâne/: yearly

سانتی گراد /:sântigerâd/: ° c

سایز /:sâyz/: size

سَبز کَردَن/:sabz kardan/: to
green

سبزه /:sabze/: brunette

سبزیجات /:sabzijât/:
vegetables

سبک /:sabk/: style

سِپَس/:sepas/:then

سپر /:separ/: shield

سِپُردَن /:sepordan/: to
entrust

سپری کردن /:separi kardan/:
to spend

ژله/:zhele/:jelly - gelatin

ژیمناستیک /:zhimnâstik/:
gymnastics

سابقه//:history

ساحل /:sâhel/: beach

ساختمان /:sâkhtemân/:
building

ساختَن /:sâkhtan/: to build

ساده بودن /:sâde budan/: to
be simple

سارق /:sâregh/: thief

سازگار /:sâzegâr/: compatible

سازگاری /:sâzegâri/:
compatibility

سازمانِ مِلَل /sâzemâne
melal/: united nations

سازمان /:sâzemân/:
organization

سازندگی /:sâzandegi/: building

سازه /:sâze/: structures

ساعَت /:sâze/: watch

ساک /:sâk/: bag

ساکت /:sâket/: silent

ساکن بودن /:sâken budan/: to be stable

سپهر /sepehr/: heaven

ستاره‌شناسان /setâreshenâsân/: astronomers

ستایش /setâyesh/: praise

ستودنی /setudani/: admirable

سخاوتمند /sekhâvatmand/: bounteous

سَخت /sakht/: hard

سَختگیر /sakhtgir/: strict

سُخن چینی /sokhanchini/: gossip

سر وصدا /sarosedâ/: noise

سَر /sar/: head, top

سَراسَر /sarâsar/: throughout

سراینده /sorâyande/: poet

سرباز /sarbâz/: soldier

سرپوشیده /sarpushide/: covered

سرچشمه /sarcheshme/: source

سُرخ /sorkh/: red

سرد /sard/: cold

سَردار /sar dâr/: commander

سَردَرد میگِرنی /sardarde migreni/: migraine

سردسیری /sardsiri/: cold

سرزمین /sarzamin/: land

سرزنش /sarzanesh/: blame

سرسبز /sarsabz/: green

سَرشار /sarshâr/: profuse

سرطان /saratân/: cancer

سرعت /sorat/: speed

سرفه کردن /sorfe kardan/: cough

سرگذشت /sargozasht/: adventure

سَرگَرم کننده /sargarmkonande/: fun

سَرگَرمی /sargarmi/: entertainment

سَرگیجه /sargije/: dizziness

سِرُم /serom/: serum

سَرما /sarmâ/: cold

سَرمایهِ /sarmâye/: capital

سرنوشت /sarnevesht/: fate

سُرود /sorud/: anthem

سرودن /sorudan/: to compose

سَریع /sari'/: fast

457

سِزا /sezâ/: result

سزاوار بودن /sezâvâr budan/: to be deserve

سُست /sost/: lazy

سشُوار /seshvâr/: hairdryer

سَطل /satl/: bucket

سفارَتخانه /sefâratkhâne/: embassies

سفارِش دادَن /sefâresh dâdan/: to order

سفارشی /sefâreshi/: bespoke

سفالگری /sofâlgari/: pottery

سَفَر کَردَن /safar kardan/: to travel

سَفَر /safar/: trip

سفره /sofre/: tablecloth

سفره‌خانه /sefâratkhâne/: restaurant

سکوت /sokut/: silence

سکونت /sokunat/: residence

سَلام /salâm/: hello, hi

سلسله /selsele/: series

سَلیقه/saliqhe/:style

سلطنتی /saltanati/: royal

سِماجَت /semâjat/: persistence

سِمساری /semsâri/: ragshop

سِن /sen/: age

سُنَّت /sonnat/: tradition

سنتی /sonnati/: traditional

سنگ /sang/: stone

سَنگفَرش /sangfarsh/: asphalt

سوء استفاده /soe estefâde/: abuse

سوء تفاهم /soe tafâhom/: misapprehension

سوء تَغذیه/soe taghziye/:malnutrition

سَواحل /savâhel/: beaches

سؤال کردن /soâl kardan/: to ask

سؤال /soâl/: question

سؤالات /soâlât/: questions

سوختن /sukhtan/: to burn

سوخته /sukhte/: burned

سود /sud/: profit

سور دادن /sur dâdan/: to regale

سوراخ /surâkh/: hole

سوژه /suzhe/: subject

shampoo :/shâmpo/ شامپو

contains :/shâmel/ شامِل

dignity :/shan/ شَأن

herring :/shâhmâhi/ شاه ماهی

masterpiece :/shâhkâr/ شاهکار

:/shâhanshâhi/ شاهَنشاهی

imperial

maybe :/shâyad/ شایَد

:/shâyestegi dâshtan/ شایستگی داشتن

to able

proper :/shâyeste/ شایسته

rumor:/shâye'e/شایِعه

night :/shab/ شَب

semblance :/shebâhat/ شباهت

bedchamber :/shabestân/ شَبِستان

dew :/shabnam/ شَبنَم

similar :/shabih/ شَبیه

acceleration :/shetâb/ شتاب

camel :/shotor/ شُتُر

bravery :/shojâat/ شُجاعت

personal :/shakhsi/ شَخصی

:/shakhsiyat/ شخصیّت

character

:/sesh:anbe/ سه شَنبه

tuesday

stocks :/sahâm/ سَهام

:/sahim shodan/ سَهیم شدن

to participate

to :/siyâhat kardan/ سیاحت کردن

tour

policy :/siyâsat/ سیاست

political :/siyâsi/ سیاسی

mustache :/sebil/ سِبیل

to be full :/sir shodan/ سیر شدن

garlic :/sir/ سیر

system :/system/ سیستم

flood :/seyl/ سیل

to slap :/sili zadan/ سیلی زَدَن

wire :/sim/ سیم

sink :/sink/ سینک

breast:/sine/سینه

horn :/shâkh/ شاخ

happy :/shad/ شاد

to joy :/shâdi kardan/ شادی کردن

poet :/shâer/ شاعِر

student :/shâgerd/ شاگرد

شُدَن /shodan/: to become

شدید شدن /shaded shodan/: to be intensify

شدید /shdid/: severe

شرافتمندانه /sherâfatmandâne/: honorable

شَرایِط /sharâyet/: conditions

شربت /sharbat/: beverage

شربت سرفه /sharbat e sorfe/: cough syrup

شرط بندی /shartbandi/: betting

شرق /shargh/: east

شِرکَت کَردَن /sherkat kardan/: to participation

شرم آور /sharmâvar/: shameful

شُروع کَردَن /shoro kardan/: to start

شریک /sharik/: partner

شُستَن /shostan/: to wash

شعبده بازی /shobadebâzi/: magic trick

شعر /sher/: poetry

شغلی /shoghl/: job

شک /shak/: doubt

شکار کردن /shekâr kardan/: to hunt

شکار گاه /shekârgâh/: hunting ground

شکافتن /shekâftan/: to split

شکایت کردن /shekayat kardan/: to complain

شکایت کننده /shekayat konande/: complainant

شکر /shekar/: sugar

شکست خوردن /shekast khordan/: to fail

شکستن: to break

شکستن /shekastan/: to break

شکستنی /shekastani/: fragile

شِگِفتا /shegeftâ/: surprisingly

شِگِفت‌اَنگیز /shegeftangiz/: amazing

شلاق /shallagh/: whip

شلوغ /sholugh/: noisy

شَلغَم /shalgham/: turnip

شُماره /shomâre/: number

شمال شرقی /shomâle sharghi/: northeast

شمال /shomâl/: north

شمردن /shemordan/: to count

شمع /sham'/: candle

شنا کَردَن /shenâ kardan/: to swim

شنا /shenâ/: swim

شناختَن /shenâkhtan/:: to recognize

شناخته شده /sjenâkhte shode/: known

شناسنامه /shenâsnâme/: birth certificate

شواهد /shavâhed/: evidence

شوخی کردن /shokhi kardan/: to kidding

شور /shur/: salty

شومینه /shumine/: fireplace

شوم /shum/: ominous

شوهَر /shuhar/: husband

شهادَت /shahâdat/: witness

شَهربانی /shahrbâni/: police

شهرت /shohrat/: reputation

شَهروَند /shahrvand/: citizen

شهریار /shahriyâr/: king

شَیّاد /shayyad/: trickster

شیرین /shirin/: sweet

شیمی /shimi/: chemistry

شیوه /shive/: style

صابون /sâbun/: soap

صاحب شدن /sâheb shodan/: to own

صاحبخانه /sâheb khâne/: land lord

صاحب‌نظر /sâheb nazar/: experts

صادرات /sâderât/: export

صادق /sâdegh/: honest

صُبح /sobh/: morning

صَبر کَردَن /sabr kardan/: to wait

صَبر /sabr/: patience

صَبوح /sabuh/: wine

صبور: patient

صُحبَت کَردَن /sohbat kardan/: to talk

صحَّت /sehhat/: accuracy

صحیح /sahih/: correct

صَخره /sakhre/: rock

461

صَدَف /sadaf/: shell

صدمات /sadamât/: injuries

صَدَمه /sadame/: injury

صرف کردن /sarf kardan/: to spend

صُعود /so'ud/: to rise

صفت /sefat/: adjective

صلح /solh/: peace

صنایع دستی /sanâe dasti/:
handicrafts

صَندَلی /sandal/: chair

صَندوق /sandugh/: cash desk

صندوقدار /sandughdâr/: cashier

صنعتی /sanati/: industrial

صنم /sanam/: idol

صورَت حساب /surathesâb/: bill

صوری /sovari/: formal

صیادی /sayâdi/: fishing

ضدعفونی کننده /zedeofuni
konande/: disinfectants

ضدّعُفُونی /zedeofuni/:
disinfection

ضرر /zarar/: damage

ضعیف /zaif/: weak

طاقت /tâghat/: patience

طبقه بندی /tabaghebandi/:
division

طبقه /tabaghe/: floor

طبیعت /tabiat/: nature

طبیعی /tabi'i/: natural

طراحی کردن /tarâhi kardan/:
to design

طَرَب /tarab/: cheerfulness

طرحریزی /tarhrizi/: schematization

طرز فکر /tarze fekr/: ideology

طرفدار /tarafdâr/: advocate

طریق /tarigh/: way - road

طعم /ta'm/: taste

طُعمه /to'me/: bait

طغیان /toghyân/: outburst

طَلا /talâ/: gold

طَلاق /talâgh/: divorce

طلب کردن /talab kardan/: to want

طلبکار /talabkâr/: creditor

طلبیدن /talabidan/: to want

طلوع /tolu'/: rise

طمع /tama'/: greed

طول کشیدن /tul keshidan/: to take long

طول /tul/: length

طولانی ترین /tulânitarin/: longest

طولانی /tulâni/: long

طویل /tavil/: long

طی کردن /tey kardan/: to pass

ظاهر /zâher/: appearance

ظاهربین /zâherbin/: superficial

ظاهری /zâheri/: outward

ظرافت /zerâfat/: elegance

ظَرف /zarf/: dish

ظَرفیّت /zarfiyat/: capacity

ظَریف /zarif/: delicate

ظلم /zolm/: oppression

ظلمت /zolmat/: darkness

ظواهر /zavâher/: external

ظُهر /zohr/: noon

عادت داشتن /âdat dâshtan/: to accustomed

عادل /âdel/: just

عادلانه /âdelâne/: square

عاری /âri/: free

عاشق /âshegh/: lover

عاشقانه /âsheghâne/: romantic

عاصی/âsi/: rebellious

عاقِل /âghel/: wise

عاقلانه /âghelâne/: wisely

عالم /âlam/: world

عالی /âli/: excellent

عام /âm/: general

عبادت /ebâdat/: worship

عبارت/ebârat/: phrase

عبور کردن /obur kardan/: to cross

عَجَله /ajale/: hurry

عجول /ajul/: hasty

عَدد /adad/: number

عِدالَت/edâlat/: justice

عدّه‌ای/eddeie/: some

عرش /arsh/: height – heaven

عرض کردن /arz kardan/: to say

عَرضه کَردَن/arze kardan/:

to offer

supply:/arze/عرضه

mystic :/erfâni/ عرفانی

to sweat :/aragh kardan/ عَرَق کردن

dolls :/arusak/ عَروسَک

mourning :/azâdâri/ عزاداری

to dethrone :/azl kardan/ عَزل کَردَن

nomads :/ashâer/ عَشایِر

cane :/asâ/ عَصا

root canal :/asabkeshi/ عصب کشی

angry :/asabâni/ عَصَبانی

anger :/asabâniyat/ عصبانیت

evening :/asr/ عَصر

muscle :/azole/ عضله

member :/ozv/ عُضو

to give:/atâ/عَطا

perfume :/atr/ عطر

to recede :/aghab keshidan/ عقب کشیدن

rear :/aghab/ عقب

wisdom :/aghl/ عقل

to taking :/aks gereftan/ عکس گرفتن
photos

photography :/aksbardâri/ عکسبرداری

like :/alâghemand/ علاقمند

/alâghe علاقه داشتن/

to fancy :dâshtan/

mark :/alâmat/ علامت

favorites :/alâyegh/ علایق

signs :/alâem/ علائم

grass :/alaf/ علف

science :/elm/ علم

notwithstanding :/alâraghme/ علی رغم

to :/amal kardan/ عَمَل کردن
act

operation :/amaliyât/ عملیات

public :/omum/ عُموم

generally :/omuman/ عموماً

profound :/amigh/ عمیق

element :/onsor/ عنصر

to change :/avaz kardan/ عوض کردن

fault :/eyb/ عیب

carnival :/eid/ عید

eyeglasses :/eynak/ عِینَک

cave :/ghâr/ غار

marauding :/ghâratgari/ غارتگری

غاز /ghâz/: goose

غازی/ghâzi/:Acrobat

غایِب /ghâyeb/: absent

غبار /ghobâr/: dust

غَذا دادَن /ghazâ dâdan/: to feed

غرب /gharb/: west

غربی /gharbi/: western

غرور /ghorur/: pride

غَضَب /ghazab/: wrath

غَلَط /ghalat/: false

غم /gham/: sorrow

غَنی /ghani/: rich

غنیتَرین /ghanitarin/: richest

غَنیمت /ghanimat/: trophy

غَواص /ghavâs/: diver

غوره /ghure/: sour

غیبت کردن /gheybat kardan/: to backbite

غیر عملی /gheyre amali/: impracticable

غیرقابل باور/gheyreghâble bâvar/: unbelievable

غیر قابل خوردَن /gheyreghâbele khordan/: inedible

فاجعه /fâje'/: tragedy

فارِغُالتَحصیلی /fâreghotahsili/: graduation

فاسِد /fâsed/: corrupt

فاکتور /fâktor/: invoice

فال گِرِفتَن /fâl gereftan/: to fortune telling

فانوس /fânus/: lantern

فانی /fâni/: mortal

فداکاری /fadâkâri/: sacrifice

فَرار کَردَن /farâr kardan/: to escape

فَراز /farâz/: above

فَراموش کَردَن /farâmush kardan/: to forget

فراوان/farâvân/: : very

فراهم کردن /farâham kardan/: to preparing

فَرُّخ /farokh/: graceful

فَرد /fard/: individual

فَردا /farad/: tomorrow

فرزند /farzand/: child

فشرده /feshorde/: massive

فصل /fasl/: season

فضول /fozul/: voyeur

فعال /faâl/: active

فعالیت /faâliyat/: activity

فعلی /fe'li/: present

فَقیر /faghir/: poor

فَک /fak/: jaw

فکر کردن /fekr kardan/: to think

فکر /fekr/: thought

فکس /faks/: fax

فَلات /falât/: plateau

فَن /fan/: technique

فَنا /fanâ/: death

فوتبال دستی /futbâl dasti/: soccer

فوتبال /futbâl/: soccer

فوری /fori/: fast

فهرست /fehrest/: contents, list

فَهمیدَن /fahmidan/: to know

فهمیده /fahmide/: understanding

فیزیکدان /fizikdân/: physicist

فرسوده /farsude/: rusty

فرش بافی /farshbâfi/: weaving carpet

فرش /farsh/: carpet

فرصت /forsat/: opportunity

فرعی /fari/: secondary

فرمان دادن /farmân dâdan/: to order

فرمانروایی /farmânravâi/: empire

فرو رفتن /foru raftan/: to sink

فرو ریختن /roru rikhtan/: to collapse

فروتن /forutan/: courteous

فروختن /forukhtan/: to sell

فُرودگاه /forudgâh/: airport

فروش /forush/: sale

فروشگاه /forushgâh/: store

فَرهَنگ /farhang/: culture

فَرهَنگی /farhangi/: cultural

فریب دادن /farib dâdan/: to cheat

فریبکاری/faribkâri/:deception

فریبنده /faribande/: glamorous

فشار دادن /feshâr âvardan/: to push

فشار آوردن/feshâr âvardan/:to press

فیل /fil/: elephant

قابل مشاهده /ghâbele moshâhede/: visible

قابل /ghâbel/: able

قاچاق /ghâchâgh/: swindler

قارچ /ghârch/: mushrooms

قاره /ghâre/: continent

قاشُق /ghâshogh/: spoon

قاضی /ghazi/: judge

قاطع /ghât'/: decisive

قاطعیت /ghâteiyat/ assertion

قافله /ghâfele/: convoy

قالی /ghâli/: carpet

قالیچه /ghâliche/: rug

قانع /ghne'/: sufficient

قایقران /ghâyeghrân/: boatman

قَبل اَز /ghabl az/ before

قبول شدن /ghbul shodan/: to pass

قَبول کَردَن /ghabul kardan/: to accept

قحطی /ghahti/ famine

قُدرَت /ghodrat/: power

قدرتمندتر /ghodratmandtar/ stronger :

قدردانی /ghadrdâni/: gratitude

قَدَم زدن /ghadam zadan/: to walk

قدمَت /ghedmat/: antiquity

قَدیم /ghadim/: old

قَدیمی /ghadimi/: old

قَدیمی‌تَرین /ghadimitarin/: oldest

قرار داشتن /gharâr dâshtan/: to locate

قَرار گُذاشتَن /gharâr gozâshtan/ to date :

قرار گرفتن /gharâr gereftan/: to stay on

قرار /gharâr/: obligation

قرارداد /gharârdâd/: treaty

قربانی /ghorbâni/: victimize

قُرص /ghors/: pill

قَرض کَردَن /gharz dâdan/: to borrow

قرض /gharz/: debt

قطعی بودن /ghai budan/: to certain

قطعی /ghati/: certain

قَفَس /ghafas/: cage

قفسه‌ی کتاب /ghafaseye ketâb/: bookcase

قفل /ghofl/: lock

قلعه /ghale'/: castle

قَلَندَر /ghalandar/: qalandar

قلوه /gholve/: kidney

قُلّه /ghole/: peak

قوانین /ghavânin/: rules

قورباغه /ghurbâghe/: frog

قوم /ghom/: people

قوی /ghavi/:strong

قوی بودن /ghavi budan/: to be dow

قهر /ghahr/: huff

قَهوه /ghahve/: coffee

قیامت /ghiyâmat/: judgment

قِیچی /gheychi/: scissors

قِیمَت /gheymat/: price

کاپیتان /kâpitân/: captain

کاخ /kâkh/: palace

کادو /kâdo/: gift

قُرعه‌کِشی /ghore keshi/: lottery

قُرعه /ghore'/: lot

قَرن /gharn/: century

قَرَنطینه کَردَن /gharantine kardan/: to quarantine

قِسط /ghest/: installment

قسم خوردن /ghasam khordan/: to oath

قسمت کردن /ghesmat kardan/: to divide

قَشَنگ /ghashang/: beautiful

قصد داشتن /ghasd dâshtan/: to intend

قَصر /ghasr/: castle

قِصّه /ghese/: story

قضا و قَدَر /ghazâ va ghadar/: fate

قضاوَت کردَن /ghezâvat kardan/: to judge

قضاوَت /ghezâvat/: judgment

قضیه /ghaziye/: case

قطب نما /ghotb nemâ/: compass

قطع شدن /ghat' shodan/: to disconnect

to work :/kâr kardan/ **کار کَردَن**

work :/kâr/ **کار**

/kârte etebâri/ **کارتِ اِعتِباری**

credit card :

card :/kârt/ **کارت**

factories :/kârkhânejât/ **کارخانجات**

factory :/kâtkhâne/ **کارخانه**

experts :/kârshenâsân/ **کارشناسان**

:/kârgardân/ **کارگردان**

director

wage :/kârmozd/ **کارمُزد**

employee :/kârmand/ **کارمَند**

carwash:/kârvâsh/**کارواش**

job search:/kâr yâbi/**کاریابی**

to reduce :/kâstan/ **کاستَن**

to plant :/kâshtan/ **کاشتَن**

paper :/kâghaz/ **کاغَذ**

cafe :/kâfe/ **کافه**

enough :/kâfi/ **کافی**

commodity :/kâlâ/ **کالا**

computer :/kâmpiuter/ **کامپیوتِر**

full :/kâmel/ **کامل**

sofa :/kânâpe/ **کاناپه**

carwash :/kârvâsh/ **کاواش**

straw:/kâh/**کاه**

:/kâhesh dâdan/ **کاهِش دادَن**

to reduce

decrease :/kâhesh/ **کاهش**

lettuce :/kâhu/ **کاهو**

partridge :/kabk/ **کَبک**

pigeon :/kbutar/ **کَبوتَر**

bruise :/kabudi/ **کبودی**

great :/kabir/ **کبیر**

book :/ketâb/ **کِتاب**

to beat :/kotak zadan/ **کتک زدن**

inscription :/katibe/ **کَتیبه**

dirty :/kasif/ **کثیف**

crooked :/kaj/ **کَج**

where? :kojâ/ **کُجا؟**

:/kode eshterâk/ **کُدِ اِشتِراک**

subscription code

chief:/kadkhod/**کدخدا**

zucchini :/kadu/ **کَدو**

tie :/kerâvât/ **کِراوات**

rent :/kerâye/ **کِرایه**

کَف /kaf/: floor

کفش /kafsh/: shoe

کِلاس /kelâs/: class

کلان شهر /kalân shahr/: metropolis

کلاه فرنگی /kolâh farangi/: pergola

کُلاه /kolâh/: hat

کلبه /kolbe/: hut

کَلَمه /kalame/: word

کَلّه /kale/: head

کلی /koli/: general

کلید /kelid/: key

کمبود /kambud/: leakage

کمتر از /kamtar az/: less than

کُمُد /komod/: dresser

کمردرد /kamardard/: lumbago

کُمَک کَردَن /komak kardan/: to help

کمیابی /kamyâbi/: scarcity

کَمیَّت /kamiyat/: quantity

کمین /kamin/: ambush

کُند /kond/: slow

کِردار /kerdâr/: deed

کِرم /kerm/: worms

کِرِم دور چشم / kerem e dor e cheshm/: eye cream

کِرِم ضد آفتاب/ kerem e zede âftâb/: sunscreen

کسب کردن /kasb kardan/: to gain

کَسی /kasi/: someone

کِشاوَرز /keshâvarz/: farmer

کشاورزی /keshâvarzi/: agriculture

کشتی سازی /keshti sâzi/: ship making

کِشتی /keshti/: ship

کشتیرانی /keshtirâni/: shipping

کشف کردن /kashf kardan/: to discover

کشک /kashk/: curd

کِشمِش /keshmesh/: raisins

کِشو /kesho/: drawer

کِشوَر /keshvar/: country

کشیدن /keshidan/: to draw

کندن /kandan/: to dig

کُنسِرت /konsert/: concert

کنون /konun/: now

کوتاه /kutah/: short

کوچَک /kuchek/: little

کوچه /kuche/: alley

کودَک /kudak/: child

کودن /kodan/: dull

کور /kur/: blind

کوزه /kuze/: jug

کوشک /kushk/: castle

کوشیدن /kushidan/: to endeavor

کول /kul/: piggyback

کوهستان /kuhestân/: mountain

کویر /kavir/: desert

کَهرُبا /kahrobâ/: amber

کَهکشان /kahkeshân/: galaxy

کِی /key/: when

کیسه /kise/: bag

کیف /kif/: bag

کِیفیّت /keyfiyat/: quality

کِیک /keyk/: cake

کیلومتر /kilumetr/: kilometer

کین (کینه) /kin (kine)/: rancor

کینه /kine/: rancor

کد خدا /kadkhodâ/: chief

کدبانو /kadbânu/: dame

کسب و کار /kasb o kâr/: business

گالری /gâleri/: gallery

گام /gâm/: step

گاوصندوق /gâvsandugh/: safes

گاهی /gâhi/: sometimes

گپ زَدَن /gap zadan/: to gab

گچ /gach/: plaster

گُذاشتَن /gozâshtan/: to put

گُذَرنامه /gozarnâme/: passport

گُذَشته /gozashte/: past

گُراز /gorâz/: hog

گران /gerân/: expensive

گِرداگِرد /gerdâgerd/: around

گردآوری کردن /gerdâvari kardan/: to gather

گُشایِش /goshâyesh/: opening

گشتن /gashtan/: to search

گشنیز /geshniz/: coriander

گفتاری /goftâri/: vocal

گُفتگو کَردَن /goftego kardan/: to discuss

گُفتَن /goftan/: to say

گل آلود /gelâlud/: puddle

گُل /gol/: flower

گِل /gel/: mud

گلخانه /golkhâne/: greenhouse

گُلدان /goldân/: pot

گلودرد /galodard/: sore throat

گِله /gele/: complaint

گُمرُک /gomrok/: customs

گناه /gonâh/: sin

گُنبد /gonbad/: dome

گَندُم /gandom/: wheat

گواهی دادن /govâhi dâdan/: to testify

گِردباد /gerdbâs/: cyclone

گَردشگر /gardeshgar/: tourist

گَردشگَران /gardeshgarân/: tourists

گردَنبَند /gardanband/: necklaces

گرسنه /gorosne/: hungry

گرفتگی گردن /gereftegi garden/: stiff neck

گِرِفتَن /gereftan/: to catch

گرم /garm/: hot

گرما/garmâ/:heat

گرو گذاشتن /gero gozâshtan/: to pledge

گره زدن /gereh zadan/: to tie

گِریان /geryân/: crying

گُریختَن /gorikhtan/: to escape

گُزارِش /gozâresh/: report

گزارشگر /gozâreshgar/: reporter

گسترش دادن /gostaresh dâdan/: to extend

گشاد /goshâd/: loose

گواهینامه /govâhi dâdan/: certificate

گودال /godâl/: pit

گوش /gush/: ear

گوشه /gushe/: corner

گوشی موبایل /gushi mobil/: cellphone

گوناگون /gunâgun/: various

گوهَر /gohar/: gem

گیاه خواری /giyâh khâri/: vegetarian

گیاه شناسی /giyâhshenâsi/: botanical

گیاه /giyâh/: plant

گیاهان /giyâhân/: plants

گیتار /gitâr/: guitar

گیج شُدَن /gij shodan/: confused

گیر افتادن /gir oftâdan/: to arrested

گیلاس /gilâs/: cherries

لابستر /lâbester/: lobster

لازم داشتن /lâzem dâshtan/: to need

لاک زَدَن /lâk zadan/: to lac

لانه /lâne/: nest

لِباس /lebâs/: dress

لَبخَند /labkhand/: smile

لثه /lase/: gum

لجاجت /lejâjat/: obstinacy

لَحاف /lahâf/: quilt

لَحظه /lahze/: moment

لَحیم /lahim/: solder

لَذت بُردَن /lazat burden/: to enjoy

لذیذ /laziz/: delicious

لَرزه‌خیزی /larzekhizi/: seismicity

لطف کردن /lotf kardan/: to oblige

لُطف /lotf/: favor

لطفاً /lotfan/: please

لطیف /latif/: tender

لغت /loghat/: word

لَق /lagh/: loose

لقمه /loghme/: morsel

لگد زدن /lagad zadan/: to kick

لوح /loh/: tablet

لِه شده /leh shodan/: mashed

fishing :/mâhigiri/ ماهی‌گیری

campaign :/mobârezâti/ مبارزاتی

/mobâsherat مُباشرَت کردن

to steward :kardan/

inventive :/mobtaker/ مبتکر

based on :/mobtani bar/ مبتنی بر

:/moblemân/ مبلمان

furniture

married :/moteahel/ مُتَاَهِل

expert :/motekhases/ متخصص

meter :/metr/ متر

translator :/motarjem/ مترجم

subway :/metro/ مترو

operator :/motesadi/ متصدی

/motasel shodan/ مُتَّصِل شدن

to connect :

connected :/motasel/ متصل

multiple :/moteaded/ متعدد

belong :/motealegh/ متعلق

:/moteghayer/ متغیر بودن

to be variable

thinker :/motefaker/ متفکر

arrogant :/motekaber/ مُتکَبِر

accent :/lahje/ لَهجه

lemons :/limu/ لیمو

adventure :/mâjarâ/ ماجرا

sand :/mâse/ ماسه

/mâshin ماشین حِساب

calculator :hesâb/

:/mâkârâni/ ماکارانی

macaroni

property :/mâl/ مال

:/mâlekiyat/ مالکیت

ownership

to rub :/mâlidan/ مالیدن

financial:/mâli/مالی

officer :/mamur/ مامور

:/mândegâr/ ماندگار

persistent

to stay :/mândan/ ماندَن

barrier :/mâne'/ مانِع

manikin :/mankan/ مانکن

as :/manand/ مانند

month, moon :/mah/ ماه

:/mâhi sefid/ ماهی سفید

white fish

مجاورت /mojâverat/: neighborhood

مجاور /mojâver/: adjacent

مُجدَّد /mojadad/: second

مُجَرَد /mojarad/: single

مجروح /majruh/: wounded

مُجَسَّم کَردَن /mojasam kardan/: depict - epitomize

مَجموعه /majmu'e/: collection

مجوز /mojavez/: license

مُجَهَّز /mojahaz/: equip

محاسبات /mohâsebât/: calculation

محاسبه کردن /mohâsebe kardan/: to calculate

محاسبه /mohâsebe/: calculation

مَحال /mahâl/: impossible

محبت /mohabat/: love

مَحبوب /mahbub/: popular

مُحتاج /mothâj/: needy

محتاط /mothât/: cautious

محترمانه /mohtaramâne/: deferential

محتویات /mohtaviyât/: contents

متلاشی شدن /motalâshi shodan/: to be collapse

مُتَمایز /motamâyez/: differentiation

مُتَمایل /motamâyel/: inclined

مُتَنوّع /motenave'/: diverse

متوجّه شدن /motevajeh shodan/: to pay attention

مُتوسط /motevaset/: average

متوقف کردن /motevaghef kardan/: to stop

مُتوَلّد شُدَن /motevales shodan/: to born

مثال /mesâl/: example

مُثبَت /mosbat/: positive

مثل اینکه /mele inke/: it seems like

مثلاً /masalan/: for example

مُثلث /masalas/: triangle

مجادله کردن /mojâdele kardan/: to debate

مجاز /mojâz/: allowed

مُجازات کَردَن /mojâzât kardan/: to punish

مجال /majâl/: opportunity

مَداد /medâd/: pencil

مدارک /madârek/: documents

مَدرسه /madrese/: school

مدرک /madrak/: evidence

مدرن /modern/: modern

مُدیر /modir/: manager

مَدیون /madiun/: debtor

مُراجعه کَردَن /morâje' kardan/: to refer

مراحل /marâhel/: levels

مُراد /morâd/: wish

مَراسِم /marâsem/: ceremony

مُراقب بودَن /morâgheb budan/: to look after

مراقبت کردن /morâghebat kardan/: taking care

مراکز /marâkez/: centers

مُربّا /morabâ/: jam

مربع /moraba'/: square

مربی /morabi/: coach

مرتب کردن /moratab kardan/: to organize

مرتب /moratab/: ordered

مَحدودیَّت /mahdudiyat/: restriction

محراب /mehrâb/: sanctuary

محرمانه /mahramâne/: secret

مَحسوب شُدَن /mahsub shodan/: to considere

مَحصور /masur/: surrounded

مَحصولات /masulât/: products

مَحفوظ /mafuz/: protected

محکوم کردن /mahkum kardan/: to convict

محکوم /mahkum/: sentenced

محله /mahale/: neighbourhood

مُحَوَّطه /mahvate/: area

مُحیط /mohit/: environment

مُخابرات /mokhâberât/: telecommunications

مُختَلف /mokhtalef/: different

مَخصوص /makhsus/: special

مَخفی شدن /makhfi shodan/: to hide

مَخفی/makhfi/: hidden

مَخمور /makhmur/: drunk

مرتبط ساختن /moratab sâkhtan/: to link

مُرتَکِب شدن /mortakeb shodan/: to commit

مَرد /mard/: man

مُرَدَّد بودن /moradad budan/: to be uncertain

مردُم شناسی /mardom shenâsi/: anthropology

مَردُم /mardom/: people

مردمان /mardomân/: people

مُردَن /mordan/: to die

مَرسوم کَردَن /marsum kardan/: to introduce

مرطوب کننده/martub konande/: humidifier

مرغ /morgh/: chicken

مرکب /morakab/: compound

مَرکَز /markaz/: center

مَرَمَّت /maremmat/: repair

مَرمَر /marmar/: marble

مِزاح کَردَن /mezâh kardan/: to jest

مُزاحِم /mozâhem/: annoying

مزارع /mazâre'/: farms

مزایا /mazâyâ/: advantages

مَزرَعه /mazra'/: farm

مَزیَّت /maziyat/: advantage

مُژده دادن /mozhde dâdan/: to enunciate

مُسابِقه /mosâbeghe/: competition

مساحَت /masâhat/: area

مُساعِد /mosâed/: adjutant

مُسافِر /mosâfer/: passenger

مساوی /mosâvi/: equal

مسایل /masâel/: issues

مستطیل /mostatil/: rectangle

مستعار /mostaâr/: nickname

مُستقر شدن /mostaghar shodan/: to be set, to settle

مستقیم /mostaghim/: straight

مُستَمَند /mostamand/: needy

مُستَنَد /mostanad/: documentary

مَسجِد /masjed/: mosque

مسخره کردن /maskhare kardan/: to mock

مسری /mosri/: contagious

مُشخَّصات /moshakhasât/: specifications

مَشغول /mashghul/: busy

مشک /moshk/: musk

مُشکِل /moshkel/: problem

مُشکِلات /moshkelât/:
difficulties

مشهور /mashhur/: famous

مُصاحبه /mosâhebe/:
interview

مَصالح /masâleh/: materials

مصرف کردن /masraf
kardan/: to consume

مصنوعی /masnui/: artificial

مضر /mozer/: harmful

مطالب /matlab/: posts

مطالعات /motâleât/: studies

مُطالِعه کَردَن /motâle'
kardan/: to study

مَطبوع /matbu'/: pleasant

مطمئن بودن /motmaen
budan/: to be sure

معادلات /moâdelât/: equations

معاش /mash/: livelihood

مُسَکِن /mosaken/: pain killer

مَسکونی /maskuni/: residential

مسگری /mesgari/:
coppersmith

مسلح /mosalah/: armed

مسلم /moslem/: certain

مُسَلمان /mosalmân/: muslim

مَسموم /masmum/: poisoned

مسواک /mesvâk/: toothbrush

مسیر /masir/: direction

مَسئول /masul/: responsible

مُشاجره کردن /moshâjere
kardan/: to dispute

مشاغل /mashâghel/: jobs

مُشاوره /moshâvere/:
consultation

مشاهده کردن /moshâhede/:
to observe

مشاهیر /mahsâhir/:
celebrities

مشبک /moshabak/: reticular

مُشتاق /moshtâgh/: eager

مشتاقانه /moshtâghâne/: intensively

مَغازه /maghâze/: shop

مغایر بودن /moghâyer budan/: to be disagree

مغذی /moghazi/: nutritious

مفاخر /mafâkher/: figures

مفاصل /mafâsel/: joints

مُفَصَل /mofassal/: detailed

مَفعول /maful/: object

مَفقود شدن /mafghud shodan/: to got lost

مُفید بودن /mofid budan/: to be useful

مفید /mofid/: helpful

مقابل /moghâbel/: front side

مَقاله /maghâle/: article

مقام /maghâm/: office

مقاومت کردن /moghâvemat kardan/: to pulloff

مقبره /maghbare/: tomb

مقداری /meghdâri/: some

مقدماتی /moghadamâti/: primary

مَقصَد /maghsad/: destination

مُقصّر /moghaser/: guilty

معاصر /moâser/: contemporary

معایب /maâyeb/: disadvantages

معبد /ma'bad/: temple

معبود /ma'bud/: idol

معتبر /mo'tabar/: valid

مُعتدل /mo'tadel/: mild

معده /me'de/: stomach

معرف /moaref/: reagent

معروف /ma'ruf/: famous

معروفترین /ma'ruftarin/: most popular

معشوق /ma'shugh/: lover

مُعضَل /mo'zal/: dilemma

مُعَلَّق /moalagh/: suspended

معلوم /ma'lum/: clear

معمار /me'mâr/: architect

معماری /me'mâri/: architecture

معمول /ma'mul/: usual

معمولاً /ma'mulan/: usually

مَعنا /ma'nâ/: meaning

مَعنی /ma'ni/: meaning

meaning :/maghsud/ مقصود

category :/maghule/ مقوله

place :/makân/ مَکان

unless :/magar/ مگر

/molâghât مُلاقات کَردَن

to meet :kardan/

surnamed :/molaghab/ ملقب

national :/meli/ ملی

possible :/momken/ مُمکِن

prohibited :/mamno'/ ممنوع

thankful :/mamnun/ مَمنون

:/monâseb/ مُناسِب

appropriate

events :/monâsebat/ مناسبت

areas :/manâtegh/ مناطق

sights :/manâzer/ مناظر

carving :/monabat/ منبت

/montasher منتشر کردن

to publish :kardan/

montaghel /منتقل کردن

to transfer:/kardan

lead :/montahi/ مُنتهی

montahi shodan /مُنتهی شدن

to be extreme:/

/monhaser منحصربفرد

unique :befard/

secretary :/monshi/ مُنشی

area :/mantaghe/ مَنطَقه

view :/mazare/ مَنظَره

intended :/manzur/ مَنظور

hated :/manfur/ مَنفور

negative :/mafi/ مَنفی

/movâjehe مُواجِه شدن

to confront :shodan/

materials :/mavâd/ مواد

/movâzeb مُواظِب بودَن

to look after :budan/

movafegh /مُوافِق بودَن

to agree:/budan

mobile :/mobil/ موبایل

cyclist :/motorsavâr/ موتورسوار

:/motorsiklet/ موتورسیکلِت

motorcycle

wave :/moj/ موج

to :/mojeb shodan/ موجب شدن

cause

cause :/mojeb/ موجب

justified :/movajah/ مُوَجَّه

:/morede tavajoh/ مورد توجُّه

attractive

museum :/muze/ موزه

eyelash :/mozhe/ مُژه

season :/mosem/ موسم

pop :/musighi pâp/ موسیقی پاپ

music

issue :/mozu'/ موضوع

success :/movafaghiyat/ موفقیت

:/mogheiyat/ موقِعیَّت

position

moon :/mah/ مَه

skill :/mahârat/ مَهارت

kindness :/mehr/ مهر

friendly, :/mehrabân/ مهربان

kind

party :/mehmâni/ مِهمانی

:/mohandes/ مُهَندِس

engineer

:/mohayâ kardan/ مُهَیّا کَردَن

to provide

vintner :/mey forush/ مِی فروش

pub :/meykhâne/ مِیخانه

square :/meydân/ مِیدان

heritage :/mirâs/ میراث

mirâs e/ میراث فرهنگی

cultural heritage:/farhangi

table :/miz/ میز

amount :/mizân/ میزان

host :/mizbân/ میزبان

microbe :/mikrob/ میکروب

enamels :/minâkâri/ میناکاری

minibus :/minibus/ مینی بوس

fruit :/mive/ میوه

:/nâomidi/ نا اُمیدی

disappointment

inappropriate :/nâbejâ/ نابجا

to destroy :/nâbud kardan/ نابود کردن

foolish :/nâdân/ نادان

false :/nâdorust/ نادرست

/nâdide نادیده گرفتن

to ignore :gereftan/

sorrow :/nârâhati/ ناراحتی

نُجوم /nojum/: astronomy

نخ دندان /nakhe dandân/: dental floss

ندا /nedâ/: call

نَرم /narm/: tender

نَزدیک /nazdiktarin/: near

نَزدیک‌تَرین /nazdiktarin/: nearest

نسبت /nesbat/: relationship

نُسخه /noskhe/: prescription

نَسَنجیده /nasanjide/: unconsidered

نسیه /nasiye/: credit

نشان دهنده /neshân dahande/: indicative

نشانه /neshâne/: sign

نشانی بازگشت /neshâniye bâzgasht/: return address

نشانی /neshâni/: address

نَشر دادَن /nashr dâdan/: to publish

نشَستَن /neshastan/: to sit

نشیمن /neshiman/: living room

نصیحت /nasihat/: advice

نظامی /nezâmi/: military

نارنج /nârenj/: orange tree

ناسزا /nâsezâ/: profanity

ناشایِست /nâshâyest/: improper

ناشر /nâsher/: publication

نالان /nâlân/: weepy

نالیدن /nâlidan/: to whimper

نام بردن /nâm bordan/: to mention

نام خانوادگی /name khânevâdegi/: last name

نام گذاری کردن /nâm gozâri kardan/: to christen

نامزد کردن /nâmzad kardan/: to engage

نامفهوم /nâmafhum/: unclear

نامه رسان /name resân/: mailman

نامه /name/: letter

نانِ تُست /nâne tost/: toast

نان /nân/: bread

نایاب /nâyâb/: rare

نتیجه /natije/: result

نجّاری /tejâri/: carpentry

نَظَر دادَن /nazar dâdan/: to comment

نَظم /nazm/: discipline

نَعره /nare/: slogan

نَعنای تُند /nanâye tond/: spearmint

نَفت /naft/: oil

نَفَس /nafas/: breath

نُفوذ کردن /nofuz kardan/: to permeate

نُفوذ /nofuz/: influence

نَفیر /nafir/: horn

نِقاب /neghâb/: mask

نقاط دیدنی /noghâte didani/: sightseeing

نقاط /noghât/: points

نَقد /naghd/: cash

نقره /noghre/: silver

نقش /naghsh/: role

نَقشه /naghshe/: map

نقل کردن /naghl kardan/: to tell

نقل مکان /naghle makân/: move

نِگار /negâr/: lover, sweetheart

نِگارش /negâresh/: record

نِگاه کَردَن /negâh kardan/: to look

نِگران /negarân/: worry

نِگَریستَن /negaristan/: to look

نِگه داشتَن /negah dâshtan/: to keep

نگهبان /negahbân/: guard

نگهدارنده /negahdârande/: preservative

نِگَهداری کَردَن /negahdâri kardan/: to maintain

نَماد /nemâd/: symbol

نمایان /nemâyân/: seeming, revealed

نمایش دادن /nemâyesh dâdan/: to display

نَمایِش /nemâyesh/: show

نمایشگاه /nemâyeshgâh/: exhibition

نَمَک /namak/: salt

نِمونه /nemune/: sample

نَواحی /navâhi/: areas

نواختن /navâkhtan/: to play

نوازِش /navâzesh/: caress

نوبَت /nobat/: shift

نور /nur/: light

نوزاد /nozâd/: baby

نوشابه /nushâbe/: beverage

نوشتَن /neveshtan/: to write

نوشیدَنی /neveshtani/: beverages

نَوه /nave/: grandchild

نَه /na/: no

نهاد /nahâd/: institution

نهادن /nahâdan/: to set

نَهال /nahâl/: sapling

نهان /nahâdan/: secret

نَهایت /nahâyat/: finally

نهضت /nehzat/: movement

نهی کردن /nahy kardan/: to interdict

نیاز داشتن /niyâz dâshtan/: to need

نیاز /niyâz/: need

نیَّت /niyat/: intent

نیروگاه /nirugâh/: powerhouse

نیستان /neyestân/: canebrake

نیک /nik/: good

نیکوکار /nikukâr/: righteous

نیم پز /nim paz/: medium

نیم /nim/: half

نیمسال /nimsâl/: semester

نیمکت /nimkat/: bench

وَ /va/: and

واجد شرایط /vâjede sharâyet/: eligible

وارد شدن /vâred shodan/: to enter

وارِدات /vâredât/: importation

واریز /vâriz/: deposit

واژگون کردن /vâzhgun kardan/: to subvert

واژه /vâzhe/: word

واقع شدن /vâghe'/: to situate

واقعاً /vâghean/: really

واقعیَّت /vâgheiyat/: truth

وامانده /vâmânde/: remaining

وان /vân/: bathtub

وجب /vajab/: span - palm

وجدان /vejdân/: conscience

وجود داشتن /vojud dâshtan/: to be, to existence

484

unity – unification :/vahdat/ وحدت

wild:/vahshi/وَحشی

:/verâji kardan/ ورّاجی کَردَن
to verbalize

:/varzeshgâh/ ورزشگاه
stadium

bankrupt :/varshekaste/ وَرشکَسته

sheet :/varagh/ وَرَق

entrance :/vorudi/ ورودی

weight :/vazn/ وزن

minister :/vazir/ وَزیر

furniture :/vasâyel/ وسایل

middle :/vasat/ وسط

extent :/vosat/ وسعت

extensive, wide :/vasi'/ وسیع

device :/vasile/ وَسیله

:/vasl kardan/ وصل کردن
to connect

clarity :/vozuh/ وضوح

duty :/vazife/ وظیفه

promises :/va'de vaid/ وَعده و وَعید

loyal :/vafâdâr/ وَفادار

events :/vaghâye'/ وَقایع

time :/vaght/ وَقت

occurrence :/voghu'/ وُقوع

flagrant :/vaghih/ وَقیح

otherwise :/vagana/ وگرنه

province :/velâyat/ ولایت

vitamin :/vitâmin/ ویتامین

dilapidated :/virân/ ویران

edition:/virâyesh/ویرایش

property :/vizhegi/ ویژگی

special :/vizhe/ ویژه

dacha :/vilâ/ ویلا

violin :/viyolon/ ویولُن

hard :hârd/ هارد

to :/elhâm gereftan/ الهام گرفتن
inspiration

/hedâyat هدایَت کَردَن
to guide :kardan/

:/hedye dâdan/ هدیه دادَن
to gift

chaos :/harjo marj/ هَرج و مَرج

sooner :هرچه زودتر

:/harche zudtar/ هرچه زودتر
sooner

never :/hargez/ هَرگز

thousands :/hezârân/ هزاران

:/hazine kardan/ هزینه کردن
to spend

cost :/hazine/ هَزینه

wary :/hoshyâr/ هشیار

week :/hafte/ هَفته

hectare :/hektâr/ هکتار

to push :/hol dâdan/ هُل دادن

red :/helâle ahmar/ هلال اَحمر
crescent

peaches :/holu/ هلو

right :/hamaknun/ هم اکنون
now

countryman :/ham vatan/ هَم‌وَطن

similar:/hamânand/هَمانَند

/hamâhang هماهنگ کردن
to coordinate :kardan/

associate – aid :/hamdast/ همدَست

each :/hamdigar/ همدیگر
other

along :/hamrâh/ همراه

entourage :/hamrâhân/ همراهان

simultaneous :/hamzamân/ همزمان

neighbor :/hamsâye/ هَمسایه

spouse :/hamsar/ هَمسَر

:/hamkelâsi/ هَم‌کِلاسی
classmate

always :/ha,vâre/ همواره

everything :/hame chiz/ همه چیز

perennial :/hame sale/ همه ساله

versatile :/hame kâre/ همه کاره

all :/hame/ هَمه

always :/hamishe/ هَمیشه

here :/haminjâ/ همینجا

as well :/hamintor/ همینطور

so :/haminghadr/ همینقدر

norm :/hanjâr/ هَنجار

:/hendevâne/ هندوانه
watermelons

art :/honar/ هُنر

studio :/honarkade/ هنرکده

when :/hengâmike/ هنگامیکه

enormous :/hangoft/ هنگُفت

still :/hanuz/ هَنوز

air, weather :/havâ/ هَوا

advocate :/havâdâr/ **هوادار**

:/havâshenâsi/ **هواشناسی**
meteorology

lust :/havas/ **هوس**

terrible :/holnâk/ **هولناک**

identity :/hoviyat/ **هویّت**

carrot:/havij/**هویج**

:/hayajân angiz/**هیجان انگیز**
exciting

nobody :/hichkas/ **هیچ کَس**

never :/hichgâh/ **هیچگاه**

never :/hich vaght/ **هیچوَقت**

nothing :/hichi/ **هیچی**

firewood :/hizom/ **هیزم**

to learn :/yâd gereftan/ **یاد گرفتن**

to :/yâdâvari kardan/ **یادآوری کردن**
notify

reminders :/yâdâvari/ **یادآوری**

memorial :/yâdbud/ **یادبود**

/yâddâsht **یادداشت کردن** /yâd

to notes :kardan/

memorial :/yâdegâr/ **یادگار**

memento :/yâdegâri/ **یادگاری**

to learn:/yâd gereftan / **یاد گرفتن**

learning :/yâdgiri/ **یادگیری**

sweetheart :/yâr/ **یار**

to find :/yâftan/ **یافتن**

ruby :/yâghut/ **یاقوت**

to babble :/yâve goftan/ **یاوه گفتن**

ice :/yakh/ **یَخ**

:/yakhchâl/ **یَخچال**
refrigerator

god :/yazdân/ **یزدان**

certainty :/yaghin/ **یَقین**

suddenly :/yekbâre/ **یکباره**

unique :/yektâ/ **یکتا**

each :/yekdigar/ **یکدیِگر**
other

equal :/yeksân/ **یکسان**

to :/yoresh bordan/ **یورش بردن**
attack

euro :/yoro/ **یورو**

bungalow :/yeilâghi/ **ییِلاقی**

Other Books of Interest

Farsi Verbs Dictionary

The verb is an essential element of Farsi language - only the nouns occur more frequently in the written and spoken language. Verbs have always been a major problem for students no matter what system or approach the teacher uses.

Farsi verbs are usually found scattered in Farsi training books and they are difficult to find quickly when needed. This dictionary was prepared for English people interested in Farsi language. With a stunningly array of more than 3,000 entries, it is an invaluable work of reference.

The Farsi Verbs Dictionary is intended to serve as a guidebook on the meanings of all verbs you are most likely to read, hear, and use. The authors attempted to include all the verbs you are likely to need.

The main form of each verb given in the dictionary is the accepted Iranian standard spelling. Although there is usually one way that most verbs can be spelled, sometimes other spellings are also acceptable. However, the spelling given as the headword is the most that most people use.

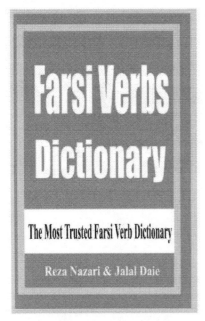

Purchase on Amazon website:

https://goo.gl/FQXH1R

Published By:

LearnPersianOnline.com

The Gulistan of Saadi

In Persian with English Translation

The Gulistan (The Rose Garden) is a landmark of Persian literature, and one of the most influential works of prose in Persian. Written in 1258 CE, it is considered as one of the greatest medieval Persian poets. The Gulistan is a collection of stories and poems, just as a rose-garden is a collection of roses.

The translation appearing in this book is provided by Edward Rehatsek in 1888. This bilingual book can be useful for students and enjoyable for poetry lovers of any age. Not only will poems and stories improve your Persian language, but they'll help your understanding of Persian culture. Students will have ample opportunities to enrich their Persian learning experience and extend a range of language abilities through exploring these poems.

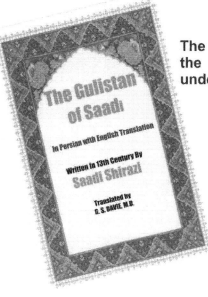

The English – Persian Glossary at the end of the book can help Persian students better understand keywords in the poems.

Purchase on Amazon website:

https://goo.gl/TQQZi7

Published By:

Learn**Persian**Online.com

The Mathnawi of Jalaluddin Rumi
Book 1
In Persian with English Translation

Mathnawi (Or Masnavi) is one of the best known and most influential works of Persian literature and it also has acquired immense popularity in the west. The Mathnawi is a series of six books of poetry that together amount to around 25,000 verses. It is a spiritual writing that teaches Sufis how to reach their goal of being in true love with God.

In this series of bilingual books, Book one of Mathnawi is provided in Persian language with English translation in three volumes. The English translation of the Mathnawi appearing in this book was prepared by one of the greatest Rumi scholars and translators in the English language, Reynold Alleyne Nicholson.

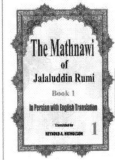

Purchase on Amazon website:

https://goo.gl/vZnoX3

Purchase on Amazon website:

https://goo.gl/HAibvg

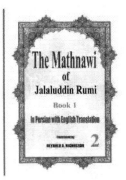

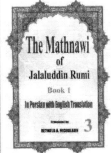

Purchase on Amazon website:

https://goo.gl/3w6cCx

Published By:

LearnPersianOnline.com

100 Short Stories in Persian

Designed for Persian lovers at the intermediate and advanced level, this book offers 100 fun, interesting, and appealing short stories. The stories motivate you to enjoy reading enthusiastically. 100 Short Stories in Persian contains simple yet entertaining stories to help you improve your Persian reading and writing skills by covering a diverse range of grammar structures and vocabulary.

Reading short stories is probably the best way for most Persian lovers to improve their Persian conveniently. If you're learning Persian and love reading, this is the book you need to take your Persian to the next level.

This book comes with a Persian and English glossary, so you can find the meaning of keywords in stories.

Best Short Stories to Grow Your Vocabulary

and Improve Your Pesian!

Purchase on Amazon website:

https://goo.gl/16r36Q

Published By:
LearnPersianOnline.com

Farsi Reading

Improve your reading skill and discover the art, culture and history of Iran:

Organized by specific reading skills, this book is designed to enhance students' Farsi reading. The entertaining topics motivate students to learn. Lively reading passages present high-interest subjects for most Farsi speakers. The short essays deepen student knowledge while strengthening reading skills.

Fifty articles in this books representing a diversity of interests intended to develop topics of central interest to Farsi language, culture, and society. Each of the book's topics is a simple essay about Iran's language, geography, culture and history.

Purchase on Amazon website:

https://goo.gl/Fe5O0t   https://goo.gl/HBcNiV   https://goo.gl/U8UxMm

Published By:
LearnPersianOnline.com

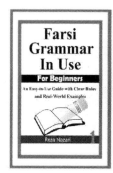   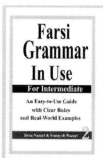 

"learn Persian Online" Publications

Learn Persian Online authors' team strives to prepare and publish the best quality Persian Language learning resources to make learning Persian easier for all. We hope that our publications help you learn this lovely language in an effective way
.

Please let us know how your studies turn out. We would like to know what part of our books worked for you and how we can make these books better for others. You can reach us via email at info@learnpersianonline.com

We all in Learn Persian Online wish you good luck and successful studies!

Learn Persian Online Authors

Best Persian Learning Books

Published By:
LearnPersianOnline.com

  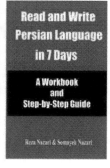  

Learn to Speak Persian Online

Enjoy interactive Persian lessons on Skype with the best native speaking Persian teachers

Online Persian Learning that's Effective, Affordable, Flexible, and Fun.

Learn Persian wherever you want; when you want

Ultimate flexibility. You can now learn Persian online via Skype, enjoy high quality engaging lessons no matter where in the world you are. It's affordable too.

Learn Persian With One-on-One Classes

We provide one-on-one Persian language tutoring online, via Skype. We believe that one-to-one tutoring is the most effective way to learn Persian.

Qualified Native Persian Tutors

Working with the best Persian tutors in the world is the key to success! Our Persian tutors give you the support & motivation you need to succeed with a personal touch.

It's easy! Here's how it works

Request a FREE introductory session
Meet a Persian tutor online via Skype
Start speaking Real Persian in Minutes

Send Email to: info@LearnPersianOnline.com

Or Call: + 1-469-230-3605